Miséria da periferia:
desigualdades raciais e pobreza na metrópole do Rio de Janeiro

© 2004 André Augusto Brandão

Editor
Cristina Fernandes Warth

Coordenação editorial
Bruno Cruz
Mariana Warth
Silvia Rebello

Revisão
Amanda Boigues
Silvia Rebello
Vanessa Salustiano

Capa
Bruno Cruz

Composição
Nathanael dos Santos Souza

Todos os direitos reservados à Pallas Editora e Distribuidora Ltda.
Não é permitida a reprodução por qualquer meio mecânico, eletrônico, xerográfico etc. de parte ou da totalidade do conteúdo e das imagens contidas neste impresso sem a prévia autorização por escrito da editora.

CIP-BRASIL. CATALOGAÇÃO-NA-FONTE.
SINDICATO NACIONAL DOS EDITORES DE LIVROS, RJ

B817m Brandão, André Augusto P. (André Augusto Pereira), 1967-

Miséria da periferia: desigualdades raciais e pobreza na metrópole do Rio de Janeiro/ André Augusto Brandão. – Rio de Janeiro: Pallas Ed.; Niterói: PENESB, 2004.

Inclui bibliografia
ISBN 85-347-0374-4

1. Pobres – Rio de Janeiro, Região Metropolitana do (RJ) – Condições sociais. 2. Discriminação racial – Rio de Janeiro, Região Metropolitana do (RJ). 3. Igualdade – Rio de Janeiro, Região Metropolitana do (RJ). 4. Pobreza – Rio de Janeiro, Região Metropolitana do (RJ). I. Título..

04-2712.
CDD 305.560981531
CDU 316.34-056.32 (815.31)

Pallas Editora e Distribuidora Ltda.
Rua Frederico de Albuquerque, 56 - Higienópolis
21050-840 - Rio de Janeiro - RJ
Tel.: 2270-0186
pallas@alternex.com.br
www.pallaseditora.com.br

andré augusto brandão

MISÉRIA DA PERIFERIA
desigualdades raciais e pobreza na metrópole do rio de janeiro

Rio de Janeiro
2004

À memória de meu pai, José Ferreira Brandão, a quem sempre amarei com força. "Longe, longe ouço esta voz que o tempo não vai levar."

Sentinela, Milton Nascimento

Agradecimentos

À Doutora Iolanda de Oliveira que me acolheu no Programa de Educação sobre o Negro na Sociedade Brasileira (PENESB-UFF) e que me apóia sempre imensamente seja na vida intelectual, seja na vida pessoal. À ela devo muito de meu equilíbrio e de meu desenvolvimento como pesquisador.

À Doutora Helena Lewin que, com sua competência e seriedade, muito me auxiliou na produção da pesquisa que originou este livro.

Aos colegas do PENESB-UFF.

À Fundação Ford e à Pró-Reitoria de Pesquisa e de Pós-Graduação da Universidade Federal Fluminense, pelo imprescindível apoio.

À minha mãe, Maria do Carmo P. Brandão, pela torcida permanente.

A José Luis dos Santos Cotrim, meu melhor amigo de todas as horas.

Às populações dos bairros estudados, que me receberam, me abriram suas casas e suas histórias, me conduziram por seus problemas cotidianos, mas também por suas alegrias e esperanças. Por eles e por todos nós ainda espero que comecemos, finalmente, a construir um país melhor.

Sumário

Introdução 11

Capítulo 1
A sobrevivência do emprego na nova economia global 33

Capítulo 2
A metrópole do Rio de Janeiro 55

Capítulo 3
Viver na periferia de São Gonçalo no limiar do século XXI: os números 87

Capítulo 4
Viver na periferia de São Gonçalo no limiar do século XXI: as vozes 111

Capítulo 5
Viver na periferia de Itaboraí no limiar do século XXI: os números 139

Capítulo 6
Viver na periferia de Itaboraí no limiar do século XXI: as vozes 163

Capítulo 7
Considerações finais 191

Bibliografia 211

Introdução

Este livro persegue duas questões. Por um lado tentamos caracterizar o formato que a pobreza assume na Região Metropolitana do Rio de Janeiro, diante das transformações na operação do capitalismo, a partir de fins do século XX. Ou seja, até que ponto as modificações econômicas que chegaram ao Brasil nos anos 1990 alteraram os contornos da nossa já consolidada pobreza metropolitana e em que medida a idéia de uma "nova pobreza" pode ser utilizada para pensar a nossa realidade social. A outra questão diz respeito ao binômio raça-pobreza. Procuramos verificar em que níveis os padrões de desigualdade social por raça operam também entre a pobreza e como a população negra se insere nos quadros das modificações socioeconômicas que atravessamos.

Até aqui, a grande maioria das discussões acerca das novas características da pobreza urbana foi realizada tomando como referencial, principalmente, as realidades francesa e norte-americana e, portanto, carregam pressupostos sociais, políticos e econômicos específicos, que refletem histórias e sociedades diferenciadas da nossa. Somente a partir destes trabalhos é que as ciências sociais no Brasil retomaram o tema da pobreza e da exclusão nos anos 1990. Considerando que os processos de globalização[1] e de

---

1. É necessário esclarecer que estamos usando em toda a extensão deste livro, os termos "global" e "globalização" de maneira restrita, ou seja, somente afirmando a existência de uma economia capitalista com capacidade pressuposta de funcionamento *on line*, em todo o planeta; economia esta

reestruturação produtiva mundial não apagam em nenhuma medida, as diferenças entre as nações de Primeiro e de Terceiro Mundos, trata-se agora de partir para a proposta de um estudo empírico muito delimitado da sociedade brasileira, com base em um recorte específico.

1 – A pobreza e a "nova pobreza"

Os objetivos que pretendemos ter alcançado com este livro não nos colocaram a necessidade de uma discussão mais formal, detalhada e sistemática acerca dos critérios de classificação da pobreza e de estabelecimento de linhas de pobreza[2]; neste sentido, podemos lançar mão da definição feita em HASENBALG & SILVA (1988: 71), segundo a qual, em sentido amplo, pobreza significa "destituição dos meios de sobrevivência física". Nestes "meios" estariam contidas não somente as questões relativas à insuficiência de renda e de trabalho, mas também aquelas vinculadas à não-existência de infra-estrutura física nos locais de moradia, à inoperância ou ausência de políticas sociais, à sujeição à violência, à não-garantia dos direitos básicos de cidadania; ou seja, questões cotidianas por entre as quais se movimentam os habitantes de bairros periféricos da Região Metropolitana que investigamos para a composição deste trabalho.

A literatura que aponta a existência de uma "nova pobreza" a partir de fins do século XX também – via de regra – não faz investimentos no sentido de uma definição sistemática e mensurável da pobreza, seja da "nova", seja da previamente existente. Em termos também muito gerais, podemos tomar as indicações de WACQUANT (2001), ao afirmar ter a "nova pobreza" se instaurado no fim do século XX, a partir do processo de reestruturação capitalista[3], na medida em que a redução dos postos de trabalho em geral diminuiu o espectro de categorias de ocupação possíveis

---

que espalha redes produtivas que perpassam várias fronteiras nacionais. Não estamos, portanto, discutindo questões relacionadas à homogeneização cultural ou à crise da capacidade de regulação dos Estados Nacionais, que via de regra acompanham os usos destes termos. Para uma discussão crítica acerca da pertinência do termo "globalização", ver HIRST & THOMPSON (1998).

2. Uma extensa discussão acerca destas questões encontra-se em ROCHA (2000a).
3. A reestruturação capitalista ou reestruturação produtiva do capitalismo pode ser definida como uma modificação na lógica de operação dos processos capitalistas de acumulação, que passam a se apoiar na "flexibilidade dos processos de trabalho, dos mercados de trabalho, dos produtos e padrões de consumo. Caracteriza-se pelo surgimento de setores de produção inteiramente novos, novas maneiras de fornecimento de serviços financeiros, novos mercados e, sobretudo, taxas altamente intensificadas de inovação comercial, tecnológica e organizacional" (HARVEY, 1992: 140). Os resultados mais aparentes desta seriam o crescimento dos níveis de desemprego estrutural, a desqualificação das habilidades tradicionais do trabalhador, pouca ou nenhuma intensidade de ganhos salariais e perda de força do movimento sindical.

e as perspectivas de emprego que tradicionalmente eram acessíveis aos trabalhadores pobres. Esta nova configuração do mercado de trabalho teria trazido consigo o aumento da violência urbana, a crise organizacional das camadas pobres da população e uma grande e disseminada informalização do conjunto da economia. Os novos pobres seriam, então, aqueles marcados pelo desemprego em massa e contínuo (que Wacquant chama de "desproletarização" ou desassalariamento), pela fixação em locais desprovidos de recursos públicos e mesmo privados e pela estigmatização crescente por parte da mídia e da sociedade em geral.

2 – A pobreza metropolitana: situando o problema

Alguns estudos recentes têm apontado que a "face da pobreza" no Brasil remete, em grande parte, às regiões metropolitanas[4] (DUPAS, 1999). A partir dos anos 1950, há uma tendência de inversão na alocação típica da população nacional, que passa a ser progressivamente mais urbana. Em verdade, entre a década de 1950 e a de 1990, a população das áreas urbanas do país passa de aproximadamente 12.000.000 para cerca de 130.000.000 de pessoas (DUPAS, 1999: 124), o que configura um deslocamento populacional de proporções avassaladoras. No âmbito deste processo, foram construídas as bases para a expansão dos cinturões de pobreza urbanos que têm caracterizado nossas metrópoles.

ESCOREL (1999) corrobora esta última assertiva ao afirmar que no decorrer dos anos 1980, apesar do tamanho da crise econômica que se abateu sobre a economia nacional, nossas taxas de indigência se mantiveram relativamente estáveis. No entanto, estas foram reconfiguradas geograficamente. Assim, a uma tradicional concentração de pobreza rural, principalmente nas regiões Norte e Nordeste, somou-se uma concentração de caráter urbano e principalmente metropolitano. Neste sentido, segundo a autora, em 1981, os pobres em regiões metropolitanas no Brasil eram 26,4% do total de pobres do país, enquanto, em 1990, eram 29,0%. Já no que tange aos indigentes, o peso percentual das metrópoles em relação ao total nacional destes foi de 17,6%, em 1981, para 20,6%, em 1990. Neste último ano, em números absolutos, as regiões metropolitanas do Rio de Janeiro e de São Paulo congregavam mais de 50% do total da população pobre metropolitana do Brasil (ESCOREL, 1999: 31).

Com grandes áreas em que aparecem características típicas de processos de periferização urbana (com significativa incidência de pobreza e de

---

4. Por exemplo, DUPAS (1999), ESCOREL (1999) e ANDRADE et al (2000).

Introdução

violência), e composta por vários núcleos de assentamento que se alinham no entorno dos centros consolidados de indústria e serviços, a Região Metropolitana do Rio de Janeiro – que possuía no ano de 2000 pouco mais de 70% da população total do Estado do Rio de Janeiro – aparece como um *locus* privilegiado para o estudo das desigualdades socioeconômicas e dos possíveis impactos que as transformações econômicas dos anos 1990, no Brasil, podem ter provocado no padrão de pobreza.

O Rio de Janeiro, nas últimas décadas, o aumento da população da periferia urbana suplantou o do núcleo da metrópole. Assim, o núcleo metropolitano em 1970 detinha 46,3% da população total do Estado do Rio de Janeiro. Somado ao Estado da Guanabara, já em 1991 (com ambos reunidos no Estado do Rio de Janeiro – pós-fusão), o núcleo terá 42,8% desta população. O contrário ocorre com a periferia, cuja população representava respectivamente 29,3% daquele total em 1970 e 33,8% em 1991 (OLIVEIRA & FELIX, 1995: 39).

O grande crescimento da Região Metropolitana do Rio de Janeiro e, especificamente, de sua periferia, significou também o crescimento em geral da concentração de pobreza. Em 1989, o Brasil possuía 10,7 milhões de pobres em suas regiões metropolitanas. Destes, 2,98 milhões estavam na Região Metropolitana do Rio de Janeiro, perfazendo 27,8% do total; 1,89 milhão em São Paulo, o que equivale a 17,66% do total e 1,43 milhão em Recife, equivalendo aqui a 13,36% do total (SABÓIA, 1991c). Assim, o montante de pessoas pobres na Região Metropolitana do Rio de Janeiro, em fins da década de 1980, perfaz um número absoluto que supera o da Região Metropolitana de São Paulo, apesar do maior peso demográfico desta[5].

No âmbito da Região Metropolitana do Rio de Janeiro, delimitamos para nosso estudo dois municípios, a saber: São Gonçalo e Itaboraí. Ambos concentram uma população com características socioeconômicas que, estatisticamente, perfazem índices piores que os do conjunto do Estado do Rio de Janeiro, seja na renda dos moradores ou na infra-estrutura urbana. São municípios, também, com alto índice de violência urbana: Itaboraí era, em 1997, o segundo município do Estado do Rio de Janeiro em mortes por causas externas por 100.000 habitantes, e São Gonçalo era o 12º, ainda na frente da cidade do Rio de Janeiro.

---

5. O consideravelmente menor dinamismo da economia do Estado do Rio Janeiro, quando comparado ao Estado de São Paulo, pode explicar esta maior concentração de população pobre na Região Metropolitana do Rio de Janeiro. Com relação à dinâmica econômica destes estados, a partir de meados dos anos 1950, ver BRANDÃO (1992 - especialmente capítulo 2).

Itaboraí e São Gonçalo herdam a pobreza econômica que caracteriza o antigo Estado do Rio de Janeiro[6]. Ambos são também área de expansão urbana do conjunto da metrópole, desde os anos 1970. Neste sentido, apresentam elevada taxa de crescimento entre 1970 e 2000, bem acima daquela alcançada pelo conjunto do Estado do Rio de Janeiro, o que parece apontar para a existência de periferias ainda abertas, passíveis de receber populações pobres que se deslocam de outras áreas da Região Metropolitana do Rio de Janeiro.

Outras indicações, porém, nos levaram a focalizar a periferia da Região Metropolitana como espaço significativo para a realização de um estudo sobre as configurações atuais da pobreza urbana. Em interessante artigo, VALLADARES & PRETECEILLE (2000) vão mostrar que as favelas da cidade do Rio de Janeiro são, em geral, concentradoras de uma população, do ponto de vista socioeconômico, mais próxima das outras áreas não faveladas da cidade do que das populações dos assentamentos situados na "periferia metropolitana".

No citado artigo, os autores fazem uma classificação de setores censitários a partir de uma tipologia de urbanização, na qual o pior tipo seria aquele em que somente um quarto dos domicílios tem acesso à água encanada, há quase nenhuma cobertura sanitária básica e somente cerca de um quarto de domicílios tem coleta de lixo. Em 1991, na cidade do Rio de Janeiro, dos 1117 setores censitários considerados "favela" pelo IBGE, somente 3,13% estão neste pior tipo. Já em Itaboraí, em seus 190 setores censitários (e nenhum destes é considerado "favela" pelo IBGE), 81,57% estão neste pior tipo. Em São Gonçalo a situação é menos drástica, porém muito abaixo daquela do núcleo da metrópole: dos 679 setores censitários (e também aqui o IBGE não considera a existência de qualquer "favela"), 16,49% estão neste pior tipo.

Os territórios em que hoje se localizam Itaboraí e São Gonçalo foram povoados logo após a fundação da cidade do Rio de Janeiro, quando as terras no entorno da Baía de Guanabara foram doadas como sesmarias. Assim, ainda em tempos coloniais, estes espaços foram abarcados pelo chamado ciclo da cana-de-açúcar, que espalhou esta cultura pelo litoral do Brasil.

No século XIX, Itaboraí alcançou uma relativa prosperidade econômica através de seu porto (situado em uma localidade até os dias atuais denominada Porto das Caixas), por onde era escoada a produção agrícola (açúcar principalmente) das áreas vizinhas. No entanto, a construção da

---

6. Ver BRANDÃO (1992).

Introdução

Estrada de Ferro Cantagalo, em fins do século XIX, retirou a importância econômica do referido porto e da região que viria a constituir o município.

Já no século XX, Itaboraí aderiu à fruticultura, com destaque para a produção de laranja, e entrou em novo ciclo de atividade canavieira. Com a crise da agricultura nos anos 1950 no Estado do Rio de Janeiro, o esvaziamento econômico redundou na utilização das terras para fins de loteamento e moradia.

São Gonçalo segue, em traços gerais, este mesmo caminho de desenvolvimento, com uma exceção: a proximidade com a cidade de Niterói, capital do antigo Estado do Rio de Janeiro, possibilitou um maior desenvolvimento do setor de serviços e a atração de capitais industriais. Assim, até a década de 1960, o município possuía um parque industrial – ainda que de pequeno porte. Esta incipiente industrialização, no entanto, entra em crise a partir desta década e hoje São Gonçalo concentra indústrias basicamente no ramo de beneficiamento de produtos da pesca. A história agrícola repete sem maiores variações a do município de Itaboraí, porém com especialização única na citricultura.

As áreas de ambos os municípios que foram escolhidas para o estudo mais detalhado têm algumas características básicas:
    a) precariedade em nível de serviços de infra-estrutura urbanos;
    b) distância em relação aos centros administrativos e comerciais da metrópole; e
    c) precariedade das ações públicas de saúde e educação.

Várias áreas de São Gonçalo e Itaboraí poderiam ser escolhidas para o trabalho de campo. Mas optamos por áreas que reuniam as características aqui citadas e, ao mesmo tempo, nos possibilitavam melhores perspectivas de aproximação. Assim, realizamos nosso trabalho de campo em um bairro que denominaremos aqui como Bairro A, em São Gonçalo (que foi, até os anos 1950, uma área de citricultura, e, com a crise desta atividade, é loteada – isto é, passa a ser usada para produção de lotes que eram comercializados) e no que chamaremos de Bairro Belo, em Itaboraí (também uma antiga área de produção de citricultura (loteada nos anos 1950), que começa a ser ocupada com maior sistematicidade no início dos anos 1970).

Acreditamos que um *locus* de concentração de características materiais e simbólicas negativas, um lugar – nas palavras de BOURDIEU (1998) – marcado pela ausência do Estado, constitui um "pano de fundo" interessante para um estudo que pretenda, ao correlacionar as configurações do espaço social com aquelas do espaço físico, compreender melhor os elementos que nos acostumamos a homogeneizar nas classificações acerca da pobreza urbana e de sua pressuposta "novidade", adquirida a partir dos anos 1990.

3 – A população negra e a pobreza

No seminal trabalho de Thales de Azevedo, que toma a Bahia como *locus* de investigação, intitulado *As elites de cor: um estudo de ascensão social* (AZEVEDO, 1996), já está anunciada a existência de uma separação hierárquica, estabelecida no senso comum, baseada na oposição entre pretos e brancos. Segundo o autor esta separação seria tradutível na oposição entre pobres e ricos.

Do ponto de vista dos indicadores quantitativos, vários estudos já demonstraram, desde os anos 1970, que a pobreza brasileira é predominantemente negra e a riqueza é predominantemente branca e que, além disto, os padrões de desigualdade racial, no Brasil, vêm se mantendo com poucas modificações ao longo dos anos[7].

O trabalho de HASENBALG (1979) apontou de forma sistemática a existência de uma nítida clivagem racial entre pretos e brancos. O autor mostra que os pardos não se localizam a "meio caminho" entre estes dois grupos. Em geral, os pardos se encontram pouco acima dos pretos e muito distantes dos brancos nos indicadores socioeconômicos. HASENBALG (1979: 220-221) mostra ainda que sobre a população negra brasileira se abate um "ciclo de desvantagens cumulativas", que se coloca em todas as fases da trajetória de vida destes indivíduos. Assim:

> [...] não apenas o ponto de partida dos negros é desvantajoso (a herança do passado), mas..., em cada estágio da competição social, na educação e no mercado de trabalho, somam-se novas discriminações que aumentam tal desvantagem (HASENBALG, 1979: 67).

Assim, seguindo as indicações de HASENBALG (1979) e HASENBALG & SILVA (1998), podemos afirmar que a discriminação racial possui uma específica funcionalidade, no sentido de proporcionar maiores potencialidades de ganhos materiais e simbólicos para os "brancos", ao diminuir as perspectivas dos negros no mercado de bens materiais e simbólicos. Existem suficientes evidências empíricas para corroborar a idéia de que "o preconceito e a discriminação racial são fatores intimamente associados à competição por posições na estrutura social[...]" (HASENBALG & SILVA, 1988). Assim, negros sofrem um conjunto de desvantagens socioeconômicas cumulativas, que se consubstanciam em bem-estar e qualidade de vida, em média inferior àquela dos brancos.

Trata-se aqui de uma desvantagem competitiva que é produzida e mantida pela discriminação racial. Mais especificamente os negros, em maior número proporcional que os brancos, nascem em áreas pouco desenvol-

---

7. Ver, por exemplo, HASENBALG (1979) e HENRIQUES (2001).

vidas, originam-se de famílias mais pobres, possuem dificuldades de realização escolar em todos os níveis de ensino e concentram-se em atividades ocupacionais desqualificadas e de baixo rendimento.

Neste contexto, acreditamos que a questão racial constitui uma variável fundamental para a compreensão da lógica de produção e de reprodução da pobreza e da exclusão social, no Brasil. A raça, portanto, relaciona-se diretamente com a distribuição diferencial dos indivíduos nas posições existentes na estrutura de classe.

A partir disto, verificamos que os níveis de segregação racial são indicadores de variáveis socioeconômicas tais como local de residência e condições de habitação, acesso ao emprego (formal e informal), acesso a determinadas categorias ocupacionais, níveis educacionais, renda e mobilidade social. Assim, como afirma HASENBALG (1991: 265), a "raça ou filiação racial deve ser tratada como uma variável ou critério que tem um peso determinante na estruturação das relações sociais, tanto no sentido objetivo quanto subjetivamente".

A ordem racial brasileira, no entanto, mascara o racismo existente e o dilui na noção de "democracia racial" e na afirmação de um "contínuo de cor". A questão fundamental consiste em que nem a primeira – como mito – nem o segundo impedem que tanto os autodeclarados pretos quanto os autodeclarados pardos ocupem posições socioeconômicas desprivilegiadas na sociedade e muito aquém daquelas ocupadas pelos brancos. E isto porque o racismo (ainda que transmutado em preconceito e discriminação por "cor") encontra-se imiscuído no senso comum e atua não somente nas relações de sociabilidade mais gerais, mas também na forma de relação com a população negra, estabelecida pelos órgãos públicos e pelo setor privado. Exatamente por conta desta operação, os diferenciais de performance social entre brancos e negros, no Brasil, podem ser constatados na grande maioria dos indicadores disponíveis.

Assim, WOOD & CARVALHO (1994) mostram que a esperança de vida dos "brancos" ao nascer entre 1940 e 1950, era de 47,5 anos; já a esperança de vida ao nascer da população "não-branca" era de apenas 40 anos, o que perfaz uma diferença de 7,5 anos. No período entre 1970 e 1980, encontramos um grande crescimento na expectativa de vida de negros e brancos. A população branca passa a ter uma esperança de vida ao nascer de 66,1 anos, ao passo que a "negra" chega a uma média de 59,4 anos, o que perfaz uma diferença total de 6,7 anos. Como vemos, mesmo com o crescimento deste índice, mantém-se uma considerável desigualdade entre os dois grupos, que teria diminuído somente em oito meses, no período de 30 anos.

Se tomarmos os dados da PNAD/IBGE, trabalhados em PAIXÃO (2003: 45), veremos que em 1997 a esperança de vida ao nascer dos brasileiros chegava a 66,8 anos. Entre os brancos, porém, atingia 70 anos e entre os negros ficava em 64 anos. Neste sentido, teríamos ainda uma diferença de seis anos na expectativa de vida de ambos os grupos.

O resultado desta diferença se configura na distribuição das populações branca e negra por faixa etária. Embora os negros sejam aproximadamente 45% da população nacional, correspondem a algo entre 38% e 39% da população com mais de 60 anos de idade. Estas argumentações, baseadas inclusive em dados estatísticos oficiais, demonstram que a variável raça constitui um determinante fundamental para a definição do tempo médio de vida no Brasil.

No que tange à mortalidade infantil, PAIXÃO (2003: 46), com base em dados da PNAD/IBGE, também aponta a existência de diferenças significativas. Entre crianças de até um ano de idade, em 1996, a mortalidade infantil do grupo negro atingia 62,3 crianças em 1000. Já no grupo branco a taxa era de 37,3 em 1000. No que tange às crianças menores de cinco anos de idade, as taxas de mortalidade eram respectivamente 76,1 para o grupo negro e 45,7 para o grupo branco. Como vemos, a taxa de mortalidade das crianças negras menores de um ano de idade no Brasil é 71% maior que a taxa relativa às crianças brancas; já na faixa dos menores de cinco anos de idade, as crianças negras apresentam taxa de mortalidade 67% maior que a das crianças brancas.

No que tange ao acesso ao mercado de trabalho e às posições ocupadas neste, as diferenças entre brancos e negros também estão presentes. Segundo PAIXÃO (2003), em 1998, os negros eram nada menos do que 66,9% dos brasileiros assalariados que recebiam menos de meio salário mínimo e 60,7% dos que recebiam até um salário mínimo mensalmente.

Estudo do DIEESE (1999), realizado em 1998 em várias regiões metropolitanas do país, mostra que os negros são relativamente mais freqüentes em ocupações ligadas a limpeza, reforma e transporte. No mesmo movimento, as taxas de desemprego encontradas apontam para grandes diferenças entre os dois grupos, sempre com índices superiores para os negros em relação aos brancos, índices estes que, invariavelmente, superavam, em 1998, o próprio percentual de participação dos negros na População Economicamente Ativa (PEA).

Se recorrermos mais uma vez ao estudo de PAIXÃO (2003), verificaremos que, segundo a PNAD/IBGE de 1997, a renda familiar *per capita* média dos chefes de família no Brasil equivalia a 2,43 salários mínimos. No entanto, entre os chefes de família brancos, esta média alcançava 3,25 salários mínimos, enquanto entre os chefes de família negros chegava somente a 1,37 salários mínimos.

No Brasil, a perversa distribuição de renda é também estruturada racialmente. TELLES (2003: 186) mostra que, em 1996, os indivíduos pretos e pardos, ativos economicamente, recebiam entre 40% e 50% do que recebiam os indivíduos brancos. Estes índices são muito piores do que os existentes nos Estados Unidos no mesmo ano. Lá, os negros chegavam a receber cerca de 70% do que recebiam os brancos. Com isto, segundo TELLES (2003: 188), no Brasil é

> ... cinco vezes mais provável encontrar brancos que negros no topo da pirâmide de renda brasileira. Para comparar: é somente duas vezes mais provável encontrar brancos que negros no topo da estrutura de renda norte-americana (TELLES, 2003: 186).

No que tange à educação, também encontramos diferenças enormes entre os dois grupos em análise. Segundo o trabalho de HENRIQUES (2001), em fins dos anos 1990 a diferença de anos de escolaridade média entre um negro e um branco, ambos com 25 anos de idade, era de 2,3 anos de estudo, o que corresponde a uma elevada desigualdade uma vez que a média de escolaridade dos adultos em geral, no Brasil, não ultrapassa os seis anos. O mais significativo, porém, é que tal padrão de desigualdade, no que tange aos anos médios de estudo, tem se mantido estável há décadas.

HENRIQUES (2001) verifica que, tomando os nascidos em 1929 e os nascidos em 1974 e os desagregando entre os grupos branco e negro, encontramos uma situação em que:

> ... a escolaridade média de ambas as raças cresce ao longo do século, mas o padrão de discriminação racial, expresso pelos anos de escolaridade entre brancos e negros, mantém-se absolutamente estável entre as gerações (HENRIQUES, 2001: 27).

No mesmo estudo, HENRIQUES (2001, 31-32) mostra que, se considerarmos o ano de 1999, em todos os índices de escolaridade a posição dos negros é pior que aquela alcançada pelos brancos já em 1992. Além disto, na medida em que subimos nos patamares de escolaridade, "as posições relativas entre brancos e negros são crescentemente punitivas em direção aos negros."

PASTORE & SILVA (2000) investigaram como os processos de mobilidade social no Brasil se diferenciam por "cor". Os autores afirmam que a faixa de escolaridade e o *status* ocupacional do pai aparecem como fatores fundamentais que condicionam a escolaridade e o *status* ocupacional do filho. A concentração dos negros em patamares inferiores de escolaridade sobredetermina, portanto, a situação desprivilegiada deste grupo racial no conjunto das posições de ocupação e renda e, conseqüentemente, impacta suas possibilidades de mobilidade social ascendente.

Para esta investigação, os autores agregam as mais de 300 categorias ocupacionais definidas pela PNAD/IBGE de 1996 em seis grupos assim definidos: Baixo-inferior (trabalhadores rurais não qualificados – pescadores, agricultores autônomos etc.); Baixo-superior (trabalhadores urbanos não qualificados – empregados domésticos, ambulantes, trabalhadores braçais, serventes, vigias etc.); Médio-inferior (trabalhadores qualificados e semiqualificados – motoristas, pedreiros, mecânicos, carpinteiros etc.); Médio-médio (trabalhadores não-manuais – auxiliares administrativos, profissionais de escritório, pequenos proprietários etc.); Médio-superior (profissionais de nível médio e médios proprietários – administradores e gerentes, encarregados, chefes no serviço público etc.); Alto (profissionais de nível superior e grandes proprietários – empresários, professores de ensino superior, advogados, médicos, oficiais militares etc).

Investigando, a partir destes dados de 1996, os homens entre 35 e 49 anos por cor ou raça, os autores verificam que as rotas médias de mobilidade entre brancos e negros são idênticas até o tipo Médio-inferior. A partir deste ponto, enquanto os filhos de brancos em maioria permanecem sempre no mesmo grupo ocupacional do pai, os filhos de negros em maioria caem para grupos ocupacionais inferiores. Mais precisamente, os filhos de pais brancos que atuavam no tipo Médio-médio ficam majoritariamente neste mesmo tipo; já os filhos de pais negros que atuavam neste tipo aparecem em maioria no tipo Médio-inferior. O mesmo verificamos nos tipos Médio-superior e Alto. A maioria dos filhos de pais brancos mantém a posição ocupacional respectiva e a maioria dos filhos de pais negros fica na categoria ocupacional Médio-inferior.

Por sua contundência, estes dados devem ser observados de forma numérica. Em 1996, considerando a amostra citada acima, enquanto somente 29,04% dos filhos de brancos do tipo Baixo-inferior estão neste tipo ou no tipo Baixo-superior, entre os filhos de pardos esta taxa é de 35,71 %, chegando a 39,24% entre os filhos de pretos.

Na outra ponta, 38,54% dos filhos de pai do tipo Alto permanecem neste tipo quando adultos. Entre os filhos de pretos, estes são 18,18% e, entre filhos de pardos, 17,89%. No que tange ao tipo Médio-superior, 51,73% dos filhos de pais brancos deste grupo aí permanecem ou migram para o tipo Alto. Já entre os filhos de pais pretos, estes são 30,75% e entre os filhos de pais pardos, 35,95%. Ou seja, pretos e pardos que possuem pai em grupo de *status* ocupacional Alto têm muito mais possibilidades que os brancos de uma mobilidade social descendente.

Tomando os dados da PNAD de 1996 de forma mais "fotográfica", PASTORE & SILVA (2000: 88) afirmam que, nesta data, estavam nos tipos Baixo-inferior e Baixo-superior 36,4% dos brancos, 48,4% dos pretos e 53,7% dos pardos. Já nos tipos Médio-inferior, Médio-médio e Médio-superior, estavam 54,9% dos brancos, 49,4% dos pretos e 44,5% dos pardos. Por último, no grupo Alto, estavam 8,7% dos brancos, 1,9% dos pretos e 2,2% dos pardos.

Tais diferenças se relacionam diretamente com os desempenhos de escolaridade. Como mostram PASTORE & SILVA (2000: 93), 64,8% dos filhos de pais brancos do tipo Alto chegam a 12 anos e mais de escolaridade. Entre os filhos de negros com a mesma posição ocupacional, somente alcançam os 12 anos e mais de estudos 24,3%.

Na outra ponta, entre os filhos de brancos do grupo ocupacional Baixo-superior, um total de 19,8% chega aos 12 anos e mais de estudos. Já entre os filhos de negros, somente 6,7% chegam a este patamar de escolaridade.

Assim, os autores concluem que "[...] o núcleo duro das desvantagens que pretos e pardos parecem sofrer se localiza no processo de aquisição educacional" (PASTORE & SILVA, 2000: 96).

TELLES (2003) aponta a questão da segregação espacial por raça existente entre nós. Se tomarmos como exemplo especificamente a Região Metropolitana do Rio de Janeiro, veremos que é na famosa e cultuada Zona Sul que se localiza a menor concentração de negros (que chegam no máximo ao patamar de 15% dos moradores). Ao contrário disto, nas áreas mais periféricas da região (compreendendo a Baixada Fluminense e os municípios da periferia de Niterói), a proporção de negros na população oscila entre 45% e 65% do total.

TELLES (2003) mostra ainda que, tomando outras regiões metropolitanas como alvo, encontraremos uma segregação residencial que não se explica somente por condicionantes econômicos. Mais especificamente o autor verifica que a segregação aumenta juntamente com a renda.

Esta segregação racial acaba produzindo efeitos que se transmutam em desigualdades de acesso à educação, à saúde e aos núcleos mais dinâmicos do mercado de trabalho. Tal constatação nos auxilia a compreender por que, mesmo no que tange à questão da reprodução da vida (longevidade e mortalidade infantil, por exemplo), encontramos diferenças tão marcantes entre negros e brancos.

Exatamente por conta destes elementos, se aplicarmos nos dois grupos raciais a metodologia de cálculo utilizada para compor o Índice de Desenvolvimento Humano (IDH), verificaremos enormes disparidades. Segundo PAIXÃO (2003), considerando a população brasileira, encontraríamos em 1997 um IDH da ordem de 0,739, o que coloca o País na 79ª posição entre os 174 países investigados pelo PNUD.

No mesmo ano, se considerarmos somente a população negra, encontraríamos um IDH de 0,671, o que corresponderia à 108ª posição entre os países investigados. No entanto, considerando somente os brasileiros brancos, teríamos um IDH de 0,791, o que corresponderia a 49ª posição entre o conjunto dos 174 países.

Trata-se, portanto, de uma diferença de 59 posições entre os dois grupos. Segundo PAIXÃO (2003):

> ... no começo dos anos 1990, a diferença entre os IDHs de negros e brancos nos EUA era de 30 postos a favor do último contingente. Isto significa que o tão decantado modelo brasileiro de relações raciais no Brasil não serviu para aproximar os estágios de desenvolvimento humano vividos por estas duas etnias principais que compõem nosso povo (PAIXÃO, 2003: 51).

Apesar de estes dados serem amplamente divulgados e conhecidos, ainda encontramos em vários espaços da sociedade brasileira a afirmação de que estamos situados em uma "democracia racial", na qual não existem distinções entre brancos e negros e em que nem mesmo esta nomenclatura birracial seria válida, na medida em que seríamos igualmente "brasileiros". Nesta perspectiva, a desigualdade de desempenho social é lida como uma derivação da desigualdade de classe, ou seja, como os negros são predominantemente trabalhadores pobres, sofrem as desvantagens de sua posição de classe e não de seu fenótipo.

Não podemos ter qualquer dúvida acerca do caráter extremamente perverso da distribuição de renda no Brasil e conseqüentemente sabemos que grande parte da população negra brasileira sofre a dominação de classe, que se faz também sobre os trabalhadores brancos pobres. No entanto, acreditamos que os negros se relacionam com outras desvantagens operadas diretamente pela ordem racial vigente que os pune não pela pobreza, mas sim pelas representações e estereótipos associados ao seu fenótipo.

Para testar esta hipótese anunciada no parágrafo anterior realizamos uma investigação em profundidade dos dois espaços de concentração de pobreza metropolitana já apontados antes. Naqueles locais de desterro e de destituição socioeconômica, pretos e brancos pobres estariam finalmente igualados em sua exclusão?

4 – A produção deste estudo

Em nossa perspectiva, no trabalho de composição de uma pesquisa científica, não podemos nos privar de utilizar os vários recursos metodológicos e investigativos que fazem parte da tradição acadêmica das ciências sociais e mesmo de disciplinas afins, como a economia e a história (BOURDIEU, 1989). Assim, para alcançar nossos objetivos, combinamos: a pesquisa em fontes secundárias, a coleta e organização de dados quantitativos, a realização de um conjunto de entrevistas em profundidade e a participação concreta e prolongada no cotidiano dos moradores de ambos os bairros periféricos pesquisados.

4.1 – Coleta de dados produzidos pelo IBGE

Os objetivos que definimos para a pesquisa que originou este livro implicavam, também, a discussão de variáveis socioeconômicas em uma escala macrossociológica. Neste sentido, coletamos os dados estatísticos disponíveis acerca do Estado do Rio de Janeiro, da Região Metropolitana do Rio de Janeiro e dos municípios de São Gonçalo e Itaboraí nas seguintes publicações:

- Censos demográficos de 1970, 1980, 1991 e 2000;
- Censos econômicos de 1970, 1980 e 1985;
- PNADs de 1990, 1995 e 1999;
- Contagem da População Brasileira de 1996;
- Síntese de indicadores sociais de 1997 e 1999.

Além disto, acessamos a Pesquisa Mensal de Emprego (PME) e a Pesquisa de Orçamentos Familiares (POF), ambas do IBGE, através do SIDRA – Sistema de banco de dados agregados – disponibilizado no site do IBGE (www.ibge.gov.br).

4.2 – A produção de dados quantitativos

Aplicamos um questionário socioeconômico na totalidade das habitações do Bairro Belo e em uma amostra aproximada do Bairro A.

A definição desta amostra aproximada foi complexa, pois o local, além de muito extenso, alterna áreas de maior densidade com outras mais rarefeitas, além de possuir uma certa heterogeneidade. Neste ponto, os dados e os conhecimentos acumulados pela associação de moradores com a qual trabalhamos foram fundamentais. Pelos levantamentos desta, sua área de abrangência compreenderia aproximadamente 20.000 domicílios, que estariam divididos desigualmente por cinco áreas que podiam ser identificadas por suas diferenças e que eram reconhecidas como localidades distintas pela população local.

Assim, em conjunto com a associação de moradores e após percorrer várias vezes o bairro, terminamos por trabalhar com este critério de demarcação de cinco áreas mais homogêneas, definindo a quantidade de questionários a serem aplicados em cada uma delas a partir dos dados pertencentes a esta referida associação, que consistiam no único parâmetro para a composição da amostra. As cinco áreas são descritas no capítulo 3 do presente livro. Pelo tamanho e pela densidade destas, definimos uma amostra de intenção, somente aproximativa, que demandou a aplicação de 85 questionários na área 1, 85 questionários na área 2, 70 questionários na área 3, 60 questionários na área 4 e 100 questionários na área 5. Com isto, totalizávamos 400 questionários, o que corresponderia a 2% do total de domicílios, pressuposto pela associação para a sua área de abrangência.

Os questionários foram aplicados tanto no Bairro A quanto no Bairro Belo, durante o mês de julho do ano 2000, por nós mesmos e nossa pequena equipe de pesquisa, sempre aos sábados e domingos. No bairro da periferia de Itaboraí, devido ao tamanho pequeno daquele espaço de assentamento, foi possível aplicar o questionário na totalidade das casas.

Com estes questionários estávamos buscando identificar características socioeconômicas atuais da população, suas possíveis variações relacionadas à cor do chefe do domicílio e também identificar as mudanças recentes na forma de obtenção de recursos materiais para a sobrevivência das famílias locais. Assim, procuramos apreender as seguintes informações:

– composição da família;
– distribuição etária;
– cor[8] do(a) chefe e do(a)cônjuge;
– tempo de residência no local;
– origem geográfica;
– escolaridade;
– profissão;
– ocupação;
– relação de trabalho;
– renda;
– desemprego e tempo de desemprego;
– características da habitação;
– utilização de equipamentos de saúde e educação e;
– identificação dos principais problemas do bairro.

4.3 – *As entrevistas*

Realizamos entrevistas gravadas com moradores de ambos os bairros que se declaravam pretos ou pardos, quando confrontados com a classifi-

---

8. Neste livro trabalhamos com a pressuposição de que, no contexto brasileiro, a "cor" equivale à representação ainda que figurada da idéia de raça. Mais precisamente acreditamos que "[...] alguém só pode ser classificado em um grupo de cor se existir uma ideologia em que a cor das pessoas tenha algum significado. Isto é, as pessoas têm cor apenas no interior de ideologias raciais" (GUIMARÃES, 1999: 44).

Introdução

cação do IBGE. Estas entrevistas se fizeram a partir de um roteiro previamente definido. Nosso objetivo consistia em coletar dados qualitativos para viabilizar a compreensão dos processos que engendraram as características socioeconômicas, mapeadas no questionário; avançar na compreensão dos elementos simbólicos que cercam estas configurações determinadas da pobreza urbana e identificar a forma como moradores negros de ambos os bairros viabilizam sua reprodução material e subjetiva naqueles espaços.

Ou seja, o que se queria era ler, nas falas gravadas, a estrutura de relações objetivas e subjetivas na qual o entrevistado está situado, o que poderia nos levar à compreensão de parte das relações que conformam aquele espaço social[9].

O roteiro de entrevista procurava trabalhar os seguintes elementos:

- "cor" ou raça (primeiro aberta a qualquer indicação do entrevistado e logo após fechada nas categorias do IBGE: branco, preto, pardo, amarelo e indígena);
- trajetória habitacional, incluindo migrações quando fosse o caso;
- trajetória escolar;
- trajetória profissional e ocupacional;
- composição da família;
- trajetória dos filhos, quando fosse o caso (escolar e profissional);
- visão acerca do local;
- visão acerca da população do local;
- problemas ou vantagens que encontra por morar naquele local;
- utilização das políticas públicas que se materializam no município e no bairro;
- formas de lazer;
- religião;
- onde estabeleciam relações de amizade e relações sentimentais;
- sentimento ou casos concretos de discriminação pelo local de moradia;
- sentimento ou casos concretos de discriminação racial;
- visão acerca da questão econômica/financeira pessoal e dos habitantes do local nos últimos anos;

---

9. O que estamos chamando aqui de espaço social equivale a "[...] uma distribuição, sobre um plano (fictício) de duas dimensões, do conjunto das posições pertinentes na estrutura de um mundo social e do conjunto das propriedades e das práticas estruturalmente ligadas a essas posições. Os agentes singulares são distribuídos por este espaço em virtude de sua posição nas distribuições das duas espécies maiores de capital, o capital econômico e o capital cultural[...]" (BOURDIEU, 2000a: 40).

– visão acerca da questão do trabalho e da obtenção de trabalho, no que tange aos aspectos pessoais e no que tange aos habitantes do local, nos últimos anos;
– perspectivas para o futuro próximo e distante.

Obviamente, a idiossincrasia que caracteriza a entrevista não nos deve afastar de ver na fala dos entrevistados fragmentos de suas experiências subjetivas individuais, que são também as experiências de seu grupo social, dentro de um determinado contexto temporal objetivo. Neste espaço, onde o objetivo e o subjetivo (a estrutura de distribuição e apropriação dos bens e os esquemas mentais que "funcionam como a matriz simbólica das atividades práticas, condutas, pensamentos, sentimentos e julgamentos dos agentes sociais" – WACQUANT, 1992: 17) se entrelaçam, é que podemos encontrar o que BOURDIEU (1998: 440-441) chama de sintomas, que seriam o "produto da inscrição, na ordem social, de um gênero particular de experiências sociais, predispostas a se exprimirem em expressões genéricas".

Não é por outro motivo que, como veremos, muitas afirmações, representações e, principalmente, a forma como essas são feitas ou expressas se repetem e são intercambiáveis entre os entrevistados. Queríamos, portanto, ler, nas palavras das mulheres e homens negros que aceitaram dialogar conosco, os indícios da estrutura das relações objetivas e subjetivas que compunham o seu mundo social. A opção pelo uso desta perspectiva de aproximação com o objeto – que foi complementada por outras formas – se deu exatamente porque, seguindo as indicações de BOURDIEU (1998), acreditamos que:

> [...] através do relato das dificuldades mais "pessoais", das tensões e das contradições aparentemente mais estritamente subjetivas, geralmente se exprimem as estruturas mais profundas do mundo social e suas contradições (BOURDIEU, 1998: 591).

A análise das entrevistas foi sendo feita ao mesmo tempo em que se desenvolvia o trabalho de campo, o que significou um interessante processo de retroalimentação, na medida em que íamos podendo incorporar novos elementos ou novas formas de trazer à tona um assunto, nas entrevistas subseqüentes. Vale ressaltar, no entanto, que algumas falas de fundamental importância para o entendimento das temáticas que propomos discutir neste livro apareceram sem que estabelecêssemos uma pergunta específica. Em algumas situações o entrevistado tomava as "rédeas" da entrevista e produzia um monólogo que respondia às minhas indagações iniciais e me colocava outras. Como lembra BOURDIEU (1998), os pesquisados que se alinham nos patamares mais pobres da sociedade podem tomar a entrevista como

Introdução

> [...] uma ocasião excepcional que lhes é oferecida para testemunhar, se fazer ouvir, levar sua experiência da esfera privada para a esfera pública; uma ocasião também de se explicar, no sentido mais completo do termo, isto é, de construir seu próprio ponto de vista sobre eles mesmos e sobre o mundo, e manifestar o ponto, no interior desse mundo, a partir do qual eles vêem a si mesmos e o mundo, e se tornam compreensíveis, justificados, e para eles mesmos em primeiro lugar (BOURDIEU, 1998: 704).

Todo este material aparece exposto neste livro como um resumo de cada entrevista em particular, tomando-a como um todo homogêneo e acentuando aí os elementos que poderiam contextualizar o agente social. É claro que este "resumo" já é também uma interpretação minha sobre o discurso do entrevistado. A intenção ao expor estes "resumos" era de escapar de uma generalização que apagaria o que parece haver de mais rico na pesquisa de campo: a interação entre o pesquisador e a população estudada. Lembrando CLIFFORD (1998), o que não queríamos era compor um texto final que se referisse ao pensamento "em geral" de um conjunto de agentes sociais que, no entanto, teve como base, no processo de pesquisa, diálogos muito particulares, com indivíduos muito especificamente situados. O que não queríamos, enfim, era que estes indivíduos desaparecessem no resultado final do trabalho, muito embora saibamos que, indefectivelmente, os dados coletados são tratados "fora do campo" e traduzidos em um texto que se encontra separado das situações discursivas que são típicas do trabalho de campo (CLIFFORD, 1998).

As análises que fizemos das entrevistas, no entanto, não se deram em um vazio teórico. Tanto a nossa vivência nas comunidades por meio do trabalho de campo que realizamos quanto nossas informações teóricas, construídas ao longo de uma carreira, foram decisivas e certamente marcam de forma indelével o resultado do trabalho. Fazemos nossas, aqui, as palavras de BOURDIEU (1998):

> O sonho positivista de uma perfeita inocência epistemológica oculta na verdade a diferença não entre a ciência que realiza uma construção e aquela que não o faz, mas entre aquela que o faz sem o saber e aquela que, sabendo, se esforça para conhecer e dominar o mais completamente possível seus atos, inevitáveis, de construção e os efeitos que eles produzem também inevitavelmente (BOURDIEU, 1998: 694-695).

A tarefa de "[...] dominar [...] atos [...] inevitáveis, de construção" significou, para nós, não sufocarmos os dados dentro de grilhões teóricos, mas tão-somente tentar utilizar nossas referências teóricas como escolhas necessárias para estabelecer uma dada compreensão da realidade. Tais escolhas devem – e procuro fazer isto todo o tempo – ser explicitadas para que se saiba que se trata aqui de um ponto de vista que não pretende ser único ou totalizante. Se, em nosso texto, é freqüente que os dados sejam comentados, problematizados e mesmo em alguns casos "explicados" através do recurso a determinados elementos teóricos, isto se dá exatamente porque as escolhas teóricas que fazemos aqui têm a função de auxiliar a construção de uma interpretação.

Neste mesmo movimento, sabemos que a relação de pesquisa é também uma relação social e, portanto, exerce efeitos profundos sobre aquilo que chamamos de resultados. É claro que o entrevistado não fala como uma testemunha ocular neutra, que falaria sempre as mesmas coisas para qualquer pessoa; ele fala dentro de situações intersubjetivas específicas. Como afirma CLIFFORD (1998: 44), não existe "significado discursivo sem interlocução e contexto". Vários elementos envolvidos no trabalho de campo e na realização das entrevistas certamente modificaram os dados que foram apreendidos. No caso de nossa pesquisa talvez os principais tenham sido: a) a opção por "entrar" nas comunidades pela via das respectivas associações de moradores; e b) a diferença de capital cultural[10] entre o pesquisador e as populações das áreas estudadas. Neste segundo ponto, está implicada a "violência simbólica", que faz parte do processo de entrevista e que pode se manifestar muito claramente no "capital lingüístico"[11] que o pesquisador manipula durante a interação. A tentativa de reduzir ao máximo tais interferências, absolutamente inevitáveis, seguiu a indicação feita em BOURDIEU (1998), acerca da adoção de uma "escuta ativa e metódica", na qual deve o pesquisador desenvolver em relação ao agente social entrevistado uma

> submissão à singularidade de sua história particular, que pode conduzir, por uma espécie de mimetismo mais ou menos controlado, a adotar sua linguagem e a entrar em seus pontos de vista, em seus sentimentos, em seus pensamentos, com a construção metódica, forte, do conhecimento das condições objetivas, comuns a toda uma categoria". BOURDIEU (1998: 695)

5 – A estrutura do livro

O *capítulo 1* faz uma discussão teórica que tenta mapear parte da bibliografia recente acerca das transformações econômicas e sociais que cercam

---

10. O capital cultural equivale ao acúmulo de vantagens objetivas e subjetivas que o agente pode carregar na sua relação com a cultura legítima e dominante. Para BOURDIEU (1998a), este capital contém três formas: o estado incorporado (ou seja, sob a forma de disposições duráveis do organismo); o estado objetivado (ou seja, sob a forma de bens de cultura – quadros, livros etc.) e o estado institucionalizado (sob a forma de diplomas e certificados escolares legítimos).

11. O capital lingüístico corresponde ao acúmulo pelo agente social de vantagens a partir do valor de sua expressão lingüística. Trata-se, portanto, do uso de um sistema de disposições e propensões para falar, que são definidas como atitudes lingüísticas capazes de gerar discursos "gramaticalmente conformes" e adequados a uma situação dada, sempre no âmbito da legitimidade das formas e valores dominantes em um espaço social hierarquizado (BOURDIEU & WACQUANT, 1992: 120-121).

Introdução

o capitalismo na passagem do século XX para o século XXI. No conjunto deste capítulo, atemo-nos tanto à tal problemática em escala internacional quanto àquela voltada para a realidade brasileira. Neste "foco" nacional, as discussões em torno da literatura acadêmica foram complementadas por dados estatísticos e informações por nós coletados e organizados, que auxiliavam a compreensão das questões discutidas e reforçavam o valor analítico de algumas destas.

O *capítulo 2* procura caracterizar a lógica econômica que preside o desenvolvimento recente da Região Metropolitana do Rio de Janeiro e dos municípios que investigamos mais atentamente neste livro (São Gonçalo e Itaboraí). As características atuais e a evolução destas características, no que tange aos aspectos sociais e demográficos, também foram mapeadas. O que pretendíamos neste capítulo era analisar séries de dados estatísticos secundários, que possibilitassem uma avaliação mais precisa acerca da relação entre a economia metropolitana, as performances de renda e trabalho, a evolução demográfica, a ocupação periférica e a pobreza. Sempre que possível buscamos compreender como estas variáveis se relacionavam com a composição racial da população.

Os *capítulos 3* e *5* se equivalem e cada um toma como objeto um dos dois bairros selecionados para nosso trabalho de campo. Em ambos expusemos e analisamos os dados quantitativos que resultaram da aplicação de questionários socioeconômicos nos dois bairros periféricos. Procuramos nestes dois capítulos produzir uma caracterização precisa da população local, nos aspectos mais econômicos de trabalho e renda, assim como nos aspectos relacionados aos indicadores de escolaridade, infra-estrutura física do bairro etc. Mapeamos a cor ou raça dos chefes de família e cônjuges para discutir como estas variáveis socioeconômicas se configuravam nos grupos negro e branco.

Os *capítulos 4* e *6* também se equivalem, referindo-se respectivamente ao Bairro A e ao Bairro Belo. Nestas partes do livro expusemos as análises das entrevistas realizadas em ambos os bairros periféricos com indivíduos que se declaravam como pretos ou como pardos. Por meio de perspectivas metodológicas qualitativas, buscamos caracterizar as formas subjetivas de classificação e autoclassificação que estes agentes sociais mobilizam para pensar o espaço social, bem como a forma pela qual estes compreendem e se relacionam no cotidiano com as mudanças econômicas que se iniciam nos anos 1990.

O *capítulo 7* é conclusivo. Nele discutimos os resultados de nosso trabalho de análise de dados quantitativos e qualitativos e correlacionamos estes resultados com escritos recentes acerca da existência de uma "nova" pobreza no capitalismo do final do século XX e início do século XXI. Chegamos à conclusão de que menos do que de uma "nova" pobreza, podemos falar, no caso da população daqueles dois bairros da periferia da Região Metropolitana do Rio de Janeiro, de uma "velha" pobreza com novos contornos materiais e subjetivos. Nesta configuração atual da pobreza urbana, a posição da população negra aponta para ainda maiores dificuldades de inserção na lógica econômica e, portanto, para uma tendência de contínua exclusão, o que demanda do Estado brasileiro medidas emergenciais no campo das políticas de ação afirmativa.

Capítulo 1
A sobrevivência do emprego na nova economia global

Neste capítulo pretendemos traçar uma discussão inicial acerca das mudanças econômicas e societárias que têm início em fins do século XX. Estabelecemos um enfoque que se refere, ao mesmo tempo, ao contexto global e ao contexto mais específico do Brasil.

1.1 – A questão do emprego na sociedade em rede e o paradigma informacional

Parte substantiva da literatura internacional, no campo das ciências sociais, tem apontado o aumento da pobreza mundial, a partir de fins do século XX, como um fenômeno diretamente vinculado à dinâmica capitalista específica deste momento histórico. O crescimento da pobreza poderia, portanto, ser observado tanto nos países centrais como nos países menos desenvolvidos.

Segundo DUPAS (1999), estaríamos assistindo a uma expansão da exclusão social em escala planetária. O grande problema desta afirmação consiste precisamente na definição do que pode ser chamado de exclusão social. Para simplificar nossa argumentação, podemos, com DUPAS (1999), afirmar que a exclusão social é sempre multidimensional e indica o impedimento de acesso a determinados bens, serviços e direitos, ou seja, significa a existência de desigualdades variadas entre os cidadãos, que podem corresponder aos aspectos econômicos, políticos, culturais, étnicos, de gênero etc.

Seguindo DUPAS (1999), nosso foco recaíra sobre a relação entre a exclusão e o acesso (ou não) dos indivíduos ao mercado de trabalho. Neste ponto está configurada a "face mais moderna da pobreza [...] aquela relacionada ao novo padrão de acumulação do capital [...]" (DUPAS, 1999 : 33).

As transformações societárias constituídas a partir desta economia, marcada pela escala de operação global em cadeias produtivas complexas, têm sido alvo de inúmeras pesquisas que atingem sempre a discussão acerca do lugar do emprego na nova ordem.

Nesta perspectiva sentido, CASTELLS (1999a) aponta a emergência de uma "revolução tecnológica", que se estrutura através das chamadas "tecnologias da informação". Trata-se de uma modificação das bases materiais do capitalismo, que entra, portanto, em um processo de reestruturação e interdependência global. Vários elementos novos resultam disto, entre eles um grande aumento da concorrência econômica internacional e um grande crescimento do desenvolvimento desigual não somente entre países centrais e periféricos, mas também entre parcelas mais e menos integradas e dinâmicas dos próprios territórios nacionais. O amplo desenvolvimento da capacidade produtiva do capitalismo pode, assim, conviver com graus extremos de pobreza material em espaços específicos de todos os continentes e pode caracterizar áreas do planeta como não-assimiláveis ou não-integráveis na nova lógica de operação da economia.

Não se trata, porém, de um novo modo de produção, mas sim de um novo "modo de desenvolvimento"[1], o "informacionalismo". Teríamos, então, segundo CASTELLS (1999a), um formato de sociedade (adquirindo aspectos diferentes nas várias culturas) que está vinculado diretamente com este modo de desenvolvimento interno ao capitalismo contemporâneo e que marca a redefinição desse modo de produção, a partir de fins do século XX.

A base do novo "modo de desenvolvimento" seria o "paradigma da tecnologia da informação". Este paradigma contém algumas características básicas. De início, o objeto da tecnologia passa a ser a informação. Esta última, por sua vez, passa a condicionar os processos da vida social. Outra característica é a constituição de uma "lógica de redes", como morfologia econômica adequada à complexidade de tal "modo de desenvolvimento". E isto anuncia mais uma característica, que é a necessária flexibilidade, ou seja, a potencialidade de reconfiguração permanente dos processos so-

---

1. Segundo CASTELLS (1999a: 34), "[...] os modos de desenvolvimento são os procedimentos mediante os quais os trabalhadores atuam sobre a matéria para gerar o produto, em última análise, determinando o nível e a qualidade do excedente".

cioeconômicos. Por último, é possível verificar uma progressiva integração e convergência tecnológica.

Enfim, CASTELLS (1999a) procura delinear os contornos da nova economia informacional (com a produtividade dos macro-agentes econômicos dependendo de suas relações com a geração, processamento e aplicação da informação) e global (com as atividades de produção, circulação e consumo organizados e integrados em redes planetárias). Esta economia, como vimos, se funda sobre um novo "modo de desenvolvimento" que, por sua vez, se constrói sobre um novo paradigma tecnológico, apoiado exatamente nas tecnologias da informação.

Aqui o círculo se completa, ou seja, o processo de acumulação do capital foi otimizado pelo novo "modo de desenvolvimento" surgido no final do século XX. O capital passa a demandar uma grande mobilidade para que as empresas possam abrir, conectar e incorporar mercados distantes, em uma rede multifacetada. A valorização do capital passa a depender, portanto, de um tripé: as novas tecnologias, a desregulamentação do comércio internacional e a desregulamentação financeira internacional.

Este processo significou a consolidação de um conjunto de empresas capitalistas, com atuação global (geralmente chamadas de transnacionais), que constituíram uma rede subordinada de empresas sucessivamente menores, que foram integradas (muitas vezes à custa de grande eliminação quantitativa e de inúmeras fusões).

A competição global instaurada impactou profundamente a capacidade nacional de geração de políticas econômicas, seja por causa da interdependência crescente entre os mercados financeiros e de câmbio, seja porque o "motor" transnacional da economia exige dos países uma condução econômica que, aliando cooperação e concorrência, ajuste suas estratégias às características de um sistema interligado.

> Políticas econômicas tradicionais administradas dentro dos limites das economias nacionais reguladas estão cada vez mais ineficientes, pois fatores básicos como política monetária, taxas de juros e inovações tecnológicas são extremamente dependentes dos movimentos globais (CASTELLS, 1999a: 108).

Assim, a economia informacional seria um sistema diferente em relação à chamada "economia industrial", exatamente porque foi a informação que possibilitou uma "economia global", que reconfigurou as atividades de produção de valor, seja na indústria, seja nos serviços e mesmo na agropecuária. Por outro lado, uma economia global não se caracteriza somente por uma abrangência mundial, mas fundamentalmente pelo fato de funcionar *on line*, em tempo real, no planeta. Fluxos gigantescos de capital são diariamente movimentados entre os mercados financeiros. No mesmo movimento, a mão-de-obra torna-se um recurso global exatamente porque as empresas transnacionais passam a contratar força de trabalho de diferentes partes do mundo, segundo diferentes critérios (qualificação, estrutura salarial etc.), para utilização em um mesmo processo produtivo ou em vários processos produtivos integrados em rede. Trata-se de uma estrutura industrial espalhada pelos continentes, sob o formato de uma rede cuja geometria é passível de mudanças rápidas, conexões e desconexões, sempre em busca de vantagens relativas.

A rede, porém, é global, mas não universal, ou seja, há um conjunto muito significativo de territórios e mesmo de sociedades que não estão incluídos ou conectados, apesar de estarem, de forma direta ou indireta, afetados por esta. Mais especificamente, a tecnologia da informação "puxa" o processo de valorização do capital e passa a ser a medida da produtividade econômica mundial, apesar de a maioria da população do planeta não vender sua força de trabalho para esta economia e nem mesmo consumir os principais produtos desta (CASTELLS, 1999a: 120). No âmbito de cada país ou região, se reproduz a "arquitetura em rede", que estabelece centros locais ou regionais que estarão conectados globalmente. No imediato entorno destes "nós da economia global", podem se formar – e via de regra isto tem acontecido nos países em desenvolvimento – territórios com pouca ou nenhuma função econômica na rede[2].

Os agentes econômicos que movimentam a economia informacional (empresas transnacionais, países, áreas de integração econômica etc.) se empenham em relações de concorrência que são balizadas por alguns elementos-chave: a "capacidade tecnológica" (cada vez mais dependente de "complexos produtivos" em interação); o acesso a mercados de consumo de grande porte; a relação entre os custos de produção existentes (estrutura salarial, estrutura de impostos e legislação ambiental, por exemplo); os preços médios do mercado almejado; e a competência política dos Estados nacionais ou de organizações supranacionais para garantir estratégias de crescimento econômico. Segundo CASTELLS (1999a), estes elementos que condicionam a forma da concorrência capitalista internacional se atualizam em uma "nova" divisão internacional do trabalho.

Esta constatação, porém, em nenhuma medida pode questionar quatro fatos: 1) o núcleo fundamental, o "motor" da economia global, consiste em uma rede primária integrada (a chamada "tríade"), formada pelos

---

2. No Brasil, a intensa periferização, com características de concentração de populações pauperizadas e atividades econômicas descapitalizadas, no entorno de megacidades como Rio de Janeiro e São Paulo, é um exemplo disto.

Estados Unidos, Europa Ocidental e Japão; 2) alguns países e segmentos populacionais de vários países (mesmo daqueles que compõem a "tríade" referida acima) são, no âmbito da economia global, mantidos em uma posição de não-importância econômica na divisão internacional do trabalho; 3) a exclusão da rede global significa aumento dos processos internos de exclusão social; e 4) a inclusão na economia global não significa condições universais de bem-estar para as populações nacionais.

Com relação ao último item, a análise de CASTELLS (1999a) sobre a América Latina é bastante precisa. Após o endividamento internacional irresponsável dos anos 1970, que significou muito pouco do ponto de vista da otimização da infra-estrutura produtiva, nos anos 1980 as economias latino-americanas encontravam-se em situação de "falência financeira". É neste momento que o FMI intervém com dois objetivos: impedir uma série de moratórias que levariam à desestabilização do sistema bancário internacional e reestruturar essas economias, para que fosse possível incorporá-las na economia global (como espaços de produção e mercados de consumo). Destes objetivos derivaram as metas de controle da inflação, corte brutal de gastos públicos, políticas de contenção e rebaixamento salarial, privatização do setor público etc.

Nada disso, porém, significou uma maior competitividade internacional destes países, pois, como lembra CASTELLS (1999a), neste momento esta já dependia de uma inequívoca "modernização tecnológica", o que demandava investimentos exatamente quando governos e empresas nacionais tiveram maior dificuldade em obtê-los. A estagnação econômica será a marca dos anos 80. Se considerarmos as maiores economias da América Latina – Brasil, México e Argentina – a participação destas no volume mundial de exportações caiu 39% nesta década (CASTELLS, 1999a: 138). Além disto, tais exportações voltaram a se concentrar, quase primordialmente, em produtos que carregam baixo valor agregado. É neste quadro de diminuição relativa da capacidade e dos recursos tecnológicos que as economias latino-americanas entram nos anos 1990.

Apesar de uma tal configuração, as demandas internacionais de acumulação de capital e a atuação dos governos locais possibilitaram a integração de alguns países deste continente na nova economia global. O México, o Brasil, a Argentina, o Chile e o Peru, principalmente, foram alvos de grandes investimentos transnacionais na década de 1990.

Estes investimentos, no entanto, não são somente produtivos (e quando o são, visam prioritariamente os setores estratégicos e recém-privatizados, como as telecomunicações no Brasil, por exemplo); são também financeiros de curto prazo e, portanto, substancialmente voláteis, como as sucessivas crises e ameaças de crises financeiras têm demonstrado.

A incorporação latino-americana na economia global durante os anos 1990, portanto, significou que alguns segmentos produtivos, territoriais e humanos mais dinâmicos foram lançados na concorrência capitalista internacional, por mercados e capitais, ao custo da exclusão de grande parte da população dos mercados de trabalho e consumo:

> ... uma incorporação bem-sucedida na nova economia informacional não garantirá, nem no Brasil, nem no México, a integração de seus habitantes ... (CASTELLS, 1999a: 148).

CASTELLS (1999a: 159) define a economia global atual como "um mundo assimétrico interdependente", que se ergue sobre a "tríade" (Estados Unidos, Europa Ocidental e Japão), sendo também cortado pelas diferenças entre áreas com alta produtividade e riqueza (sempre pródigas na produção e no armazenamento de informação) e outras com baixo potencial produtivo e pequeno valor econômico, onde a exclusão tem proliferado com força.

Esta diferença, insiste CASTELLS (1999a), cristaliza-se a partir dos novos elementos que perpassam a divisão internacional do trabalho. Assim teríamos os espaços que: a) alcançaram a produção de alto valor por meio da sua direta vinculação com o paradigma informacional; b) concentram os produtores de grandes volumes com baixo valor agregado; c) ainda articulam-se em torno da produção de matérias-primas advindas dos recursos naturais; e d) produzem valores altamente desqualificados.

A partir desta hierarquização, a questão fundamental consiste em que tais espaços produtivos não correspondem a fronteiras nacionais. Na economia informacional, organizada em redes e fluxos, a divisão do trabalho não se configura como divisão entre países, mas sim entre agentes econômicos que podem ter sua base física em qualquer lugar do planeta. Os países são, portanto, cortados por espaços que podem estar alocados em qualquer uma das quatro posições acima listadas. Algumas economias nacionais mais empobrecidas podem ter pelo menos um pequeno segmento vinculado a redes transnacionais de produção de grande valor, enquanto nas economias nacionais mais ricas encontramos sempre espaços de baixa produtividade de valor, concentrando uma população que sobrevive do trabalho desvalorizado.

O que CASTELLS (1999c) quer ressaltar é o fato de que, na nova dinâmica econômica internacional, áreas (e aqui está se referindo a países, regiões, áreas metropolitanas ou cidades) sem valor na perspectiva do capitalismo informacional e que não sejam alvo de interesses políticos mais específicos são abandonadas pelos fluxos de capital e de tecnologia. Isto, em um processo de acumulação de desvantagens, deixa tais áreas com sérias dificuldades no que tange à infra-estrutura necessária para um engajamento posterior na nova economia global. Vemos assim uma dinâmica irregular em que inclusão e exclusão no paradigma informacional convivem com relativa simultaneidade temporal e geográfica. Áreas e segmentos populacionais podem estar conectados ao lado de outras áreas e segmentos populacionais absolutamente desconectados, ou seja, sem capacidade de "gerar valor nas redes globais de acumulação de riquezas, informação e poder" (CASTELLS, 1999c: 99).

Outra questão fundamental é que as modificações na estrutura produtiva do capitalismo têm impacto no mercado de trabalho mundial pela via das inovações tecnológicas e administrativas, no seio das relações de produção. CASTELLS (1999a) aponta, então, uma "tendência" comum de organização do sistema produtivo, agora globalmente interdependente, para a consecução de parâmetros de maximização econômica, que se tornaram possíveis com o desenvolvimento e a difusão da tecnologia da informação. Esta tendência configura o que CASTELLS (1999a) chama de "informacionalismo" – e teríamos então no fim do século XX assistido à passagem da sociedade industrial para a sociedade informacional.

A globalização econômica não significa, porém, a formação de um mercado global de força de trabalho. Embora hoje o capital financeiro ou industrial possa se deslocar com liberdade acentuada pelos vários mercados, o deslocamento dos trabalhadores é limitado por políticas nacionais de imigração. No entanto, CASTELLS (1999a) aponta o fato de que há um aumento da interdependência global da demanda e do uso de força de trabalho, seja por causa da expansão das empresas transnacionais, seja pelo *boom* do comércio internacional ou pelo impacto da concorrência internacional. Por conta desta interdependência, os trabalhadores de maior qualificação nas economias avançadas foram beneficiados com a globalização, enquanto os trabalhadores desqualificados tiveram que enfrentar a concorrência daqueles de regiões onde os custos de produção eram menores.

A expansão do comércio internacional e, portanto, da concorrência vai condicionar modificações na lógica do trabalho e mesmo das instituições trabalhistas no conjunto do planeta. Assistimos, portanto, à introdução de novas práticas de produção, geralmente voltadas para a diminuição do número de trabalhadores e para a flexibilização da contratação e do uso da mão-de-obra, principalmente ancoradas na tecnologia da informação.

A nova qualidade do sistema produtivo demanda trabalhadores com capacidade de adquirir, com rapidez, os inovadores conhecimentos relativos ao uso da informação, o que certamente constitui uma fonte de exclusão de determinados grupos de indivíduos, em todo o planeta. Ou seja, há uma transformação na natureza do trabalho e das formas de organização deste, através de procedimentos de administração descentralizada e individualização das atividades. Enfim, há uma tendência geral à flexibilidade, que envolve não somente o trabalho desqualificado, mas também o trabalho qualificado.

Mais uma vez, o alcance da flexibilização é mediado por fatores variados, entre os quais um dos principais é a capacidade de oposição das organizações de trabalhadores em cada país, região ou mesmo empresa. CASTELLS (1999a) afirma que quando há maior mobilização sindical o impacto da flexibilização sobre salários é, logicamente, menor e, por isso, há uma maior dificuldade de criação de novos postos. A tendência geral é que as formas historicamente consolidadas de trabalho estejam em declínio, ou seja, o emprego de tempo integral, a carreira desenvolvida ao longo de uma vida profissional estariam em processo de substituição a partir do fim do século XX.

Esta discussão aparece também no ensaio de SENNET (1999), que afirma ter a flexibilização contemporânea do trabalho tirado o sentido da noção de "carreira" ao generalizar o trabalho temporário que, segundo este autor, foi o que mais cresceu nos Estados Unidos durante a década de 1990.

Se até então o capitalismo proporcionava, mesmo aos mais desqualificados trabalhadores, a possibilidade de uma "narrativa [...] linear e cumulativa [...]" para a vida (SENNET, 1999: 31), hoje o sistema de curto prazo impede a formação desta, mesmo para os trabalhadores qualificados.

A flexibilização se materializou em "redes elásticas de trabalho", fragmentação dos sistemas produtivos, "desagregação vertical", "reengenharia" etc. Esta mudança expressa a necessidade de pôr no mercado, com extrema rapidez, uma variedade cada vez maior de produtos (bens ou serviços), que são inovados continuamente. O resultado nos Estados Unidos, segundo SENNET (1999: 58), foi uma redução brutal de trabalhadores empregados, em números que ficam entre 13 e 39 milhões. A recolocação destes no mercado teria se dado, na imensa maioria dos casos, com salários substancialmente menores que os anteriores.

SENNET (1999) caracteriza dois modelos de regime, na relação entre economia e Estado, no capitalismo contemporâneo.

O primeiro é o modelo do "Reno" (existente, com pequenas variações, na Alemanha, na Holanda e na França – atingindo, com maiores variações, os países escandinavos, a Itália e Israel). Neste modelo, os sindicatos guardam algum poder de mobilização e o Estado mantém ainda uma rede – mesmo que compacta – de segurança social nas áreas de proteção ao trabalhador, saúde pública e educação. A tendência, nesta estrutura, é que o ritmo das mudanças econômicas seja controlado quando os trabalhadores são muito atingidos.

No segundo, o modelo anglo-americano, a prioridade estatal se encontra na liberdade de mercado e o aparelho de Estado fica subordinado diretamente à lógica econômica, o que enfraquece as redes de proteção social. Sejam quais forem os impactos sobre a classe trabalhadora, os agentes econômicos ficam livres para promover as mudanças necessárias.

Nos anos 1990, nos países de regime anglo-americano, houve um inequívoco aumento das distâncias salariais, com realização de pleno emprego. Na mesma década, nos países de regime do Reno, não ocorreu alteração nas distâncias salariais, mas houve estagnação ou diminuição do mercado de trabalho. Parece então que o paradoxo instaurado é bastante claro: a não-limitação das desigualdades e da degradação das condições salariais deve gerar pleno emprego; já a existência de mecanismos de segurança social e manutenção de direitos trabalhistas se configuram como impeditivos à maior demanda de força de trabalho.

Outro trabalho importante para pensarmos estas questões é o de BECK (1999). Para este autor, a globalização teria desfeito os nexos entre riqueza e pobreza. Os pobres agora não seriam mais importantes como exército industrial de reserva, nem como consumidores necessários ao crescimento da economia. Neste sentido, a pobreza se generaliza geograficamente, pois (e aqui a análise se aproxima da de CASTELLS – 1999a) centro e periferia não mais se encontram separados em continentes ou países, mas se "cruzam e se contradizem" seja nos países de capitalismo desenvolvido, seja nos países pobres. O ponto principal desta configuração se encontra na destruição do trabalho. Assim, em todo o planeta crescem o desemprego, o trabalho temporário, as relações trabalhistas precárias e "incertas", ou seja, "[...] o volume de trabalho remunerado desaba em alta velocidade. Rumamos para um capitalismo sem trabalho[...]" (BECK, 1999: 112).

Perante isto, o debate público internacional vem discutindo três proposições que o autor chama de mitos. O primeiro seria o "mito da incompreensibilidade", ou seja, o cenário socioeconômico não estaria tão ruim, mas sim enfrentando uma dificuldade de entendimento da configuração atual do mercado de trabalho. BECK (1999: 113-114) responde ao mito, afirmando que as "novas formas de ocupação" são, na verdade, um misto de ocupações temporárias, sazonais e desemprego, que colocam os indivíduos em uma "região limítrofe entre o trabalho e o não-trabalho".

O segundo é o "mito da prestação de serviços", para o qual o problema do emprego no mundo será resolvido por meio da gigantesca expansão do setor de serviços que estaria em curso. A isto BECK (1999) responde que também está em expansão uma gigantesca automação neste setor, que, antes mesmo de criar novos postos de trabalho, já está destruindo os antigos ligados, aos serviços mais tradicionais.

O terceiro é o "mito dos custos", ou seja, a afirmação de que a geração de empregos depende de uma brutal diminuição dos custos associados aos direitos trabalhistas e aos salários. O exemplo seria a economia dos Estados Unidos, quando comparada à economia européia. Segundo BECK (1999), é preciso relativizar este pretenso pleno emprego norte-americano. Os postos de trabalho de alta qualificação e boa remuneração se limitariam a 2,6% do total de empregos; no restante do mercado de trabalho, durante os anos 1990, teria ocorrido um crescimento dos postos de trabalho desqualificados e malremunerados; é o "caminho dos pequenos serviços a marca distintiva do milagre americano" (BECK, 1999 : 116).

As conclusões de BECK (1999) são bastante pessimistas:

> O crescimento econômico já não pressupõe mais a derrubada do desemprego e sim o inverso, ou seja, a derrubada de postos de trabalho (...) Enquanto crescem as margens de lucro das empresas de atuação global, estas privam o caro Estado de postos de trabalho e do pagamento de impostos e deixam para ele os custos do desemprego e do avanço civilizatório (BECK, 1999: 117).

BAUMAN (1999) também discute a questão da flexibilidade, para chegar a conclusões semelhantes às aqui anteriormante expostas. Segundo o autor, o significado mais profundo do trabalho, flexível implica que este se transforma em uma variável econômica que não tem mais importância significativa para os investidores.

Se para o capital a flexibilidade significa a possibilidade de se libertar de todas as variáveis que não contribuem ou que atrapalham o processo de acumulação, do lado da força de trabalho a flexibilidade corresponde a uma situação de total instabilidade, na tangência de empregos que podem ser eliminados sazonalmente, diante de regras de contratação e dispensa de mão-de-obra, sobre as quais os trabalhadores não podem ter controle; como explica o autor:

> A assimetria das condições manifesta-se nos graus respectivos de previsibilidade. O lado cuja gama de opções comportamentais é mais amplo introduz o elemento de incerteza na situação vivida pelo outro lado, o qual, enfrentando uma liberdade de opção muito menor [...], não pode revidar. A dimensão global das opções dos investidores, quando comparada aos limites estritamente locais de opção do "fornecedor de mão-de-obra", garante essa assimetria, que por sua vez é subjacente à dominação dos primeiros sobre o segundo (BAUMAN, 1999: 113).

Retomando o estudo de CASTELLS (1999a), este autor lembra que, nos países em desenvolvimento, tem se expandido um modelo de articulação entre o mercado formal e o informal de trabalho urbano, que se assemelha aos contornos da flexibilidade do primeiro mundo.

De fato, a reestruturação produtiva foi o resultado de elementos históricos, implementos tecnológicos e necessidades econômicas. As empresas privadas, para continuarem acumulando em ambiente agora muito mais competitivo atuam sobre os custos da força de trabalho, seja aumentando a produtividade total sem aumentar a demanda de mão-de-obra, seja reduzindo salários e transformando o mercado de trabalho em um banco de subempregos:

> O aumento extraordinário de flexibilidade e adaptabilidade possibilitadas pelas novas tecnologias contrapôs a rigidez do trabalho à mobilidade do capital (CASTELLS, 1999a: 289).

O próprio sentido da idéia de flexibilidade é bastante mutável nos diferentes contextos nacionais. A flexibilidade para um trabalhador especializado, atuando no Vale do Silício não é a mesma coisa que a flexibilidade para um trabalhador de uma linha de montagem no Japão. E no que tange aos países pobres, para a imensa maioria da população urbana a flexibilidade significa a busca da sobrevivência através dos trabalhos possíveis da economia informal, o que acaba por produzir uma situação quase semelhante àquela em que "a noção de desemprego é desconhecida, pois aí o indivíduo trabalha ou morre" (CASTELLS, 1999a: 489).

Apesar de todas as relativizações que faz no decorrer de sua extensa obra, CASTELLS (1999c) conclui que o capitalismo informacional significou:

> [...] polarização na distribuição de riqueza em âmbito global, evolução diferencial na desigualdade de distribuição de riqueza em âmbito global, evolução diferencial na desigualdade de distribuição de renda interna nos países e crescimento substancial da pobreza e da miséria no mundo inteiro e na maioria dos países, tanto desenvolvidos como em desenvolvimento (CASTELLS, 1999c: 107).

A questão não é mais somente o desemprego, mas também que tipo de trabalho estará disponível. Sob que regime contratual (quando houver)? Sob que remuneração?

Na verdade, uma grande massa de trabalhadores em quase todas as áreas do planeta já está, e tende a continuar, submetendo-se a vários tipos de empregos possíveis, oscilando entre o emprego formal e o emprego informal, entre o trabalho remunerado e o trabalho não remunerado, na clandestinidade, na economia do crime etc.

1.2 – O paraíso da flexibilidade no Brasil dos anos 1990

O Brasil vive a partir dos anos 1990 uma onda de ajustes estruturais que está diretamente ligada a dois processos: o controle da inflação e a adesão a um paradigma econômico que prevê a concorrência internacional por capitais externos e que pressupõe a abertura comercial radical do país. Assim, a necessidade de competir com a produção internacional e, conseqüentemente, se adequar ao padrão de custos desta leva a uma situação em que automação, terceirização e reestruturação produziram uma grande onda de desemprego e subemprego durante o correr da década, ao lado de uma taxa de crescimento muito baixa do PIB, que culmina com o decréscimo desta, registrado em 2003.

Nesta perspectiva, POCHMANN (2001: 9) nos informa que, em 1986, o Brasil contribuía com 1,68% do desemprego e com 2,75% da PEA global; já em 1999, contribuía com 5,61% do desemprego e 3,12% da PEA. Outros índices podem nos auxiliar a compreender o estágio atual da questão do emprego no país. Se tomarmos, por exemplo, o setor secundário, veremos que detínhamos, em 1930, o equivalente a 0,82% dos empregos deste setor no mundo; chegamos, em 1980, a deter 4,13% destes. A partir daí, observamos uma queda e chegamos a 1999 com 3,07% do total mundial deste tipo de emprego (POCHMANN, 2001: 39).

Comparações entre o Brasil e o resto do planeta são úteis para que possamos dimensionar o tamanho do problema que se coloca sobre nossa sociedade. POCHMANN (2001: 86) demonstra que, em 1975, a taxa de desemprego aberto dos países desenvolvidos era de 4,04%, chegando a 6,18% em 1999. Nos países não desenvolvidos, a taxa foi de 1,79%, em 1975 para 5,53%, em 1999. No Brasil, porém, saltamos de uma taxa de desemprego de 1,73% em 1975 para 9,85%, em 1999.

As diferenças de evolução são gritantes. No conjunto dos países do globo, a taxa de desemprego entre 1975 e 1999 aumenta 53%; nos países não desenvolvidos a taxa cresce 200%. Mais uma vez, o Brasil supera ambas com um crescimento de 369,4% (POCHMANN, 2001: 86). A questão da qualidade dos empregos também é drástica. POCHMANN (2001: 39) afirma que entre 1990 e 1998 nossos postos qualificados de trabalho foram reduzidos em 12,3%, enquanto os postos de trabalho desqualificados aumentaram em 14,2%.

Assim além do desemprego, a questão da precarização do trabalho também se impõe no período. Se entre 1986 e 1990 o número de empregos novos, com carteira de trabalho assinada, está em amplo crescimento (de 23%), entre 1991 e 1997, ocorre uma queda brutal e o mesmo número decresce agora 28%. Para além disto, se forem somados os desempregados, os trabalhadores ocupados sem remuneração e os trabalhadores por conta própria, este conjunto representava 31,8% da PEA brasileira em 1989 e passa a representar 39,7%, em 1998 (POCHMANN, 2001: 98).

Apesar de termos no país, historicamente, um setor de serviços com capacidade de emprego de mão-de-obra muito maior que a capacidade do secundário, verificamos mais recentemente uma expansão muito significativa deste primeiro. Em 1985, a população ocupada no Brasil (especificamente nas seis principais regiões metropolitanas já citadas) se dividia da seguinte forma: 61% no setor de serviços, 24% na indústria, 7% na construção civil e 8% em outras atividades. Em 1997, o setor de serviços aumenta sua participação para 68%, a indústria decresce para 17%, a construção civil e as outras atividades ficam estagnadas em 7% e 8%, respectivamente (DUPAS, 1999: 127).

O trabalho flexível se amplia de forma brutal. Os trabalhadores informais chegam, em 1998, a 54% da mão-de-obra das seis principais regiões metropolitanas do país. A evolução dos empregos informais é enorme nos anos 1990. Entre 1991 e 1998, os empregos com carteira de trabalho assinada diminuem em 27%; os empregos sem carteira de trabalho assinada sobem 30% e os trabalhadores "por conta própria" crescem 29% (DUPAS, 1999: 128). O crescimento do setor informal, segundo o autor, significa diminuição salarial, pois, entre 1985 e 1996, os rendimentos reais médios dos trabalhadores sem carteira estiveram cerca de 30% a 40% abaixo dos salários dos trabalhadores com carteira assinada (DUPAS, 1999: 134).

Todo este processo de flexibilização demandou políticas estatais concretas e a modificação de aspectos importantes da legislação trabalhista então vigente. Vejamos alguns exemplos.

Em 1994, a Lei 8.949/94 modifica o artigo 442 da Consolidação das Leis do Trabalho (CLT) e garante a inexistência de vínculo empregatício entre cooperativas e cooperados e entre estes últimos e as empresas que contratam os serviços de cooperativas. Trata-se de um expediente que possibilita a formação de falsas cooperativas, nas quais o pretenso "cooperado" nada mais é do que um trabalhador por conta própria, que destina parte de seus ganhos à pretensa cooperativa que teria agenciado seus serviços, não tendo o primeiro qualquer segurança ou garantia, seja da própria cooperativa, seja da pessoa física ou jurídica para a qual efetuou um determinado serviço.

Ainda em 1994, através da Medida Provisória de número 1698-46, o Estado determina que a participação dos trabalhadores no lucro das empresas não é obrigatória e fica a critério do empregador; além disto, autoriza o funcionamento dominical do comércio, no varejo, sem direito ao pagamento de horas extras para os empregados.

Em 1995, a Portaria 865 do Ministério do Trabalho define um novo rol de critérios de inspeção dos deveres trabalhistas das empresas, o que em última instância aponta para menores exigências de cumprimento da legislação vigente.

Em 1996, através do Decreto 2.100/96, o Brasil se retirou da Convenção 185 da Organização Internacional do Trabalho (OIT), que limitava demissões sem justificativas.

Em 1997, o Estado regulamenta os fundos privados de previdência através da Lei 9.477/97.

Em 1998, é regulamentado o novo formato do contrato temporário de trabalho, através da Lei 9.601/98, que aumenta o prazo deste tipo de contrato para 18 meses, reduz a incidência do FGTS de 8% para 2%, define a não-existência da multa de 40% sobre o FGTS e do direito ao aviso prévio.

Já a chamada "reforma trabalhista", que será proposta pelo governo federal ao Congresso ainda em 2004, deverá significar mais um duro golpe nos direitos da população trabalhadora nacional.

Ao lado das perspectivas de flexibilidade, como temos afirmado neste capítulo, as taxas de desemprego definidas pelo IBGE para o país mostram uma trajetória de crescimento nos últimos anos. Tomando o mês de junho de cada ano, temos uma taxa de 4,893 de desemprego, em 1995; 6,280, em 1996; 6,808, em 1997; 8,712, em 1998; 8,401, em 1999; 8,123, em 2000; 6,967, em 2001 e 8,272, em 2002.

Cabe, porém, discutir os critérios de definição de desemprego, utilizados pelo IBGE. Esta taxa somente mede o chamado "desemprego aberto", que seria o percentual da população desocupada em relação à População Economicamente Ativa (PEA), que é a soma dos desocupados à procura de emprego e dos ocupados. O desempregado para os critérios do IBGE (seja no que tange à taxa semanal ou à taxa mensal) é aquele que, no momento da entrevista, tinha procurado trabalho nos últimos sete ou 30 dias e, nestes mesmos períodos, não exercera qualquer atividade (ainda que informal e descontínua) remunerada.

Uma alternativa a esta definição é a da Fundação SEADE, de São Paulo, que considera para formação da taxa: a) o desemprego aberto com alcance maior que o do IBGE, pois considera as pessoas que procuraram emprego nos últimos 30 dias e não exerceram atividade remunerada nos últimos sete dias; b) o "desemprego oculto pelo trabalho precário", ou seja, são consideradas desempregadas as pessoas que realizaram trabalho remunerado de forma irregular ou não remunerado nos últimos 30 dias; e

c) o "desemprego oculto pelo desalento", que abarca as pessoas que estão sem emprego e não o procuraram nos últimos 30 dias. A Fundação SEADE, que tem como amostra a Região Metropolitana de São Paulo, aponta taxas muito mais altas para esta unidade geográfica do que aquelas definidas pelo IBGE. A questão aparentemente é controversa. No entanto, podemos ver aí não somente um problema de conceituação, mas também de legitimação de uma "verdade oficial" que encobre situações muitas vezes típicas do cotidiano das populações pobres.

Na pesquisa de campo que desenvolvi em um bairro periférico no município de Itaboraí, Região Metropolitana do Rio de Janeiro, encontrei algumas situações que possibilitam, em nível microssociológico, discutir estes critérios. Vejamos.

1) Paulo[3], de 43 anos, era empregado em um escritório de contabilidade no Centro de Niterói até maio de 1999; após perder o emprego, não conseguiu outro trabalho e os rendimentos da família ficaram limitados ao que ganha a sua esposa (funcionária pública estadual de nível elementar); Paulo relatou que, no dia anterior à nossa conversa, fez com sua furadeira a fixação de um suporte para forno de microondas e de um suporte para televisão na casa de um ex-colega de trabalho, que mora em Niterói e com isto recebeu R$ 15,00; se Paulo estivesse "conversando" com um entrevistador da pesquisa mensal de emprego do IBGE, não entraria na taxa de desemprego desta Região Metropolitana.

2) Marta tem 21 anos e o segundo grau completo; mora com sua mãe, que é faxineira em uma firma de prestação de serviços. Marta está procurando emprego desde o início de 1998; quando conversamos ela estava há 11 dias sem poder se deslocar do bairro, porque naquele mês o dinheiro da família já havia acabado e não restava possibilidade de mais gastos com passagens de ônibus. Marta também não entraria na taxa de desemprego do IBGE se estivesse sendo, naquele momento, entrevistada.

3) Seu Antônio tem 54 anos; desde quando chegou ao Estado do Rio de Janeiro, com aproximadamente 20 anos de idade, vindo de uma área rural no Espírito Santo, trabalhou como ajudante de padeiro. Somente teve sua carteira de trabalho assinada pela primeira vez em inícios dos anos 1970. Em 1991, passou a trabalhar sem carteira assinada, mas no mesmo lugar em que já desenvolvia a mesma atividade como empregado formal. Em 1997, a padaria faliu e seu Antônio não conseguiu mais emprego. Hipertenso, seu Antônio há cerca de um ano parou de procurar trabalho e vive, juntamente com sua esposa, de 62 anos, dos dois salários mínimos mensais que ganha sua filha, empre-

---

3. Os indivíduos aqui citados tiveram seus nomes alterados.

gada em um comércio de material de construção em São Gonçalo. Para a taxa do IBGE, seu Antônio também não é um desempregado.

Em última instância, a classificação utilizada pelo IBGE para as variáveis "desemprego" e "População Economicamente Ativa", que formam o escopo necessário à realização da Pesquisa Mensal de Emprego, parece adequada ao estado atual do paradigma do mercado de trabalho que a reestruturação produtiva mundial dos anos 1990 ensejou. Tal adequação não pode expressar, porém, a amplitude da situação de miséria a que a parcela excluída do mercado de trabalho (os supranumerários para lembrar a expressão de CASTEL – 1998) é submetida.

Muito embora tal classificação esteja vigente desde o início dos anos 1980, esta dá conta de mudanças que apontam para uma rápida e progressiva suplantação pelo trabalho informal e precário sobre o trabalho formal e institucionalizado, o que deve mudar os parâmetros sociais e representacionais do desemprego. Nesta nova ordem no mercado de mão-de-obra, o cidadão deve "inventar trabalho", ante um processo de desindustrialização e de rápida incorporação da automação também pelo terciário, somado com a recessão que ocorreu na economia nos anos 1990 e se reproduz na primeira década do século XXI.

No bairro periférico de Itaboraí, onde desenvolvi parte da pesquisa de campo que constitui o escopo principal deste livro, após um levantamento do universo total de famílias do local, realizado em julho de 2000, encontrei uma população ocupada de 379 pessoas. Desta, somente 136 pessoas (35,88%) estavam no mercado formal de trabalho e as restantes 243 pessoas (64,12%) estavam no informal. Dos 243 trabalhadores informais, 83 (ou seja, 34,15%) se autodenominaram como "fazendo bico" ou "fazendo biscate". Para estes, o fato de estarem desenvolvendo alguma atividade remunerada, ainda que totalmente precária, irregular e intermitente, já os retirava da situação de desemprego. Por sua vez, para uma PEA de 473 pessoas no conjunto do bairro, temos um número de 94 autodenominados desempregados, o que perfaz uma taxa de "desemprego autodenominado" de 19,87%. Estes 19,87% representam aqueles moradores que, por não estarem trabalhando de forma regular e também por não estarem praticando "bicos" e "biscates" para a sobrevivência, consideram-se efetivamente desempregados. Se considerássemos os trabalhadores subempregados e não-sistemáticos que sobrevivem de "bicos" e "biscates" na categoria de desempregados, teríamos, então, uma taxa de desemprego da ordem de 37,42% neste bairro.

De fato, em nível mais amplo, a entrada dos países em desenvolvimento na economia global, que foi promovida pela abertura total destes ao comércio internacional, gerou uma situação de exportação de empregos.

Mais especificamente, tivemos, nos anos 1990, um aumento brutal do desemprego, e da informalização, ao lado de um aumento de 75% da importação de produtos industrializados e um crescimento da produção industrial da ordem de somente 2,7% (TOLEDO, 1999)[4].

SINGER (1998b) pergunta se o aparecimento do desemprego como um fenômeno geral aos países capitalistas se deve ao abandono de políticas estatais de geração de emprego somente, ou também às transformações econômicas que se iniciam em fins do século XX e que derivam de um conjunto de mudanças tecnológicas e da globalização da economia.

Ou seja, SINGER (1998b) quer, em última instância, precisar se o desemprego é um fenômeno estrutural que pertence a "uma nova época da história do capitalismo" (SINGER, 1998b: 16) ou se é o efeito de opções político-ideológicas com reflexos na economia. O autor acaba adotando a primeira explicação e argumenta que uma possível expansão do consumo de bens e serviços, devido à diminuição dos custos de produção, não compensa, em demanda de empregos, o montante de força de trabalho que foi dispensado no processo de fabricação dos mesmos bens e produtos.

Tende a predominar, portanto, um desemprego estrutural causado pelo incremento tecnológico, pelo aumento da produtividade e pela globalização econômica, que acaba por significar a desindustrialização devido, também, à concorrência mundial acirrada. Esta desindustrialização ocorrida na década de 1990 pode ser comprovada através de várias séries de dados estatísticos oficiais brasileiros, como podemos ver nas tabelas abaixo.

Tabela 1 – Valor da produção real (número índice) da indústria em geral no Brasil (Índice base fixa – Base: média de 1985 = 100).

Mês															
Jan. 2000	Jan. 1999	Jan. 1998	Jan. 1997	Jan. 1996	Jan. 1995	Jan. 1994	Jan. 1993	Jan. 1992	Jan. 1991	Jan. 1990	Jan. 1989	Jan. 1988	Jan. 1987	Jan. 1986	Jan. 1985
68,40	69,54	73,27	77,28	74,11	75,12	66,21	61,52	63,79	63,91	79,43	79,57	91,43	106,86	94,59	89,43

Fonte: IBGE – Pesquisa Industrial Mensal – Dados Gerais
Sistema IBGE de Recuperação Automática – SIDRA

Em nenhum dos anos da década de 1990, tomando sempre o mês de janeiro como parâmetro, o valor real da produção industrial no Brasil al-

---

4. Segundo este artigo, entre 1985 e 1994 o emprego na indústria brasileira diminuiu de 4,2 milhões para 2,4 milhões, o que perfaz uma diminuição de 43%.

cança sequer o índice do mês de janeiro de 1985, quando estávamos bem no meio da chamada "década perdida".

Também no que tange ao pessoal ocupado na indústria, os dados apontam uma clara trajetória de diminuição (com uma pequena oscilação entre janeiro de 1993 e janeiro de 1995).

Tabela 2 – Pessoal ocupado na produção (número índice) da indústria em geral do Brasil (Índice base fixa – Base: média de 1985 = 100).

Mês															
Jan. 2000	Jan. 1999	Jan. 1998	Jan. 1997	Jan. 1996	Jan. 1995	Jan. 1994	Jan. 1993	Jan. 1992	Jan. 1991	Jan. 1990	Jan. 1989	Jan. 1988	Jan. 1987	Jan. 1986	Jan. 1985
57,00	58,05	63,97	69,51	74,42	83,74	82,95	83,72	89,49	93,47	110,30	105,89	107,99	116,93	104,51	96,51

Fonte: IBGE – Pesquisa Industrial Mensal – Dados Gerais
Sistema IBGE de Recuperação Automática – SIDRA

Além disto, tão importante quanto o desemprego é o processo de precarização do trabalho. A expansão de uma economia baseada em redes absorve grande número de pequenas empresas e mesmo trabalhadores autônomos que desenvolvem atividades principalmente para estas últimas. Neste processo, um significativo número de empregos formais se transforma em ocupações sem direitos trabalhistas assegurados. Trata-se, segundo SINGER (1998b), de um processo com conseqüências amplas e cumulativas. A precarização introduz a não-efetivação dos direitos trabalhistas, inclusive no que tange à limitação da carga horária. Por outro lado, o crescimento do trabalho por conta própria, em uma situação de baixa remuneração geral, leva os trabalhadores a aumentarem sua carga horária ou a incorporarem novos membros da família em suas atividades. Assim, trabalha-se mais para manter o padrão de subsistência anterior, o que faz com que sobre uma menor demanda de trabalho no geral.

> A flexibilidade, desregulamentação ou precarização do trabalho divide o montante de trabalho economicamente compensador de forma cada vez mais desigual: enquanto uma parte dos trabalhadores trabalha mais por uma remuneração horária declinante, outra parte crescente de trabalhadores deixa de poder trabalhar (SINGER, 1998b: 30).

A desindustrialização brasileira incrementa o nosso processo de desassalariamento, na medida em que é a indústria de transformação a que, historicamente, mais emprega trabalhadores formais. Com este processo, um número crescente de trabalhadores, com qualificações diversas, entra no mercado de trabalho por conta própria, oferecendo serviços ou estabelecendo comércios em microescala, nas ruas, em casa etc. Parece bastante óbvio que estes "empreendedores" descapitalizados, quando empregam, o fazem também informalmente.

Em um importante livro sobre a América Latina que muito nos ajuda a compreender o panorama brasileiro, SALAMA (1999) afirma que a rápida liberalização do mercado e a concomitante retirada do Estado da política industrial, que se verificaram nestes países, resultaram em um choque produtivo para os capitais nacionais. As importações substituíram grandes parcelas da produção nacional e o déficit comercial chegou a índices muito elevados. Daí derivou a necessidade de entradas cada vez maiores de capital externo, na medida em que o déficit financeiro incontrolável gera o receio internacional de insolvência e as possibilidades de saída em massa destes investidores. Assegurar a permanência dos investimentos pressupõe que as economias nacionais desenvolvam mecanismos de atração do capital e estes, por sua vez, têm redundado em crise interna e recessão.

Ou seja, tratando especificamente da sociedade brasileira, a crise dos anos 1990, que se manifesta primeiramente como recessão vinculada a taxas de juros elevadíssimas, é inseparável do processo de abertura econômica vivido e que, por sua vez, acompanha os processos de globalização da economia. A recessão é produzida pelas medidas de política econômica destinadas a atrair investimentos externos e prevenir uma possível fuga destes. Assim, a manutenção de taxas de juros altas é primordial nesta lógica. Os juros altos constituem um enorme obstáculo, por um lado aos projetos de investimento produtivo e, por outro, ao consumo de massa.

Esta situação leva ao que SALAMA (1999) chama de "financeirização das empresas", processo que ocorre quando:

> [...] o diferencial de rentabilidade entre o setor produtivo e o financeiro, a favor deste, leva as empresas a frear os investimentos em sua atividade principal em proveito de investimentos financeiros (SALAMA, 1998: 50).

Com juros altos, as empresas nacionais e transnacionais encontram no mercado financeiro uma garantia e, ao mesmo tempo, uma fonte de lucratividade, em detrimento do investimento produtivo. Aqui se insere a diferença que SALAMA (1998) estabelece entre uma financeirização "virtuosa" e uma financeirização "perversa". Na primeira, o mercado financeiro aparece como o espaço onde o setor produtivo pode buscar recursos necessários para viabilizar seus investimentos e incrementar a produção (e ao mesmo tempo a massa consumidora pode buscar crédito para otimizar o consumo). Na segunda, a busca por financiamento é deixada de lado, em troca da especulação financeira.

Sobrevém daí a necessidade de flexibilização do trabalho para manter a taxa de produtividade com os menores custos possíveis e sem recurso a novos investimentos. O grande aumento da concorrência, devido à abertura comercial em tempos de globalização, tendo como pano de fundo a falta de investimentos devido à financeirização, leva a uma busca desenfreada pela redução dos custos de produção seja através da flexibilização somente ou da combinação desta com impulsos tecnológicos.

A pressão que verificamos sobre as formas de gestão da força de trabalho tem, portanto, dois condicionantes básicos: o primeiro de ordem tecnológica (ou seja, obter competitividade no mercado, atuando sobre parâmetros de custo iguais ou próximos das economias desenvolvidas e com referenciais de qualidade necessários para atrair um consumidor com acesso fácil a produtos importados); e o segundo de ordem financeira (como resultado do baixo investimento e da necessária aplicação de parcelas dos custos produtivos futuros, no mercado financeiro).

O baixo investimento produtivo, logicamente, gera mais desemprego e diminuição das perspectivas de consumo de massa; gera, portanto, recessão. Diante da recessão, o capital vai reduzir custos de produção, o que implica mais desemprego e flexibilização. A meta deverá ser o aumento da produtividade sem aumento de empregos ou salários (equação que é hoje absolutamente generalizada no capitalismo). Trata-se, portanto, de um circuito de determinações que se sucedem e no qual as finanças passam a desenvolver um papel "parasitário".

Há, porém, uma outra ponta neste *iceberg*. Trata-se da expansão da PEA. Entre 1989 e 1998, enquanto a ocupação no Brasil cresceu 14,6%, a PEA cresceu 22,6%. Obviamente, tal disparidade contribuiu para o crescimento do desemprego nacional, que teria sido (do ponto de vista relativo) da ordem de 280,3% no período (POCHMANN, 2001: 103). O aumento da PEA está diretamente ligado ao empobrecimento da população que determina a entrada cada vez mais sistemática de parcelas de trabalhadores que, em outra situação estrutural, estariam fora do mercado de trabalho. Estamos nos referindo aqui às crianças menores de 14 anos, aos aposentados e pensionistas e àqueles que acumulam mais de um emprego ou desenvolvem, eventualmente, atividades extras. Segundo POCHMANN (2001: 121), estes grupos seriam responsáveis, em 1999, pela ocupação de aproximadamente 14 milhões de postos de trabalhos, que poderiam estar disponibilizados para uma PEA substancialmente menor, caso a lógica de distribuição de renda no país não fosse tão predatória.

1.3 – Considerações gerais

Como vimos no decorrer deste capítulo, a literatura internacional tem afirmado que o exponencial crescimento da capacidade produtiva do capitalismo, que ocorre desde fins do século XX, tem convivido com taxas elevadas de pobreza material, em determinados espaços do planeta, seja no Primeiro ou no Terceiro Mundo.

Se, de fato, uma das características da economia capitalista atual é a operação desta em rede, não é menos verdade que grande parte da população mundial e seus espaços de assentamento não estão incluídos diretamente nesta, ainda que sejam diretamente afetados por seu funcionamento.

Esta operação do capitalismo por meio de uma rede global, ao lado do incremento tecnológico que aparece com o desenvolvimento da tecnologia informacional, engendrou uma potenciação da concorrência econômica entre os capitais mundiais, o que levou as empresas privadas a se readaptarem para viabilizar a acumulação neste novo ambiente. Neste processo, uma das variáveis mais atingidas foi a força de trabalho.

Assim, no Brasil, a necessidade de competição com uma produção internacional muito mais desenvolvida tecnologicamente e as políticas estatais de atração do capital internacional nos inseriram, no espaço de uma década, no circuito da automação, terceirização e reestruturação. Nada foi impune. Como resultado, observamos um processo avassalador de desemprego e subemprego, juntamente com um crescimento irrisório do PIB.

Desemprego e recessão. A incorporação brasileira à nova economia global nos anos 1990 por um lado significou que determinados segmentos produtivos, territoriais e humanos alçaram a "possibilidade" de participar da concorrência internacional; mas, por outro lado, o custo disto foi a exclusão de parte da população da possibilidade de entrar, mesmo da forma mais subordinada, no mercado de trabalho.

Todos estes elementos macroeconômicos se imiscuem no cotidiano microssocial dos moradores das áreas periféricas pobres, da Região Metropolitana do Rio de Janeiro, que constituem o objeto mais geral deste livro. Em que medida o impacto desta nova configuração econômica, que se apresenta com características estruturais, produz uma "nova pobreza" nas áreas urbanas, que historicamente têm concentrado as parcelas mais pauperizadas dos trabalhadores? Soma-se uma "nova pobreza" à nossa pobreza tradicional? Transforma-se a nossa pobreza típica em outra forma de pobreza? Ficamos no mesmo ponto, assistindo somente à reprodução dos processos de pauperização urbana de sempre? Como a população negra, vítima de uma ordem racial discriminadora e desigual, é impactada neste contexto? São estas as questões que serão discutidas nos capítulos seguintes.

Capítulo 2
A metrópole do Rio de Janeiro

Neste capítulo pretendemos traçar o desenvolvimento recente das características socioeconômicas e demográficas que configuram a Região Metropolitana do Rio de Janeiro e os municípios que investigamos mais de perto: São Gonçalo e Itaboraí. O objetivo aqui é construir, correlacionar e avaliar séries de dados estatísticos que sejam capazes de viabilizar a compreensão dos movimentos que estão envolvidos na relação entre a economia, a ocupação dos espaços de assentamento[1], a desigualdade racial e a pobreza urbana.

2.1 – Ocupação e emprego na configuração recente da Região Metropolitana do Rio de Janeiro

2.1.1 – *Tendências da ocupação da mão-de-obra*

Embora a evolução populacional da Região Metropolitana do Rio de Janeiro tenha apresentado crescimento de 11,01% durante a década de

---

1. Na perspectiva deste trabalho, o espaço é uma construção social passível de ser conhecida a partir de uma análise que contemple a relação entre este e a organização social mais ampla. Neste sentido, as formas de assentamento possuem uma inequívoca relação com variáveis econômicas (os processos movidos pela acumulação capitalista), políticas (a política de planejamento urbano ou a ausência desta) e socioculturais (as características raciais, de renda, de escolaridade, de acesso aos serviços públicos e de localização na estrutura ocupacional). Ver GOTTDIENER (1997).

1990, passando de 9.388.802 habitantes, em 1991, para 10.871.627, em 2000 (ver Tabela 1), o número de pessoas ocupadas com mais de 10 anos diminui em quase 12% entre 1990 e 1999.

Tabela 1 – População residente nos municípios que compõem a Região Metropolitana do Rio de Janeiro em 1991 e 2000.

Municípios	Ano 1991	Ano 2000	Evol % 1991-2000
B. Roxo	–	433.120	
D. de Caxias	667.821	770.858	15,43
Guapimirim	–	37.857	
Itaboraí	162.742	187.038	14,93
Itaguaí	113.057	81.952	–27,51
Japeri	–	83.577	
Magé	191.734	205.699	7,28
Mangaratiba	17.925	24.854	38,66
Maricá	46.545	76.556	64,48
Nilópolis	158.092	153.572	–2,86
Niterói	436.155	458.465	5,12
Nova Iguaçu	1.297.704	915.364	–29,46
Paracambi	36.427	40.412	10,94
Queimados	–	121.681	
R. de Janeiro	5.480.768	5.850.544	6,75
S. Gonçalo	779.832	889.828	14,11
S. J. de Meriti	425772	449229	5,50
Seropédica	–	65.020	
Tanguá	–	26.001	
Total da RMRJ	9.814.574	10.871.627	10,77

Fonte: IBGE – Censos Demográficos de 1991 e 2000

Se há uma tendência à diminuição do peso da indústria na ocupação em todo o país, na Região Metropolitana do Rio de Janeiro esta se aprofunda na década de 1990, período em que encontramos um ainda mais expressivo crescimento do chamado setor terciário. Assim, o percentual de participação do pessoal ocupado na indústria de transformação passa de 15,89% do total da ocupação, em 1990, para 9,69%, em 1999; enquanto em todos os ramos que podemos alocar no terciário ("comércio de mercadorias", "prestação de serviços", "serviços auxiliares da atividade econômica", "transporte e comunicação", "social" e "administração pública") há crescimento da participação percentual no total da ocupação.

Os dados da Pesquisa Mensal de Emprego (PME) do IBGE nos auxiliam a visualizar melhor este processo.

Tabela 2 – Percentual de população ocupada de 15 anos e mais na Região Metropolitana do Rio de Janeiro entre 1991 e 2000.

Setor de atividade	Mês/Ano									
	jul 2000	jul 1999	jul 1998	jul 1997	jul 1996	jul 1995	jul 1994	jul 1993	jul 1992	jul 1991
Ind. de transformação	11,064	10,974	11,154	11,692	12,797	12,783	12,927	14,957	15,234	15,669
Const. civil	6,009	6,305	6,559	6,862	6,98	6,457	7,077	7,39	8,341	8,314
Comércio	15,218	13,925	14,343	13,938	14,628	15,277	14,659	14,467	14,088	13,988
Serviços	57,544	58,907	58,831	58,173	56,671	56,747	55,984	53,848	53,036	53,437
Outras atividades	10,163	9,887	9,111	9,333	8,923	8,734	9,351	9,335	9,298	8,589

Fonte: IBGE – Pesquisa Mensal de Emprego – SIDRA

Como podemos ver na Tabela 2, especificamente na Região Metropolitana do Rio de Janeiro, a indústria de transformação, que representava 15,66% da população ocupada de 15 anos e mais de idade em julho de 1991, estará representando 11,06% desta população em julho de 2000. A ocupação na construção civil também cai no período, passando de 8,31% para 6,00%. Enquanto isso, o comércio de mercadorias passa de 13,98% para 15,21%. Os serviços passam de 53,43% para 57,54% e as outras atividades passam de 8,58% para 10,16%.

Podemos lançar mão de vários outros indicadores que apontam o declínio da ocupação na indústria de transformação. Porém, o aumento do peso do setor terciário nesta variável não significou uma transição simples de postos de trabalho. Estes últimos, efetivamente, decrescem na Região Metropolitana do Rio de Janeiro a partir de 1990.

Tomando como referência o Estado do Rio de Janeiro e observando, em primeiro lugar, a questão da performance da indústria de transformação, a tabela abaixo é bastante elucidativa.

Tabela 3 – Índice de pessoal ocupado na produção, no Estado do Rio de Janeiro, por classe de indústria em 1985, 1990, 1995 e 2000.

Classes de indústrias	Índice base fixa (Base: média de 1985 = 100)			
	Mês/Ano			
	junho 2000	junho 1995	junho 1990	junho 1985
Indústria geral	49,28	79,95	108,25	99,2
Indústria de transformação	47,63	78,86	107,58	99,23

Fonte: IBGE - Pesquisa Industrial Mensal - SIDRA

Como vemos, segundo a Pesquisa Industrial Mensal do IBGE, o decréscimo da ocupação na indústria é gigantesco nos anos 1990 no Estado do Rio de Janeiro. Há crescimento do pessoal ocupado nas duas classes de indústria consideradas, entre 1985 e 1990, e a partir daí um decréscimo sistemático até o ano 2000. Vale ressaltar que a mesma trajetória de decréscimo pode ser encontrada para as variáveis "valor da produção real" e "valor da folha de pagamento" na indústria.

Voltando à Região Metropolitana do Rio de Janeiro, a tabela a seguir aponta com detalhes como, mesmo considerando um período de somente cinco anos – entre 1995 e 1999 –, esta transição na ocupação se manifesta.

Tabela 4 – Percentual de evolução dos ocupados, por ramo de trabalho e posição na ocupação, na Região Metropolitana do Rio de Janeiro entre 1995 e 1999.

Ramos de trabalho	Total	Empregados	Conta própria	Trab. domésticos	Empregadores	Não remunerados
	1995-99	1995-99	1995-99	1995-99	1995-99	1995-99
Total	-2,30	-6,65	14,15		-9,23	-7,76
Agrícola	-21,66	-62,86	78,38		-51,05	-21,73
Indústria de transformação	-26,41	-31,23	9,45		-13,20	46,89
Indústria da construção	-3,84	-22,36	18,20		-2,08	144,95
Outras atividades industriais	-13,92	-14,11	100,00		-51,05	
Comércio de mercadorias	0,73	-3,61	7,52		13,44	-16,75
Prestação de serviços	3,68	4,30	16,42	0,02	-24,88	-44,04
Serv. aux. da atividade econômica	-0,51	4,92	-3,92		-17,66	-100,00
Transporte e comunicação	10,27	6,95	26,26		22,39	
Social	2,01	-0,83	47,72		-17,13	34,65
Administração pública	9,29	9,29				
Outras atividades	-16,60	-20,24	4,55		-18,35	

Fonte: PNADs de 1995 e 1999

É interessante observar o comportamento da ocupação quando consideramos as relações entre ramos de trabalho e as posições que os trabalhadores individuais ocupam. De início, a ocupação na agricultura apresenta decréscimo em todas as posições na ocupação, com exceção dos trabalhadores "por conta própria", o que indica uma diminuição da atividade mais capitalizada com empregadores e assalariados e a substituição desta pela atividade individual do agricultor.

Na "indústria de transformação", em que estão tipicamente concentrados os maiores percentuais de emprego formal, observamos o decréscimo de todas as posições, com exceção dos trabalhadores "por conta própria" e dos trabalhadores não remunerados (estes últimos podem estar representando os elementos da unidade familiar que passam a atuar nos negócios "por conta própria", desenvolvidos por membros desta). Vale ressaltar que a posição que mais decresce nestes cinco anos é a dos empregados.

A "indústria da construção" apresenta performance – em linhas gerais – próxima daquela alcançada pela indústria de transformação. O maior índice de decréscimo também se encontra entre os empregados. No entanto, devemos observar que, nesta, os índices de crescimento tanto do contingente de ocupados "por conta própria" quanto dos ocupados não remunerados é significativamente maior, o que parece indicar que ante a crise do setor muitos trabalhadores, antes assalariados, passam a trabalhar individualmente, como pequenos empreiteiros ou prestadores de serviços e ainda incorporando a mão-de-obra familiar não remunerada.

Nas "outras atividades industriais", o índice maior de decréscimo se encontra nos empregadores e somente os ocupados "por conta própria" apresentam crescimento.

O "comércio de mercadorias" também apresenta decréscimo dos empregados, com índices bem menores, porém, que os dos ramos ligados à indústria e à agricultura. Verificamos crescimento em duas posições: os ocupados "por conta própria" e os empregadores.

Na "prestação de serviços", temos uma outra lógica de performance da ocupação. Aqui, decrescem os empregadores e os não remunerados e crescem os empregados, os ocupados "por conta própria" e, em índice irrisório, os trabalhadores domésticos.

Nos "serviços auxiliares da atividade econômica" – que representariam as atividades mais "modernas" do setor (atividades financeiras, imobiliárias, de informática etc.) –, vemos uma tendência de assalariamento da ocupação, ou seja, crescem os empregados, decrescem os ocupados "por conta própria" e os não remunerados (decrescem também os empregadores, o que parece indicar que houve concentração de estabelecimentos deste ramo de trabalho).

No ramo de "transporte e comunicação", todas as posições na ocupação apresentam crescimento – embora o maior índice esteja nos ocupados "por conta própria".

No ramo de "atividades sociais", há decréscimo entre os empregadores e pequeno decréscimo entre os empregados; já os ocupados "por conta própria" e os ocupados não remunerados apresentam índices elevados de crescimento.

Na administração pública há uma pequena evolução, o que demonstra que o sucateamento atual do Estado (em todas as suas três esferas) não conseguiu ainda, na Região Metropolitana do Rio de Janeiro, fazer regredir o número de ocupados.

Fazendo uma avaliação mais geral dos dados expostos nestas tabelas, podemos dizer que há uma tendência geral de queda na ocupação no período (o que perfaz um decréscimo de 2,3% no total dos ramos de trabalho). Porém, com um olhar mais pormenorizado, vemos que esta tendência geral, na verdade, somente se verifica entre os ramos de trabalho ligados à atividade industrial (que seriam: a "indústria de transformação", com grande decréscimo de 26,41% de ocupados no período; a "indústria da construção", com decréscimo menor, da ordem de 3,84% do número de ocupados; e as "outras atividades industriais", com decréscimo de 13,92%) e na agricultura (onde os ocupados diminuem em 21,66% entre 1995 e 2000). Nos demais ramos encontramos: um decréscimo pequeno (de menos de 1% da ocupação nos "serviços auxiliares da atividade econômica", que têm sido alvo de várias estratégias recentes de economia de mão-de-obra); e crescimento nos demais ramos que compõem o que, tradicionalmente, denominamos como setor terciário (ainda que pequeno no "comércio de mercadorias" – 0,73%).

No que tange às posições na ocupação, verificamos decréscimo em todas as variáveis, exceto nos ocupados "por conta própria". Assim, a Região Metropolitana do Rio de Janeiro tinha menos empregados e empregadores no ano 2000 em relação ao ano de 1995, mas possuía, também, muito mais ocupados "por conta própria".

2.1.2 – *Ocupação e precarização das relações de trabalho*

Os dados até aqui apresentados parecem corroborar as indicações da literatura por nós discutida no capítulo 1. Verificamos movimentos econômicos relacionados e concomitantes: a) regressão da atividade industrial, expressa pela diminuição da ocupação na indústria em geral e pela diminuição no valor da produção real e da folha de pagamento real do setor secundário; b) precarização das relações de trabalho, expressa pelo crescimento geral dos trabalhadores "por conta própria", somada à diminuição dos empregados e empregadores (além disto, não podemos esquecer que, apesar de a Tabela 4 apontar decréscimo de 7,76% nos ocupados não remunerados, estes apresentam expressivo crescimento, entre 1995 e 1999, nos ramos de "indústria de transformação", "indústria da construção", e "social"); e c) diminuição do total de postos de trabalho, expressa na queda de 2,30% do total de ocupados, entre 1995 e 1999.

O impacto da diminuição dos empregados e do aumento dos ocupados "por conta própria" se faz sentir no total de trabalhadores com carteira de trabalho assinada ou contribuição formal à previdência, na Região Metropolitana do Rio de Janeiro, pois é exatamente entre os empregados que se localiza, em fins dos anos 1990, a maior taxa de formalização das relações de trabalho, como podemos verificar na tabela a seguir.

Tabela 5 – Percentual de trabalhadores com carteira de trabalho assinada e/ou contribuição para a previdência em 1998.

País, Estado e Região Metropolitana	Empregados	Trab. domésticos	Conta própria	Empregadores
	61,8	24,4	16,1	61,2
Estado do Rio de Janeiro	75,6	29,3	27	74,4
RMRJ	78,6	28,2	26,7	77,5

Fonte: IBGE – Síntese dos Indicadores Sociais – 1999

Como vemos, os que se encontravam na posição de empregados representavam 61,8% dos ocupados cobertos por relações trabalhistas ou previdenciárias no Brasil, em 1998; 75,6 % no Estado do Rio de Janeiro e 78,6%, na Região Metropolitana do Rio de Janeiro. Já entre os trabalhadores domésticos, os submetidos a relações formais de trabalho ou os contribuintes para a previdência eram respectivamente 24,4%, 29,3% e 28,2%, neste ano. O número de trabalhadores cobertos pela previdência entre os posicionados "por conta própria" também era pequeno em 1998: 16,12% no Brasil, 27,0%, no Estado do Rio de Janeiro e 26,7%, na Região Metropolitana do Rio de Janeiro. Já entre os empregadores, os índices ficavam muito próximos aos dos empregados.

A metrópole do Rio de Janeiro

Tabela 6 – Pessoas de 10 anos ou mais de idade ocupadas, por contribuição para instituto de previdência, em qualquer trabalho, segundo as classes de rendimento mensal de todos os trabalhos, na Região Metropolitana do Rio de Janeiro, em 1995 e 1999.

Rendimento mensal	Total de ocupados 1995	Total de ocupados Total	Contribuintes 1995	%	Contribuintes 1999	%	% Evolução dos ocupados	% Evolução dos contribuintes
Total	4.365.896	4.265.682	2.830.430	64,83	2.659.250	62,34	– 2,30	– 6,05
Até 1/2 SM	84.953	50.591	5.167	6,08	1.686	3,33	– 40,45	– 67,37
Mais de 1/2 a 1 SM	530.955	342.305	196.883	37,08	101.177	29,56	– 35,53	– 48,61
Mais de 1 a 2 SM	1.045.842	966.793	625.096	59,77	508.137	52,56	– 7,56	– 18,71
Mais de 2 a 3 SM	692.249	845.371	498.235	71,97	528.920	62,57	22,12	6,16
Mais de 3 a 5 SM	739.895	742.529	552.768	74,71	540.182	72,75	0,36	– 2,28
Mais de 5 a 10 SM	656.093	667.203	501.112	76,38	498.016	74,64	1,69	– 0,62
Mais de 10 a 20 SM	332.923	308.580	268.060	80,52	247.311	80,14	– 7,31	– 7,74
Mais de 20 SM	154.983	148.955	137.189	88,52	128.717	86,41	– 3,89	– 6,18
Sem rendimento	65.436	49.469	2.870	4,39	2.248	4,54	– 24,40	– 21,67
Sem declaração	62.567	143.886	43.050	68,81	102.856	71,48	129,97	138,92

Fonte: PNADs de 1995 e 1999

Na tabela anterior, verificamos que na Região Metropolitana do Rio de Janeiro, entre 1995 e 1999 – seja no total das pessoas ocupadas, seja em cada uma das classes de rendimento mensal –, o percentual relativo de contribuição para a previdência cai (com exceção dos "sem declaração"). Vale ressaltar, porém, que os índices menos acentuados de diminuição na contribuição encontram-se nas faixas de renda acima de três salários mínimos mensais. Além disto, a diminuição percentual dos contribuintes é maior que a do total de ocupados, neste período.

Se tomarmos uma série temporal iniciada em 1990, o total de trabalhadores com contribuição para a previdência, na Região Metropolitana do Rio de Janeiro, era de 67,86% dos ocupados, chegando, como vimos, a 62,34% destes em 1999. Observando cada ramo de trabalho da metrópole em análise entre 1990 e 1999, podemos verificar que a menor queda no percentual de contribuintes está na atividade "agrícola", que já representava os menores índices de contribuição em 1990 e continua nesta posição em 1999.

Se agruparmos as atividades industriais na classificação maior de "setor secundário", observaremos um decréscimo de trabalhadores contribuintes muito significativo: de 74,66% dos ocupados, em 1990, para 60,41% destes em 1999.

Miséria da Periferia

Nos ramos que poderiam ser classificados como "setor terciário" (com exceção da "administração pública"), encontramos um percentual de contribuição previdenciária de 65,67%, em 1990, e de 62,61%, em 1999. Assim, o setor secundário, que possuía índices de contribuição previdenciária maiores que os do setor de serviços, em 1990 (74,66% contra 65,67%), encontra-se abaixo deste em 1999 (60,41% contra 62,67%).

O índice mais baixo de contribuição no setor de serviços, em 1990, ainda decresce até chegar em 1999; já o percentual de diminuição dos contribuintes ocupados no secundário, que é da ordem de 14,25 pontos percentuais na década, coloca este como *locus* de informalidade trabalhista e desproteção social tão significativo nos anos 1990 quanto o terciário. Se antes associávamos a industrialização de uma determinada região com melhorias variadas na qualidade do emprego, entre estas a cobertura pela previdência e a proteção pela legislação trabalhista (enquanto um índice maior de ocupação em atividades terciárias indicaria menor qualidade do emprego), após os anos 1990 não é mais possível insistir nesta avaliação.

2.1.3 – O fenômeno do desemprego

Quando verificamos a situação do desemprego na Região Metropolitana do Rio de Janeiro, os números são também muito significativos. Na tabela abaixo, temos a taxa de desemprego medida pelo IBGE, através de sua Pesquisa Mensal de Emprego.

Tabela 7 – Taxa de desemprego aberto na semana, na Região Metropolitana do Rio de Janeiro, entre julho de 1991 e julho de 2000.

Mês	%
julho 2002	5,959
julho 2001	4,670
julho 2000	5,446
julho 1999	5,37
julho 1998	5,776
julho 1997	3,813
julho 1996	3,98
julho 1995	3,488
julho 1994	4,673
julho 1993	4,084
julho 1992	–
julho 1991	2,550

Fonte: IBGE – Pesquisa Mensal de Emprego – SIDRA

Na Região Metropolitana do Rio de Janeiro, teríamos uma taxa de 2,550, em julho de 1991, que chegaria a 5,959, em julho de 2002.

A tabela abaixo demonstra como se configura a discriminação da taxa de desemprego por setor de atividade.

Tabela 8 – Taxa de desemprego aberto na semana, por setor de atividade, na Região Metropolitana do Rio de Janeiro, entre julho de 1991 e julho de 2000.

Setor de atividade	Mês											
	julho 2002	julho 2001	julho 2000	julho 1999	julho 1998	julho 1997	julho 1996	julho 1995	julho 1994	julho 1993	julho 1992	julho 1991
Indústria de transformação	6,752	5,352	5,889	5,542	7,551	4,994	4,962	5,689	6,902	5,606	–	2,762
Construção Civil	5,011	3,614	6,693	4,665	4,182	3,527	3,259	3,77	4,95	3,544	–	2,099
Comércio	8,020	5,560	5,591	5,032	5,972	4,88	5,06	4,157	5,766	4,546	–	3,072
Serviços	4,808	3,754	4,653	4,791	4,761	3,052	3,539	2,403	3,637	3,093	–	2,257
Outras atividades	1,301	1,869	2,383	3,026	2,234	1,326	0,551	2,026	2,31	2,651	–	1,379

Fonte: IBGE – Pesquisa Mensal de Emprego – SIDRA

Podemos notar que, entre 1991 e 2002, há crescimento em todos os setores de atividade (com exceção das "outras atividades"). No último ano, indicado na tabela, os maiores índices de desemprego se encontram na indústria de transformação e no comércio.

Vale ressaltar, no entanto, que é preciso tomar muito cuidado com as comparações entre estatísticas de emprego tanto no nível das regiões metropolitanas em que estamos situados aqui quanto entre diferentes países. Por exemplo, segundo a PME, a taxa de desemprego brasileira média dos 12 meses do ano de 1993 é de 5,315. Neste mesmo ano a taxa de desemprego dos Estados Unidos da América foi de 6,9; na Alemanha, 8,9; na França, 11,7 e no Reino Unido, 10,3 (segundo dados da OCDE, citados por CASTELLS, 1999a: 333). É claro que não tínhamos, em 1993, uma performance no mercado de trabalho melhor que a de países de capitalismo avançado, mas talvez tivéssemos uma metodologia de mensuração do desemprego muito menos rigorosa que a utilizada pela OCDE.

Por outro lado, quando comparamos o desemprego nas regiões metropolitanas brasileiras, estamos relacionando realidades diferenciadas, que têm em comum o fato de que agregam grandes concentrações populacionais e grande e pauperizado mercado de consumo. Algumas com maior presença de áreas rurais ou ainda recentemente urbanizadas, ou de áreas menos densas do ponto de vista geográfico; ou com diferenças substanciais no que tange à distribuição dos postos de trabalho existentes pelos setores da economia. Nas regiões metropolitanas brasileiras menos densas e com menor taxa de urbanização, a alternativa do "varejo de rua" não se coloca com amplitude semelhante; neste sentido, torna-se mais difícil para um grande contingente da PEA viabilizar aquilo que DUPAS (1999) chama de a "invenção do trabalho". Uma tal situação pode contribuir para aumentar a percepção estatística do desemprego. Assim, a taxa de desemprego medida pelo IBGE na Região Metropolitana do Rio de Janeiro sofre o efeito da captação dos desempregados como ocupados (naquelas ocupações que são freqüentes na metrópole como camelôs, ambulantes, faxineiras, diaristas, manicures de comunidade, capinadores de terrenos baldios, jardineiros etc.[2]).

Outro indicador importante diz respeito à relação entre o conjunto de indivíduos que procuram por trabalho ou estão trabalhando e o quantitativo efetivo de ocupados. De fato, entre 1991 e 2000, na Região Metropolitana do Rio de Janeiro, a PEA cresce 10,02%, enquanto a população ocupada aumenta somente 6,75%. Tal descompasso vai redundar na evolução percentual espantosa dos desocupados, que chega a 134,95%, nos anos 1990, como vemos na tabela abaixo.

Tabela 9 – População desocupada de 15 anos e mais, na Região Metropolitana do Rio de Janeiro entre julho de 1991 e julho de 2000.

Mês	Pessoas*
julho 2000	248.762
julho 1999	234.014
julho 1998	255.356
julho 1997	163.358
julho 1996	172.151
julho 1995	148.837
julho 1994	195.987
julho 1993	171.424
julho 1992	–
julho 1991	105.861

Fonte: IBGE – Pesquisa Mensal de Emprego – SIDRA
*em números absolutos

A amplitude do crescimento do número de desocupados se explica pela combinação de fenômenos que se alimentam de forma circular. De um lado há uma tendência de crescimento da PEA diante da grande instabilidade

---

2. Vale ressaltar que encontramos em grande quantidade pessoas com este perfil de ocupação, nas áreas em que realizamos o trabalho de campo, que constitui parte importante da pesquisa que alicerça este livro.

do emprego que se abate sobre as famílias, com a pressão subjetiva em relação às possibilidades de desemprego do chefe e perante o aumento das ocupações precárias e informais, intermitentes e sem coberturas fundamentais como a remuneração em caso de doença, o aviso prévio, a retirada do FGTS etc. Neste contexto, parece bastante razoável afirmar que se constitui um movimento no sentido da tentativa de entrada de outros membros das famílias (para além do chefe da unidade familiar) no mercado de trabalho, o que redunda em mais pressão da PEA sobre os empregos disponíveis. Ou seja, o crescimento desta pressão aumenta a disputa pelo trabalho e conseqüentemente faz-se expandir o tempo médio de procura de trabalho, o que realimenta a insegurança das famílias e, assim, também realimenta a espiral de crescimento, combinada entre o desemprego e a própria extensão da PEA.

Por outro lado, mas também no mesmo movimento, não há geração de postos de trabalho em número suficiente para a demanda criada, ou seja, o ritmo de crescimento destes é menor que o da PEA. Isto, por sua vez, realimenta a insegurança no mercado de trabalho e estimula a entrada de mais trabalhadores do mesmo núcleo familiar na competição por uma ocupação.

2.2 – Características socioeconômicas da população da Região Metropolitana do Rio de Janeiro

2.2.1 – Escolaridade e raça

Podemos iniciar o mapeamento das características desta população que habita a Região Metropolitana do Rio de Janeiro a partir de indicadores ligados à escolaridade. De início, as disparidades intermunicipais nos índices de alfabetização são muito grandes, como podemos ver na tabela 10.

Tabela 10 – Pessoas de cinco anos ou mais, com indicação das alfabetizadas em 2000.

Estado, Região Metropolitana e Municípios	Alfabetizadas 2000 %
Total E.R.J.	83,03
RMRJ	83,95
Itaboraí	78,36
Rio de Janeiro	85,97
São Gonçalo	84,21

Fonte: IBGE – Censo Demográfico 2000

Como vemos, Itaboraí apresenta, no ano 2000, um percentual de alfabetizados menor que o do Estado do Rio de Janeiro e do conjunto da metrópole. São Gonçalo, porém, chega a ultrapassar os índices da metrópole e do Estado neste mesmo ano. Como elemento de comparação, vale a pena tomar o caso do município do Rio de Janeiro. Vemos que, neste caso, o percentual de pessoas de cinco anos ou mais de idade alfabetizadas supera as médias da Região Metropolitana e dos municípios de São Gonçalo e Itaboraí.

Outros indicadores também apontam para a distribuição desigual do que BOURDIEU (1998: 78) chama de "capital cultural em estado incorporado", ou seja, a formação escolar e os diplomas correspondentes, que têm grande peso na estratificação social por renda na medida em que estes estabelecem a correspondência entre o capital cultural e o valor em dinheiro que o portador de um diploma ou de uma determinada trajetória escolar pode conseguir no mercado de trabalho.

Há aqui um círculo de sobredeterminações. Indivíduos sem (ou com pouco) "capital cultural em estado incorporado" *tendem* a conseguir somente as posições mais mal remuneradas e desqualificadas do mercado de trabalho; é exatamente nas famílias formadas por estes, ou seja, nas famílias com menores rendimentos, que as taxas de escolarização e as perspectivas de formação superior são menores. Não é por outro motivo que, como afirmam BARROS & LAM (1993), há no Brasil uma correlação bastante direta entre o desenvolvimento da trajetória escolar/educacional da criança e a de seus pais e avós.

Quando comparamos os municípios que estamos pesquisando mais profundamente (e que concentram uma população mais pobre economicamente) com o conjunto da Região Metropolitana, encontramos diferenças de distribuição da escolaridade da população bastante importantes, como vemos na tabela 11.

Tabela 11 – Percentual de chefes de domicílio por anos de estudo em 2000.

Estado, Região Metropolitana e Municípios	S/estudo e menos de 1 ano %	1 a 3 anos %	4 a 7 anos %	8 a 10 anos %	11 a 14 anos %	15 anos ou mais %	SD %
Total do E.R.J	8,41	14,00	30,83	16,45	19,76	10,37	0,17
RMRJ	7,09	12,48	29,90	17,39	21,23	11,74	0,17
Rio de Janeiro	5,45	10,12	26,27	16,73	24,45	16,77	0,19
Itaboraí	13,39	21,61	37,62	14,52	10,58	2,09	0,19
São Gonçalo	7,62	15,08	34,02	18,50	20,65	3,98	0,14

Fonte: IBGE – Censo Demográfico 2000

Observamos que Itaboraí tinha, em 2000, nada menos que 13,39% de seus chefes de domicílios sem instrução ou com menos de um ano de estudo, enquanto a média da Região Metropolitana do Rio de Janeiro era de 7,09% e – para auxiliar nossas comparações – o município do Rio de Janeiro tinha somente 5,45% de chefes de domicílio nesta situação. Já São Gonçalo ficava em uma faixa próxima do total da Região Metropolitana do Rio de Janeiro.

Entre um e três anos de estudo, a situação se mantém quase idêntica: Itaboraí com percentual de chefes de domicílio muito mais elevado que a Região Metropolitana do Rio de Janeiro, a cidade do Rio de Janeiro com índice menor que o conjunto da metrópole e São Gonçalo com índice não tão elevado quanto Itaboraí, mas acima da metrópole.

Na faixa entre quatro e sete anos de estudo, Itaboraí e São Gonçalo apresentam percentuais relativamente próximos e se mantêm pouco acima da Região Metropolitana do Rio de Janeiro. O município do Rio de Janeiro ainda vai apresentar percentual abaixo da metrópole. A faixa de oito a dez anos de estudo aponta uma modificação no padrão que se configura nas faixas anteriores. Aqui o índice da metrópole, de 17,39%, será maior que o de Itaboraí, porém pouco menor que o de São Gonçalo. Nesta faixa teríamos, se pressupusermos trajetórias escolares lineares, chefes de domicílio com o ensino fundamental completo e até mesmo chefes com o ensino médio incompleto.

Na faixa posterior, de 11 a 14 anos de estudo, os chefes de domicílio da Região Metropolitana do Rio de Janeiro alcançam 21,23% do total. Itaboraí fica muito abaixo do resultado da metrópole, com 10,58%; já São Gonçalo fica pouco abaixo desta, com 20,65%, enquanto o município do Rio de Janeiro fica com 24,45%, acima do conjunto da metrópole.

Na faixa de mais de 15 anos de escolaridade dos chefes de domicílio, se mantém em linhas gerais o movimento da faixa anterior; São Gonçalo e Itaboraí longe da performance da Região Metropolitana do Rio de Janeiro e o município do Rio de Janeiro acima do conjunto desta.

Em resumo, Itaboraí apresenta percentuais maiores que os da Região Metropolitana até a faixa de quatro a sete anos de estudo do chefe de domicílio, em que, considerando uma hipotética trajetória educacional linear, teríamos os chefes com no máximo o ensino fundamental quase completo. A partir deste ponto e até o grupo de 15 anos e mais de estudo, Itaboraí vai apresentar percentuais progressivamente menores que os da metrópole como um todo.

Em São Gonçalo a trajetória será a mesma, com a diferença de que, neste município, o percentual dos chefes de domicílio com oito a dez anos de estudo ainda é pouco maior que o do conjunto da Região Metropolitana (mais uma vez, se pressupusermos uma trajetória linear, aqui estariam os chefes com no máximo o ensino médio incompleto); a partir deste ponto, São Gonçalo segue nesta mesma faixa o mesmo caminho que Itaboraí já trilhava.

Se tomarmos o município do Rio de Janeiro como ponto de comparação, veremos que, neste, os percentuais são sempre menores que os do total da Região Metropolitana do Rio de Janeiro até a faixa de oito a dez anos de estudo; a partir daí, o município estará sempre com percentual acima desta. Vale ressaltar que, tomando as pessoas de 10 anos ou mais, em 2000, e as distribuindo pelos mesmos grupos de anos de estudo, encontraríamos tendências muito próximas às da tabela 11.

Se há efetivamente uma relação direta entre a pobreza das famílias e a baixa escolaridade, podemos verificar que os dados anteriormente expostos, dos municípios do Rio de Janeiro, São Gonçalo e Itaboraí, indicam que estes configuram um contínuo no qual a uma menor proporção relativa de famílias com baixos rendimentos corresponde uma pior performance na composição da escolaridade da população.

A clivagem racial existente na Região Metropolitana do Rio de Janeiro também apresenta contornos importantes para as questões abordadas neste capítulo. A tabela a seguir mostra a distribuição da população por cor ou raça nos censos de 1980 e 2000.

Tabela 12 – Percentual de População por cor ou raça em 1980 e 2000.

Estado, Região Metropolitana e Municípios	1980 % de Brancos	2000 % de Brancos	1980 % de Pretos	2000 % de Pretos	1980 % de Pardos	2000 % de Pardos	1980 % de Amarelos	2000 % de Amarelos	1980 % de Indig/sd	2000 % de Indig/sd
Total do E.R.J	60,58	54,69	10,79	10,62	27,96	33,49	0,11	0,18	0,55	1,02
RMRJ	59,30	53,07	10,16	10,49	29,86	35,17	0,11	0,20	0,58	1,07
Itaboraí	46,48	41,91	14,43	11,43	38,23	45,70	0,03	0,06	0,83	0,90
Rio de Janeiro	64,50	58,54	8,21	9,44	26,58	30,79	0,13	0,22	0,58	1,02
São Gonçalo	59,90	53,07	10,50	10,40	28,89	35,27	0,04	0,10	0,67	1,16

Fonte: IBGE – Censos Demográficos de 1980 e 2000

No Estado do Rio de Janeiro e na Região Metropolitana do Rio de Janeiro, a população branca é, nos dois anos selecionados, superior a 50% da população total. No entanto, em ambos esta população apresenta diminuição de seu peso percentual no período delimitado pela tabela.

Em São Gonçalo, a população branca também decresce nestes 20 anos, mas se mantém em níveis próximos ao do conjunto da metrópole. Em Itaboraí, por sua vez, a população branca já era inferior a 50% em 1980 e diminui ainda mais até o ano 2000.

Se olharmos com atenção a tabela anterior, veremos que o decréscimo percentual relativo de brancos nas quatro situações apresentadas não é fruto do crescimento relativo da população preta. De fato, o crescimento percentual relativo importante se encontra entre a população "parda", que avança de 27,96% da população total, do Estado do Rio de Janeiro, em 1980 para 33,49% deste total, em 2000; de 29,86% para 35,17%, na Região Metropolitana do Rio de Janeiro; de 38,23% para 45,70%, em Itaboraí e de 28,89% para 35,27%, em São Gonçalo.

Tomando agora a realidade nacional como alvo, HASENBALG & SILVA (1992: 68 e 69) nos mostram que, entre 1890 e 1940, há um "branqueamento" da população do país, diretamente vinculado à entrada maciça de imigrantes europeus[3]. Assim, neste período, os brancos, que eram 44% da população, em 1890, chegam em 1940 a 63,5% da mesma. Os negros permanecem representando 14,6% do total da população durante estes 50 anos. Já os pardos diminuem de 41,4% para 21,2%. Apesar de estes dados conterem diferentes perspectivas de coleta de informações referentes a tal variável, é possível verificar uma tendência no padrão de "cor" da população brasileira. Mas, nas décadas seguintes, esta tendência se inverte; trata-se do que os autores mencionados no início deste parágrafo chamam de "pardização". Entre 1940 e 1991, o peso da população branca e assim como o da população preta decrescem, respectivamente, de 63,5% para 51,5% e de 14,6% para 4,9%. Já o da população parda cresce de 21,2% do total, em 1940, para 42,44% deste, em 1991. Há um conjunto de hipóteses possíveis e que se complementam para explicar este fenômeno. Vejamos alguns exemplos.

HASENBALG & SILVA (1992: 75), através dos dados da PNAD de 1982, mostram que os filhos de uniões inter-raciais no Brasil tendem a ser classificados pelos pais ou a se autoclassificar no grupo "mais branco". É por isso que, naquele ano, do total de pessoas entre cinco e 24 anos nascidas da união de brancos e pretos, 49,2% se classificaram (ou foram classificados pela família) como pardos, 30,5% como brancos e somente 20,3% como pretos. Já nas uniões entre brancos e pardos, teremos 51,9% de filhos que

---

3. A entrada em grandes quantidades de trabalhadores imigrantes no Brasil após o fim da escravidão negra era parte de uma estratégia do Estado brasileiro no sentido de promover o "branqueamento" da população. Ver, por exemplo: HASENBALG (1979).

se declaram brancos, 47,5% que se declaram pardos e somente 0,6% que se declara preto. Também nas uniões entre pardos e pretos, teremos como resultado mais filhos que se declaram pardos (58,8%) do que aqueles que se declaram pretos (39,0%), e ainda 2,2% destes, que se declaram brancos. Por outro lado, PETRUCCELLI (2000) mostra que as mulheres pardas tendem a ter, em média, aproximadamente dois filhos a mais que as mulheres brancas e 0,70 a mais que as mulheres pretas.

É difícil, no contexto brasileiro, estabelecer esta diferença entre pardos e pretos, devido aos processos que conformaram a nossa particular construção de categorias raciais[4]. A alternativa metodológica de agregar os dois grupos em uma classificação única (como negros, afro-brasileiros ou afrodescendentes) tem sido utilizada em inúmeros estudos nacionais e também em trabalhos dos chamados "brasilianistas", de origem norte-americana (por exemplo: HASENBALG, 1979; HASENBALG & SILVA, 1988; OLIVEIRA, 1985; ANDREWS, 1998; LOVELL, 1991 e LOVELL, 1995). ANDREWS (1998) afirma que, desde os tempos coloniais, a sociedade brasileira estabeleceu uma distinção entre pretos e pardos, que eram vistos como relacionados mas não iguais. A realidade desta distinção é inequívoca, porém esta jogou uma "cortina de fumaça" sobre a grande proximidade existente entre os dois agrupamentos quando comparamos a mobilidade social ascendente de ambos. Ainda que pardos tenham, estatisticamente, uma melhor possibilidade de viabilizar tal ascensão,

> [...] os benefícios da preferência racial e do progresso social chegam apenas para uma pequena proporção do grupo racial pardo, a maioria deles continuando a viver e a trabalhar em condições indistinguíveis daquelas de seus concidadãos pretos. Por isso, na maior parte dos indicadores estatísticos a população parda como um todo só se situa pouco mais alto que a população preta, e nem chega próxima à posição intermediária que tem sido freqüentemente estabelecida entre os brancos e os pretos (ANDREWS, 1998: 391-392).

Podem pairar dúvidas acerca da viabilidade dos censos demográficos para uma mensuração correta da variável "cor" ou "raça" diante da imprecisão de nossas classificações. WOOD (1991) afirma que as dúvidas em relação à confiabilidade dos dados existentes poderiam advir de: a) existência de um amplo espectro de classificações raciais que circulam no senso comum; b) existência de um "contínuo de cor" que estabelece inúmeras gradações entre os negros e os brancos; e c) o fato de elementos socioeconômicos (como renda e escolaridade) influenciarem a autopercepção dos indivíduos acerca de sua própria raça.

---

4. Ver, entre outros, o trabalho de MARX (1996).

Acreditamos que, embora os problemas apontados por WOOD (1991) sejam pertinentes (e assim se faça necessário tomá-los como um "pano de fundo metodológico", que deve ser sempre explicitado), a classificação do IBGE tem validade. Para tal afirmação, nos apoiamos no estudo de OLIVEIRA (1985), que expõe o tratamento feito, pela PNAD de 1976, do tema. Neste, foram incluídos dois itens acerca da classificação por raça. Um quesito "aberto", no qual o entrevistado se autoclassifica de forma livre e um quesito fechado, em que o entrevistado se autoclassifica a partir do rol de escolhas padrão ("branco", "preto", "pardo", amarelo" e "indígena"). Foram identificadas basicamente sete "categorizações raciais", sendo que 57% destas eram as padronizadas pelo IBGE. Nas restantes ("clara", "morena clara" e "morena"), houve passagem quase completa para a classificação "pardos", quando do quesito fechado.

Por fim, aceitando as proposições de que ambos os grupos, além da origem histórica comum, apresentam nos estudos até agora realizados um quadro muito semelhante de vulnerabilidade socioeconômica, propomos aqui agrupar as classificações "preto" e "pardo" do IBGE, na categoria de "negro" ou "afro-descendente". Com isto, teríamos a configuração de evolução demográfica que veremos a seguir.

Tabela 13 – Percentual de população por cor ou raça, agrupando pretos e pardos, em 1980 e 2000.

Estado, Região Metropolitana e Municípios	1980 % de Brancos	2000 % de Brancos	1980 % de Negros	2000 % de Negros	1980 % de Amarelos	2000 % de Amarelos	1980 % de Ind/sd	2000 % de Ind/sd
Total do E.R.J	60,58	54,69	38,75	44,11	0,11	0,18	0,55	1,02
RMRJ	59,30	53,07	40,02	45,66	0,11	0,20	0,58	1,07
Itaboraí	46,48	41,91	52,66	57,13	0,03	0,06	0,83	0,90
Rio de Janeiro	64,50	58,54	34,79	40,23	0,13	0,22	0,58	1,02
São Gonçalo	59,90	53,07	39,39	45,67	0,04	0,10	0,67	1,16

Fonte: IBGE – Censos Demográficos de 1980 e 2000

A população negra ainda constitui 44,11% da população total do Estado do Rio de Janeiro, em 2000, mas em Itaboraí equivale, no mesmo ano, a 57,13% e em São Gonçalo, a 45,67% (vale ressaltar que, no município do Rio de Janeiro, os negros neste mesmo ano correspondem a somente 40,23% da população, proporção inferior à que vemos no Estado do Rio de Janeiro e mesmo na Região Metropolitana do Rio de Janeiro).

A evolução percentual da população branca e da população negra, entre 1980 e 2000, pode ser vista na tabela a seguir.

Tabela 14 – Evolução percentual da população branca e negra entre 1980 e 2000.

Estado, Região Metropolitana e Municípios	% de Evolução 1980-2000 Total	1980 Branca	2000 Branca	% de Evolução 1980-2000 Branca	1980 Negra	2000 Negra	% de Evolução 1980-2000 Negra
Total do E.R.J	27,24	6840996	7871001	15,06	4375707	6347749	45,07
RMRJ	23,93	5201878	5781368	11,14	3510350	4974425	41,71
Itaboraí	63,29	53241	78574	47,58	60315	107096	77,56
Rio de Janeiro	14,93	3283425	3429102	4,44	1771008	2356477	33,06
São Gonçalo	44,6	368608	472903	28,29	242382	406977	67,91

Fonte: IBGE – Censos Demográficos de 1980 e 2000

É grande a disparidade de crescimento entre os dois agrupamentos raciais, em todas as situações expostas na tabela 14. Além disto, a evolução dos brancos é sempre inferior ao crescimento da população residente, enquanto o inverso ocorre com a população negra. No entanto, a população negra cresce a taxas muito mais elevadas nos dois municípios da periferia da região metropolitana do que no núcleo desta. O que pode explicar isto?

Se a população brasileira vem sofrendo uma "pardização", a riqueza brasileira continua completamente "embranquecida". Como mostra HENRIQUES (2001), em 1999 os brasileiros negros representam 70% dos 10% mais pobres da população e somente 15% dos 10% mais ricos. A população negra, portanto, "concentra-se no segmento de menor renda *per capita* da distribuição de renda do país" (HENRIQUES, 2001: 17).

Nos parece claro – e vários dados discutidos ao longo deste capítulo apontam para isto – que é exatamente a população mais pobre que procura os espaços periféricos de assentamento como perspectiva de moradia. Assim sendo, o percentual maior de negros em relação aos brancos encontrado em municípios periféricos como São Gonçalo e Itaboraí, quando comparados com o núcleo da Região Metropolitana, nos confirma que, se a periferia é pobre, a pobreza é predominantemente negra.

Como a segmentação racial se expressa nos indicadores socioeconômicos da Região Metropolitana do Rio de Janeiro?

Tabela 15 – Taxa de analfabetismo de brancos, pretos e pardos, com 15 anos ou mais de idade em 1998.

Brasil, Estado e Região Metropolitana	Cor ou raça (%)			
	Total	Branca	Preta	Parda
Brasil	13,8	8,4	21,6	20,7
Estado do RJ	5,9	4,0	11,5	7,9
RMRJ	4,5	3,0	9,4	6,0

Fonte: IBGE – Síntese dos Indicadores Sociais – 1999

Tabela 16 – Taxa de analfabetismo funcional de brancos, pretos e pardos, com 15 anos ou mais de idade em 1998.

Brasil, Estado e Região Metropolitana	Cor ou raça (%)			
	Total	Branca	Preta	Parda
Brasil	30,5	22,7	41,8	40,7
Estado do RJ	20,9	16,6	33,6	25,4
RMRJ	18,2	14,3	30,2	22

Fonte: IBGE – Síntese dos Indicadores Sociais – 1999

As tabelas 15 e 16 são esclarecedoras. Embora os índices de analfabetismo e analfabetismo funcional da população com mais de 15 anos da Região Metropolitana do Rio de Janeiro em 1998 sejam menores que os do país e do Estado do Rio de Janeiro, os índices apresentados pelos pretos e pardos são muito piores que os da população branca correspondente e mesmo que os da média da Região Metropolitana como um todo. Situação idêntica verificamos no que tange aos anos médios de estudo da população maior de 10 anos.

Tabela 17 – Anos médios de estudo de brancos, pretos e pardos, maiores de 10 anos de idade em 1998.

Brasil, Estado e Região Metropolitana	Cor ou raça (%)			
	Total	Branca	Preta	Parda
Brasil	5,6	6,5	4,4	4,5
Estado do RJ	6,8	7,6	5,1	5,8
RMRJ	7,1	7,9	5,4	6,1

Fonte: IBGE – Síntese dos Indicadores Sociais – 1999

Miséria da Periferia

Mais uma vez, a performance superior da Região Metropolitana do Rio de Janeiro em relação à alcançada pelo país e pelo Estado do Rio de Janeiro se distribui desigualmente por raça.

As formas de configuração das variáveis "anos de estudo", "analfabetismo" e "analfabetismo funcional", verificadas nas tabelas 15, 16 e 17, constituem um dos elementos que condicionam a desigualdade racial no rendimento mensal familiar *per capita*.

Tabela 18 – Distribuição percentual das famílias por classe de rendimento mensal familiar *per capita** e cor ou raça do chefe de família em 1998.

Brasil, Estado e Região Metropolitana	Chefes de cor branca					
	Total	Até 1/2 SM	Mais 1/2 a 1 SM	Mais 1 a 3 SM	Mais 3 a 5 SM	Mais 5 SM
Brasil	25231849	12	19,9	23,5	11,6	14,8
Estado do Rio de Janeiro	2727706	6,6	15,7	25,9	13,6	20,7
RMRJ	2115036	5,1	13,7	26,4	14,4	23,6

Brasil, Estado e Região Metropolitana	Chefes de cor preta					
	Total	Até 1/2 SM	Mais 1/2 a 1 SM	Mais 1 a 3 SM	Mais 3 a 5 SM	Mais 5 SM
Brasil	3010287	24,5	28,8	31,5	5,5	3,3
Estado do Rio de Janeiro	573351	14,9	26,9	42	6,5	3,9
RMRJ	431814	11,9	25,9	44,3	7,7	4,6

Brasil, Estado e Região Metropolitana	Chefes de cor parda					
	Total	Até 1/2 SM	Mais 1/2 a 1 SM	Mais 1 a 3 SM	Mais 3 a 5 SM	Mais 5 SM
Brasil	16564947	30,4	27,5	27,0	4,9	3,3
Estado do Rio de Janeiro	1085399	12,8	24,7	41,3	8,6	6,2
RMRJ	824778	10,3	22,5	43,5	9,4	7,0

Fonte: IBGE – Síntese dos Indicadores Sociais – 1999
* Em salários mínimos

Os pretos e pardos na Região Metropolitana do Rio de Janeiro são mais presentes que os brancos até a faixa de um a três salários mínimos de renda familiar *per capita*; a partir daí, nas faixas de três a cinco salários mínimos *per capita*, os brancos são muito mais presentes e conseguem as melhores performances.

A configuração da posição na ocupação por cor ou raça segue as linhas gerais do que podemos ver na tabela 18.

Tabela 19 – Distribuição percentual da população ocupada por posição na ocupação e cor ou raça em 1998.

Brasil, Estado e Região Metrop.	Brancos (%)					
	Empregados	Militar ou estatutário	Trabalhador doméstico	Conta própria	Empregadores	Não remunerados
Brasil	47,6	7,4	5,7	22,3	5,7	11,3
ERJ	51,8	11,0	6,1	23,4	5,8	1,9
RMRJ	52,3	11,3	6,0	22,9	6,0	1,5

Brasil, Estado e Região Metrop.	Negro (%)					
	Empregados	Militar ou estatutário	Trabalhador doméstico	Conta própria	Empregadores	Não remunerados
Brasil	46,3	5,3	10,9	22,4	1,7	13,3
ERJ	52,1	7,3	15,9	21,1	1,5	1,9
RMRJ	51,9	7,7	14,6	22,5	1,6	1,5

Fonte: IBGE – Síntese dos Indicadores Sociais – 1999

Na Região Metropolitana do Rio de Janeiro, como vemos, o peso relativo dos empregados se mantém quase idêntico entre a população ocupada branca e negra. Entre os militares e funcionários públicos, porém, já notamos uma grande diferença entre brancos e negros, com peso relativo muito maior dos primeiros.

Entre os trabalhadores domésticos a diferença é ainda maior. Dos ocupados negros, 14,6% são trabalhadores domésticos; dos ocupados brancos, somente 6,0% estão nesta posição. Nos ocupados "por conta própria", encontramos novamente pesos percentuais semelhantes entre os dois grupos. Já nos empregadores, mais uma vez, a diferença é elevada; com 6,0% de participação percentual na ocupação dos brancos e 1,6%, na dos ocupados negros. A população não remunerada também fica em patamares próximos nos dois grupos raciais.

A maior presença relativa de população negra nas posições ocupacionais tendencialmente mais malremuneradas e desqualificadas tem impacto sobre a distribuição de renda, como podemos ver na tabela 20.

Tabela 20 – População ocupada por cor ou raça, com indicação do rendimento médio em salários mínimos em 1998.

Brasil, Estado e Região Metropolitana	Brancos - Rendimento médio em salários mínimos	Pretos - Rendimento médio em salários mínimos	Pardos - Rendimento médio em salários mínimos
Brasil	5,6	2,7	2,6
Rio de Janeiro	6,8	2,8	3,3
RMRJ	7,6	3,0	3,5

Fonte: IBGE – Síntese dos Indicadores Sociais – 1999

Mais uma vez pretos e pardos mantêm índices muito próximos entre si e ao mesmo tempo muito distantes dos índices da população branca.

2.2.2 – Família e rendimento

Encontramos diferenças marcantes entre os municípios por nós estudados e o total da Região Metropolitana no que tange à renda familiar *per capita*, como vemos na tabela 21.

Tabela 21 – Famílias por classe de rendimento médio mensal *per capita* em 2000 (em salários mínimos).

Região Metropolitana e Municípios	Até 1/4	+ de 1/4 a 1/2	+ de 1/2 a 1	+ de 1 a 2	+ de 2 a 3	+ de 3 a 5	+ de 5 a 10	+ de 10	S/ Renda
RMRJ %	2,41	8,21	18,67	23,45	12,02	11,70	9,98	7,42	6,13
Itaboraí %	4,46	14,06	28,26	25,98	8,61	6,16	3,35	1,17	7,94
S. Gonçalo %	2,57	10,08	22,57	28,43	13,35	10,73	5,47	1,23	5,75

Fonte: IBGE – Censo Demográfico 2000

Itaboraí tem sempre maior percentual de famílias que o Estado e a Região Metropolitana até a faixa de mais de um a dois salários mínimos; a partir daí, sua proporção será sempre menor. São Gonçalo ainda segue com percentual maior que ambos até a faixa de mais de dois a três salários mínimos de renda mensal familiar *per capita*, para, depois apresentar proporção sempre inferior.

Delineia-se uma configuração semelhante quando consideramos o rendimento nominal médio mensal das pessoas com mais de 10 anos em 2000. Mais precisamente, Itaboraí apresentará maior proporção de ocupados que a Região Metropolitana e o Estado do Rio de Janeiro até a faixa de dois salários mínimos de renda e, a partir daí, apresentará freqüência sempre menor. Já São Gonçalo tem maior freqüência de pessoas ocupadas que a Região Metropolitana até a faixa de dois a três salários mínimos e freqüência maior que o conjunto do Estado até a faixa de três a cinco salários mínimos; daí em diante, apresentará sempre freqüência inferior a ambos.

2.2.3 – Crescimento demográfico e expansão das periferias

Vejamos agora como se configuram as características que marcam a evolução demográfica e o perfil do assentamento nas últimas décadas na Região Metropolitana do Rio de Janeiro. Comecemos observando as tabelas 22 e 23.

Tabela 22 – População residente em 1970, 1980, 1991, 1996 e 2000 e evolução percentual.

Estado, Região Metro-politana e Municípios	1970	1980	1991	1996	2000	Evol % 70-80	Evol % 80-91	Evol % 91-96	Evol % 96-00	Evol % 70-00	Evol % 80-00	Evol % 91-00
Total do ERJ	7942849	11291631	12807192	13 406 308	14 367 225	42,16	13,42	4,68	7,17	80,88	27,24	12,18
RMRJ	**	8772277	9814574	10192097	10871627	**	11,88	3,84	6,66	**	23,93	10,77
Itaboraí	25504	114542	162743	161 209	187 038	349,11	42,08	-0,94	16,02	633,37	63,29	14,93
R. de Janeiro	**	5090723	5480772	5 551 538	5 850 544	**	7,66	1,29	5,39	**	14,93	6,75
S. Gonçalo	140237	615351	779832	833 379	889 828	338,79	26,73	6,87	6,77	534,52	44,60	14,11
Tanguá	**	**	**	23 351	26 001	**	**	**	11,35	**	**	**

Fonte: Censos Demográficos de 1970, 1980, 1991, 2000 e Contagem de Municípios – 1996

Tabela 23 – Taxa de crescimento anual da população residente entre 1970 e 2000.

Estado, Região Metropolitana e Municípios	1970-1980	1980-1991	1991-2000
Estado do R. de Janeiro	2,30	1,15	1,28
RMRJ	2,44	1,03	1,14
Rio de Janeiro	1,82	0,67	0,73
Itaboraí	5,79	3,48	3,31
S. Gonçalo	3,64	2,18	1,48

Fonte: Censos Demográficos de 1970, 1980, 1991 e 2000

Como podemos perceber, as taxas de crescimento demográfico de Itaboraí são sempre muito superiores às encontradas para o Estado do Rio de Janeiro, para a Região Metropolitana do Rio de Janeiro e mesmo para o próprio município do Rio de Janeiro. A única exceção nesta dinâmica de crescimento encontramos entre 1991 e 1996, o que se explica pela separação do distrito de Tanguá e criação do respectivo município. Sem considerar esta separação, Itaboraí teria crescido, no período, 13,40%.

A década de maior crescimento demográfico em Itaboraí é a de 1970, que é também a de maior crescimento para o conjunto do Estado do Rio de Janeiro. A partir desta década, há uma diminuição do ritmo de crescimento; assim, temos para Itaboraí 349,11% de crescimento entre 1970 e 1980, 42,08% de crescimento entre 1980 e 1991 e 14,93% de crescimento entre 1991 e 2000 (se considerássemos Itaboraí e Tanguá somados, teríamos um crescimento de 30,90% nos anos 1990).

Em São Gonçalo, encontramos uma trajetória demográfica semelhante. Crescimento, nos anos 1970, da ordem de 338,79%; nos anos 1980, de 26,73% e, nos anos 1990, de 14,11%. Em todo o período, porém, o crescimento é superior ao do Estado do Rio de Janeiro, ao da Região Metropolitana e ao do núcleo da metrópole (o município do Rio de Janeiro), mas é inferior ao de Itaboraí.

É interessante observar que o município de Tanguá já apresenta, em seus quatro primeiros anos de emancipação, uma taxa de crescimento superior ao do Estado, da Região Metropolitana, do núcleo e mesmo da região que alcança São Gonçalo, porém não supera o crescimento de Itaboraí.

Se tomarmos a classificação de LAGO (2000), que separa os municípios periféricos da Região Metropolitana do Rio de Janeiro em três grupos, através da taxa de crescimento anual destes, veremos que, na década de 1990, Itaboraí se manteria na "periferia em expansão", enquanto São Gonçalo teria se tornado uma "periferia em consolidação" no mesmo período. Avaliando o crescimento ao ano do conjunto dos municípios que compõem esta região metropolitana, veremos que, se São Gonçalo começa a se consolidar na década de 1990, municípios como Guapimirim, Japeri e Magé passam à condição de periferia em expansão[5].

---

5. Vale ressaltar que este processo que poderíamos chamar de substituição de periferias em expansão já havia sido teorizado em fins dos anos 1970 por SANTOS (1980). Além disto, devemos considerar também a explosão demográfica de Maricá, que apresenta a maior taxa de crescimento ao ano (5,68%) na década de 1990, entre os municípios da região metropolitana. Aqui, porém, é necessário ressaltar que Maricá, por suas características litorâneas ainda pouco exploradas, constitui hoje um pólo de atração de camadas médias, que podem acessar condomínios recentemente construídos. Na verdade, este processo se inicia nos anos 1980 e é sinalizado por LAGO (2000); nesta década, a população de Maricá já cresce 3,29% ao ano, quase igualando a performance de Itaboraí. Como resultado deste crescimento, pela via da atração de camadas médias, podemos ver que Maricá possuía, em 1991, 58,33% de sua população branca e somente 40,47% negra; o que corresponde a uma configuração racial da população quase inversa à de Itaboraí, que também se insere no mesmo "tipo" de periferia.

As características de intenso crescimento demográfico que carregam Itaboraí (e o recém-criado município de Tanguá, a partir de 1996) e, em grau menor, São Gonçalo, entre 1970 e 2000, estão relacionadas a fatores que têm origem na dinâmica mais geral da Região Metropolitana do Rio de Janeiro. Nesta perspectiva, não podemos esquecer que a crise na agricultura destes dois municípios (o que de resto também ocorre no conjunto da Região Metropolitana do Rio de Janeiro) certamente facilitou a progressiva criação dos loteamentos, que foram a base física de moradia para este crescimento demográfico. SANTOS (1980) nos dá uma definição precisa do que são os loteamentos:

> O loteamento é uma grande gleba de terra cujo primitivo uso rural é transformado pela proximidade de um centro urbano em expansão. Com fins especulativos esta terra é dividida em lotes para finalidade de moradia (SANTOS, 1980: 29).

Na verdade, o padrão periférico de urbanização que caracteriza a Região Metropolitana do Rio de Janeiro se relaciona diretamente à produção destes loteamentos por grandes empresas do ramo imobiliário, por pequenas empresas locais (empreiteiros de pequeno porte) ou mesmo por empreendedores individuais, com pouca ou nenhuma capacidade de investimento. Durante o *boom* da atividade loteadora, entre 1960 e os anos 1970, a comercialização se dava a longo prazo e com preços suficientemente baixos para possibilitar a compra por trabalhadores desqualificados e malremunerados[6]. Como lembra KOWARICK (2000), o custo baixo de ocupação para o morador tinha como contrapartida – e podemos dizer que ainda tem – um alto custo social. A moradia, por sua vez, era autoconstruída, configurando uma situação que KOWARICK (2000: 29-30) chama de "sobretrabalho gratuito", para a produção de um meio de subsistência fundamental para a família trabalhadora. Para este autor, trata-se de uma "alternativa" espoliativa, que demanda aumento da jornada de trabalho dos membros da família ou entrada precoce destes no mercado de trabalho e contenção ou redução de despesas básicas. O resultado seria: "[...] uma moradia destituída de serviços públicos, de péssima qualidade habitacional e[...] longe do local de emprego" (KOWARICK, 2000: 31).

Apesar de concordamos com tais afirmações, quando tomamos um ângulo mais estrutural de análise, nosso mergulho na vida cotidiana de loteamentos periféricos nos leva a perceber a compra do lote na periferia e

---

6. Nas entrevistas realizadas para a produção deste livro, com moradores do Bairro A, em São Gonçalo, e do Bairro Belo, em Itaboraí, nos foi relatado que, nos anos 1970, lotes destes bairros eram oferecidos nas portarias de prédios e nas obras em realização na Zona Sul do município do Rio de Janeiro.

a autoconstrução como uma "alternativa" que possibilita a consecução de estratégias econômicas fundamentais para estas famílias pobres, que, principalmente na última década, tiveram de enfrentar mudanças significativas do mercado de força de trabalho. Tudo isto, porém, também não pode deixar de nos fazer ver o conjunto de dificuldades e precariedades que esta população enfrenta, inclusive no aspecto relacionado ao deslocamento físico e às suas possibilidades de interação com outras camadas sociais.

No que tange aos loteamentos, as legislações municipais que regulavam a formação destes primava pela heterogeneidade e tendia a ser menos rigorosa nos municípios periféricos. Nestas brechas jurídicas, muitos loteamentos foram criados sem a infra-estrutura minimamente adequada. Além disto, na expansão periférica concorrem também os loteamentos clandestinos e os loteamentos após ocupações ilegais.

Segundo L'AGO (2000: 91-92) os loteamentos legais ou ilegais seguiam um determinado número de etapas até a sua concretização: 1) aquisição pela pessoa física ou jurídica que iria lotear a área (o que podia se dar através de pagamento parcelado ao proprietário anterior); 2) abertura das ruas iniciais e venda dos primeiros lotes; 3) os recursos adquiridos com as vendas iniciais eram usados para obras de drenagem e composição de meio-fio; 4) a partir daí, outros lotes podiam ser vendidos e o projeto levado à aprovação; 5) a obra era finalizada ou deixada inconclusa e o loteamento era legalizado pela prefeitura ou permanecia ilegal.

Somente assim, trabalhadores pobres e via de regra desqualificados podiam adquirir seus lotes sem demanda de acumulação prévia. Até fins dos anos 1970, quando o quadro inflacionário se agrava seriamente, estes lotes eram vendidos pela via de prestações fixas, que se arrastavam por um período que ia de um a cinco anos, em média. Grande parte dos moradores do Bairro A, em São Gonçalo, e do Bairro Belo, em Itaboraí, (com os quais nos relacionamos no trabalho de campo) adquiriu seus lotes sob tais condições.

Esta oferta de lotes viabilizou a obtenção da casa própria por famílias pobres e com baixos rendimentos e ensejou a metropolização em meio a uma grande dinamização do que poderíamos denominar como um mercado periférico de terra.

A diminuição do ritmo de crescimento de São Gonçalo e Itaboraí, que verificamos na última tabela apresentada, indica que, após os anos 1970, temos uma tendência de redução do volume de crescimento periférico exatamente porque este se fez por sobre os loteamentos, que somente conseguiam atrair compradores pela via de prestações fixas, o que se tornou inviável com a escalada inflacionária que aparece nos anos 1980. Com a crise deste formato de produção de loteamentos, restou para os pobres a periferização das favelas por meio da ocupação ilegal – alternativa mais problemática e que, portanto, atraía uma proporção menor de famílias.

LAGO (2000) afirma que os primeiros loteamentos são feitos na Baixada Fluminense, ainda nos anos 1940 e 1950, porém sem gerar uma demanda mais significativa. O crescimento amplo da ocupação nesta região vai se dar nos anos 1950 e 1960. Vale ressaltar que a Avenida Brasil é inaugurada em 1946 e a Rodovia Presidente Dutra, em início dos anos 1950; ambas vão facilitar o acesso aos municípios da Baixada Fluminense. Além disto, esta região recebe nos anos 1940 obras de drenagem necessárias para tornar utilizáveis grandes áreas para a agricultura, mas que acabaram facilitando a consecução de novas possibilidades imobiliárias.

Na medida em que este eixo de crescimento vai se esgotando, outros vão aparecendo. É neste processo que se encaixam São Gonçalo e Itaboraí. Entre 1970 e 2000, quando o conjunto do Estado tem crescimento demográfico de 80,88%, São Gonçalo tem aumento de população da ordem de 534,52% e Itaboraí alcança 633,37%. Já os três mais populosos municípios da Baixada Fluminense apresentam a seguinte evolução nestas três décadas: Duque de Caxias cresce 248,46%, Nova Iguaçu cresce 233,09% e São João de Meriti cresce 220,31%. Daí o porquê de LAGO (2000), tomando a década de 1980 como parâmetro, afirmar que São João de Meriti constitui já uma "periferia consolidada" neste momento (com crescimento demográfico menor que 1% ao ano), enquanto Duque de Caxias e Nova Iguaçu correspondem a uma "periferia em consolidação" (com crescimento demográfico anual entre 1% e 2%). Já São Gonçalo e Itaboraí estariam na "periferia em expansão" (com crescimento demográfico de mais de 2% ao ano).

Assim, nos anos 1970, já temos consolidado o padrão periférico de assentamento, através dos loteamentos e da autoconstrução. A Baixada Fluminense já se encontra quase consolidada e a "periferia em expansão" apresenta grande crescimento, principalmente em São Gonçalo, com evolução demográfica de 3,6% ao ano, nesta década, e em Itaboraí, com evolução de 5,7% ao ano no mesmo período. As dinâmicas diferenciadas de crescimento demográfico indicam que a profusão de loteamentos na periferia sobredeterminou a lógica de migrações internas da Região Metropolitana do Rio de Janeiro.

Para completar esta discussão, devemos verificar a dinâmica recente de evolução das unidades domiciliares, na Região Metropolitana do Rio de Janeiro.

Tabela 24 – Evolução percentual do total de domicílios entre 1970 e 2000.

Estado Região Metropolitana e Municípios	Domicílios 1970	Domicílios 1980	Domicílios 1991	Domicílios 2000	Evolução % 1970-1980	Evolução % 1980-1991	Evolução % 1991-2000	Evolução % 1970-2000
Estado do RJ	1883164	2704812	3454962	5210831	83,47	27,73	50,82	176,71
RMRJ	**	2148796	2841983	3855341		32,26	35,66	79,42
Itaboraí	12232	24190	40635	65609	232,20	67,98	61,46	436,37
Rio de Janeiro		1301073	1560338	2129131		19,93	36,45	63,64
São Gonçalo	84709	141802	207645	302905	145,13	46,43	45,88	257,58
Tanguá				9002				

Fonte: IBGE – Censos Demográficos – 1970, 1980, 1991 e 2000

Na tabela acima, observamos que nas três últimas décadas o percentual de evolução apresentado por Itaboraí é superior aos índices do Estado e do conjunto da metrópole. Em São Gonçalo, a tendência é a mesma, com exceção da década de 1990, quando o crescimento dos domicílios fica pouco abaixo do conjunto do Estado. É claro que o maior crescimento do número de domicílios está diretamente relacionado com o maior crescimento demográfico apresentado por estes municípios e, em decorrência, pelo maior índice de crescimento do número de famílias residentes.

Estes dados corroboram a idéia de que Itaboraí e São Gonçalo são periferias em processo de amplo crescimento. Se, pelos critérios propostos em LAGO (2000), São Gonçalo teria se tornado uma "periferia em consolidação", na última década do século XX tal "consolidação" se caracterizou por um ainda significativo crescimento.

Para além disto, as características infra-estruturais dos municípios abordados mais proximamente neste livro estavam, em 2000, aquém das encontradas para o conjunto da metrópole. Segundo o Censo Demográfico de 2000, enquanto o total de domicílios não cobertos pela coleta de lixo na Região Metropolitana do Rio de Janeiro equivalia a 7,04%, em Itaboraí esta proporção era de 40,81% e em São Gonçalo, de 9,45%.

Por este mesmo censo, os domicílios ligados à rede geral de abastecimento de água eram 85,94% do total, na Região Metropolitana, enquanto em Itaboraí eram somente 23,82% e em São Gonçalo, 79,82%.

No que tange à ligação com a rede geral de esgoto, o Censo Demográfico de 2000 aponta 64,70% de cobertura na Região Metropolitana do Rio de Janeiro; 27,38%, em Itaboraí e 40,01%, em São Gonçalo.

Como percebemos, os índices de infra-estrutura urbana de Itaboraí são sempre piores que os de São Gonçalo, embora este último também se mantenha aquém da infra-estrutura existente no conjunto do Estado e na Região Metropolitana do Rio de Janeiro.

2.3 – Considerações gerais

Consideradas as características diferenciais dos domicílios, mas também de renda, educação e ocupação da população da periferia metropolitana e mais especificamente de São Gonçalo e, principalmente, de Itaboraí, veremos que o crescimento demográfico destes municípios – que se deve em grande parte aos deslocamentos intrametropolitanos – se divide em: a) famílias que estão sendo "expulsas" pelos mercados fundiários e imobiliários do centro da metrópole; b) uma população que está em busca de seus parâmetros possíveis de mobilidade social ascendente (a casa própria, ainda que no seio de uma periferia distante do centro do mercado de mão-de-obra, em localidades com mínima ou nenhuma infra-estrutura urbana).

O pano de fundo disto consiste nos processos discutidos na primeira parte deste trabalho e que, como vimos, atingem diretamente a Região Metropolitana do Rio de Janeiro: diminuição da atividade industrial, expansão das atividades terciárias, precarização e desemprego. O volume absoluto deste crescimento demográfico não é pequeno: Itaboraí cresce em 161.534 pessoas entre 1970 e o ano 2000 (sendo 25.829 nos anos 1990 – considerando Tanguá, teríamos um crescimento de 187.535 pessoas nestes mesmos 30 anos e de 28.479 pessoas nos anos 1990); São Gonçalo, por sua vez, cresce em 749.591 pessoas nos 30 anos (e 56.449 pessoas entre 1990 e 2000). Esta população, portanto, se encaminhou para os loteamentos da periferia, apesar das condições negativas de sobrevivência. A estas se somou a enorme dificuldade de acesso e utilização dos transportes públicos. Estas regiões apresentam, hoje, taxas de desemprego que ficam acima das taxas da metrópole.

Com seus mais de 10 milhões de habitantes recenseados no ano 2000, a metrópole do Rio de Janeiro constitui o que CASTELLS (1999) chama de uma "megacidade", espaços que concentram, ao mesmo tempo, determinados pontos de interseção da economia global e o assentamento de segmentos sociais, que inventam, no "dia-a-dia", formas de sobrevivência, todas elas instáveis, que compreendem o trabalho formal desqualificado, o trabalho informal, o trabalho remunerado, o trabalho sem remuneração, variadas formas de subemprego e mesmo a atividade na economia do crime.

> [...] o que é mais significativo sobre as megacidades é que elas estão conectadas externamente a redes globais e a segmentos de seus países, embora internamente desco-

nectadas das populações locais responsáveis por funções desnecessárias ou pela ruptura social. [...] É esta característica distintiva de estarem física e socialmente conectadas com o globo e desconectadas do local que torna as megacidades uma nova forma urbana (CASTELLS, 1999a: 429).

Verificamos ainda uma clivagem racial bastante nítida na Região Metropolitana do Rio de Janeiro entre os grupos branco e negro, na qual estes últimos apresentam performances piores que os primeiros em índices relacionados a educação, renda e trabalho. Além disto, os municípios periféricos de São Gonçalo e Itaboraí apresentam crescimento de população negra, entre 1980 e 2000, muito maior do que o encontrado para o núcleo e mesmo para o conjunto da metrópole.

Nos próximos capítulos, tomaremos como objeto de reflexão exatamente este "dia-a-dia" de populações que habitam estes espaços de pobreza desconectados na Metrópole do Rio de Janeiro. Qual a profundidade desta desconexão? Estariam aí os representantes da "nova pobreza" urbana?

Capítulo 3
Viver na periferia de São Gonçalo no limiar do século XXI: os números

Neste capítulo analisaremos os dados quantitativos resultantes da aplicação de 400 questionários em uma amostra de famílias no Bairro A, em São Gonçalo, no Estado do Rio de Janeiro. O objetivo aqui é elaborar uma caracterização socioeconômica da população local em sua relação com o conjunto da Região Metropolitana do Rio de Janeiro, na passagem para o século XXI.

3.1 - O Bairro A

Embora não tenhamos como precisar de forma mais definitiva a quantidade de pessoas que habitam o Bairro A – pois a área geográfica pela qual o bairro se estende não configura um ou mais setores censitários homogêneos utilizados pelo IBGE para efeito de coleta de dados, para a recente implantação do Programa de Saúde da Família no bairro (em agosto de 2001) –, a Prefeitura Municipal de São Gonçalo afirmou a existência de aproximadamente 40.000 famílias. Esta mesma estimativa já nos tinha sido fornecida por uma das associações de moradores do local, quando iniciamos nosso trabalho de campo.

Três associações de moradores atuam no bairro e o recortam em áreas de abrangência. Nossa entrada no campo se deu por meio de uma destas, e limitamos nossas atividades de pesquisa exatamente à área que esta associação cobre, o que representa, aproximadamente, 20.000 famílias, segundo a diretoria da entidade.

Viver na periferia de São Gonçalo no limiar do século XXI: os números

Mesmo considerando somente a área de abrangência desta referida associação de moradores, esse imenso bairro comporta inúmeras diferenças internas, o que demandou que estabelecêssemos recortes para a definição da amostra à qual foi aplicado um questionário específico. Na verdade o Bairro A é recortado em várias áreas menores. No conjunto da parte do bairro que estudamos, estas áreas guardam internamente uma certa homogeneidade socioespacial e uma contigüidade física que possibilita a definição de cinco "localidades" (LEEDS & LEEDS, 1978), claramente identificadas pela referida associação e, em uns casos mais e em outros menos, identificadas pelos moradores. Os critérios usados pela população local para a definição destas áreas não é unívoco. Assim, estas podem ser definidas por características de urbanização maior ou menor, por presença mais ou menos constante de violência, pela maior ou menor proximidade dos pontos de ônibus intermunicipais etc. Para evitar a identificação de tais áreas, optamos por não explicitar suas denominações locais. Utilizando aqui a perspectiva definida por LEEDS & LEEDS (1978), em estudo seminal sobre agregados populacionais pobres no município do Rio de Janeiro, podemos afirmar que a existência de tais "localidades" indica a pouca precisão que pode nos trazer o uso do termo "comunidade" para pensar a heterogênea realidade social de um tão extenso bairro periférico. Neste sentido, cada localidade corresponde a uma configuração de interações que se constróem sobre possibilidades variadas de agregação. Em última instância, especificam uma rede de relações sociais mais próximas, mas também uma certa configuração de interação com características que cercam o cotidiano dos moradores.

É claro que todos sabem perfeitamente que moram no Bairro A, mas sabem também que morar em uma área do "Bairro A", onde as ruas de terra em épocas de chuva vivem cobertas de lama porque o "valão" transborda e onde se convive todos os dias do ano com o cheiro de esgoto, é diferente de morar no "Bairro A", mas em uma outra área, onde o asfalto já chegou há cerca de um ano.

Vejamos as características mais gerais de cada área.

A *área 1* é constituída por um conjunto de ruas recentemente urbanizadas (ou seja, com asfalto e calçamento) ou que estão em vias de urbanização, com obras em andamento[1]. Vale ressaltar que – paradoxalmente – tais obras não significaram a extensão de uma rede sistemática de esgoto e nem

---

[1]. Tais obras, iniciadas em 1997 ainda estão em desenvolvimento; o governo do Estado do Rio de Janeiro afirma, informalmente, que todo o bairro será urbanizado, mas não estabelece um prazo para que isto aconteça.

mesmo de água potável, o que implica a existência de fossas sépticas ou rústicas, ao lado de ligações clandestinas de água e poços artesianos. Nesta área, que é relativamente próxima de uma das entradas do Bairro A, encontramos uma certa concentração de casas de porte acima da média local e com aparência exterior de já concluídas. No entanto, muitas das casas ainda se apresentam com aspecto inacabado, com ausência de emboço e pintura e falta de vidros, principalmente.

Em muito menor quantidade que em outras áreas, encontramos aí uma configuração residencial que a população local ora chama de "vila", ora de "cabeças de porco" e que se caracteriza por um terreno onde são construídos cômodos com banheiro interno ou com somente banheiros coletivos, que são alugados pelo dono do lote. Dependendo da área total do lote, em uma destas "vilas" podem morar muitas famílias. Trata-se aqui de uma versão periférica dos "cortiços", que existiam em profusão no centro do município do Rio de Janeiro no início do século XX.

A *área 2* possui uma grande parcela de seu território ocupada por ruas que carregam uma característica maior de favelização, ou seja, vias mais estreitas, construções mais aglomeradas e sem muros de separação e maior número de casas somente iniciadas. Há uma quantidade pequena de casas em áreas alagadas ou em meio a "valões" de esgoto que se espalham por algumas ruas. Encontramos poucas "vilas" ou "cabeças de porco", na medida em que a configuração aglomerada das residências não disponibiliza espaço para tal arranjo imobiliário. Vale ressaltar que, nesta área, encontramos um ponto de venda de drogas ilegais.

A *área 3* não possui as características de aglomeração de construções que verificamos na área 2, porém quase metade de suas casas se encontra em ruas sujeitas a alagamentos periódicos, com valas de esgoto nas laterais. Algumas destas ruas terminam em brejos, onde água empoçada, córregos já contaminados e valas de esgoto se juntam; nestes locais, as crianças procuram diversão e alguma perspectiva de ganho financeiro através da caça de rãs. O mau cheiro na maior parte da área é permanente, não se limitando aos períodos de chuva. No entanto, quando esta sobrevém, a população literalmente anda no esgoto. Nesta área, uma senhora já bastante idosa me disse que pergunta sempre a Deus se os seus netos merecem tanta lama. Uma maior disponibilidade de espaço nos lotes possibilita, aqui, a existência de uma maior presença de "cabeças de porco" do que a encontrada nas áreas 1 e 2.

A *área 4* se assemelha muito à anterior, com uma diferença: há aqui uma menor concentração de casas. Estas por sua vez são em número maior, ainda mais precárias que as das áreas anteriores, sem, no entanto, apresentarem características de aglomeração. Encontram-se aqui famílias habitando "casas" que na verdade se limitam a um cômodo, no meio do lote, com banheiro externo, e raramente encontramos muros. Nesta área, se configura uma situação na qual quase a totalidade das ruas possui valas de esgoto abertas e o impacto das muitas áreas alagadas e pequenos brejos sobre estas é ainda maior do que o já visto até aqui. Podemos dizer que esta área praticamente está alocada dentro de uma planície de acumulação, o que faz com que a lama seja permanente e os insetos proliferem de forma descontrolada. Mesmo em períodos com pouca chuva, a população é obrigada a pisar no esgoto que corre nas valas das laterais da rua e se mistura com a umidade da terra ao redor. A rã é também aqui um "recurso natural" muito procurado pelas crianças. Certamente, as mais drásticas condições ambientais estão reunidas aqui.

A *área 5* é muito semelhante à área 3, no entanto, apresenta uma proporção mais significativa de "cabeças de porco". Brejos, valas, terrenos alagados, lama e rãs marcam presença, porém com impacto muito menor nas ruas desta área. Há um número significativo de vias com calçamento de paralelepípedos e somente algumas ruas com asfalto. Em uma destas, se agrupam alguns pontos finais de ônibus que seguem para os centros de Niterói e do Rio de Janeiro. Há também uma pequena área com característica de favelização, de ocupação recente.

3.2 – O perfil socioeconômico da população do Bairro A

3.2.1 – A população

Na amostra de 400 famílias a que aplicamos um questionário no Bairro A, encontramos um total de 1564 pessoas residentes, divididas por faixa etária, na seguinte proporção:

Tabela 1 – Faixa etária por sexo do conjunto da população pesquisada.

Idade	Sexo		Total	%
	Masculino	Feminino		
Até 1 ano	16	17	33	2,11
1 a 3 anos	36	36	72	4,60
4 a 6 anos	51	52	103	6,58
7 a 14 anos	112	109	221	14,12
15 a 20 anos	90	94	184	11,76

continua ◯

continuação ▽

Idade	Sexo		Total	%
	Masculino	Feminino		
21 a 30 anos	122	140	262	16,74
31 a 40 anos	105	125	230	14,70
41 a 50 anos	81	89	170	10,86
51 a 65 anos	83	85	168	10,73
+ 65 anos	20	23	43	2,75
Sem informação	32	47	79	4,86
Total	748	817	1565	100,00

(amostra do Bairro A – julho de 2000)

Como podemos ver, 27,41% da população pesquisada têm menos de 14 anos de idade, o que configura uma situação na qual quase um terço da população total se encontra em idade escolar. O número de mulheres é pouco maior que o de homens no total dos membros das 400 famílias pesquisadas. Já a faixa etária mais significativa é a que compreende os indivíduos entre 21 e 30 anos de idade.

Nos questionários que aplicamos nestas 400 famílias, procuramos apreender a identificação de "cor" ou raça de seus chefes e cônjuges. Utilizamos dois formatos diferentes de coleta para este dado, a saber: a autodeclaração livre e a autodeclaração induzida pela classificação quíntupla, utilizada pelo IBGE em suas pesquisas. A partir daí, obtivemos os seguintes apresentados na tabela a seguir:

Tabela 2 – Cor ou raça de chefes e cônjuges segundo autodeclaração através das categorias utilizadas pelo IBGE, entre a população pesquisada.

Cor	Nº	%
Branco	286	41,39
Pardo	295	42,69
Preto	102	14,76
Sem informação	8	1,16
Total	691	100,00

(amostra do Bairro A – julho de 2000)

Como vemos na Tabela 2, pela classificação do IBGE, a distribuição por "cor" ou raça dos 691 chefes de família e cônjuges que pertenciam às famílias pesquisadas em julho de 2000 no Bairro A é ligeiramente diferente daquela que o próprio IBGE apontava para o conjunto da população residente em São Gonçalo em 2000. Tínhamos naquele ano, para São Gonçalo, 53,07% de brancos, 30,79% de pardos, 10,40% de pretos, 0,08% de amarelos, 0,27% de indígenas e ainda 0,89% de não-declarantes (o que configurava uma população negra de 45,67%). Já na área pesquisada do Bairro A, não encontramos no ano 2000 nenhum chefe ou cônjuge amarelo ou indígena; enquanto isto, os brancos eram 41,39%, os pardos, 42,69%, os pretos 14,76 e os não-declarantes 1,16% (o que configura entre os chefes e cônjuges um percentual de 57,45% de negros).

É interessante verificar que, mesmo dentro da parte do Bairro A que investigamos, há diferenças de alocação da população por "cor" ou raça. Assim, os brancos são 41,39% da população de todas as áreas e os negros 57,45%. No entanto, se tomarmos a área 1, que possui o maior número de ruas urbanizadas e que está recebendo um conjunto de melhoramentos urbanísticos por parte do governo do Estado do Rio de Janeiro, veremos que os chefes e cônjuges brancos são 46,94% e os chefes e cônjuges negros são 51,02%. Já na área 4, que tem a pior caracterização urbanística da parte do Bairro A que investigamos, os chefes e cônjuges brancos são somente 28,44%, enquanto os negros chegam ao enorme montante de 68,81%.

Tabela 3 – Cor ou raça de chefes e cônjuges segundo autodeclaração aberta, entre a população pesquisada.

Cor ou Raça	Nº	%
Branco	281	40,67
Moreno	170	24,60
Pardo	100	14,47
Negro	51	7,38
Preto	40	5,79
Mulato	15	2,17
Escuro	10	1,45
Moreno-claro	6	0,87
Claro	4	0,58
Moreno-escuro	2	0,29
Meio-claro	1	0,14
Jambo	1	0,14
Loiro	1	0,14
Pretinho	1	0,14
Sem informação	8	1,16
Total	691	100,00

(amostra do Bairro A – julho de 2000)

A Tabela 3 mostra aquilo que a literatura produzida acerca das relações raciais no Brasil tem apontado há vários anos, a saber: entre nós existe um "contínuo de cor" a partir do qual se estabelecem inúmeras gradações entre os negros e os brancos. Verificamos, assim, em uma parte deste bairro da periferia da Região Metropolitana do Rio de Janeiro, 14 classificações de "cor", emitidas por 691 chefes e cônjuges abarcados pelo questionário aplicado nas 400^2 famílias.

Na nomeação livre, a maior freqüência é a de chefes e cônjuges classificados como brancos, seguida pelos classificados como "morenos". Ou seja, parte expressiva dos que não se autodeclaram brancos também não seria *a priori*, no âmbito de uma classificação livre, nem parda, nem preta. A comparação das duas últimas tabelas apresentadas nos mostra que estes "morenos" parecem ter passado quase em sua totalidade para a classificação induzida de pardo. Por sua vez, as categorias "preto", "negro", "pretinho" e "escuro" somam um total maior do que o constituído por aqueles que configuram, na outra tabela, os pretos, o que significa que alguns deles devem ter passado para a classificação pardo.

Para explicar esta profusão de classificações cromáticas, lançamos mão da argumentação de MUNANGA (1999). Este autor mostra que há uma tendência entre os brasileiros de utilização de elementos simbólicos de fuga de sua caracterização racial ou étnica e se nomear – o mais próximo que sua realidade fenotípica e socioeconômica o possibilita – do modelo branco. Obviamente, tal fuga simbólica não consiste em um movimento individual, mas é fundamentalmente o produto de uma "ideologia da mestiçagem", produzida no país ao longo do século XX, que construiu a noção de um país "mestiço". A questão é que:

> [...] a mestiçagem não conseguiu resolver os efeitos de hierarquização dos três grupos de origem e os conflitos de desigualdades raciais resultantes dessa hierarquização (MUNANGA, 1999: 121).

Na medida em que o preconceito racial brasileiro afirma-se no plano das representações, como de "cor" e não de "origem"[3] (como verificamos nos Estados Unidos), os afro-descendentes podem tentar se classificar junto ao grupo mais branco, desde que possuam possibilidades para tal, que se relacionam com seu capital econômico ou cultural, bem como com sua própria realidade cromática.

---

2. Vale ressaltar que, na quase totalidade dos casos, o questionário foi respondido pelo chefe da família ou seu cônjuge, pois os mesmos foram aplicados nos fins de semana.
3. Aqui estamos lançando mão das idéias de NOGUEIRA (1985) também trabalhadas em MUNANGA (1999).

Trata-se aqui da "violência simbólica"[4] que acompanha o racismo "assimilacionista" brasileiro. Este tipo de racismo pode, neste nível representacional, assimilar os negros no seio da sociedade branca, desde que estes sejam "mestiços" ou demonstrem o esforço em serem menos negros seja pela sua própria autodefinição, seja pelos símbolos econômicos e culturais que podem portar. Neste sentido, na ideologia racial brasileira, a noção de "cor", que é afirmada como a negação da marca de raça; é, na verdade, uma transmutação desta, pois a "cor" da pele somente tem sentido como elemento classificatório nos quadros de uma avaliação fenotípica e naturalizante anterior, o que remete à dicotomia branco/não-branco.

Entre as 400 famílias pesquisadas, encontramos 287 casais constituídos. O mapeamento da distribuição destes por "cor" ou raça nos parece importante.

Tabela 4 – Casais por "cor" ou raça, entre a população pesquisada.

Cônjuge Masculino	Cônjuge Feminino	Nº	%
Brancos	Brancos	66	23,00
Brancos	Pardos	40	13,94
Brancos	Pretos	8	2,79
Pardos	Pardos	78	27,18
Pardos	Brancos	43	14,98
Pardos	Pretos	13	4,53
Pretos	Pretos	14	4,88
Pretos	Pardos	10	3,48
Pretos	Brancos	9	3,14
Pardos	Sem informação	3	1,05
Brancos	Sem informação	2	0,70
Sem informação	Sem informação	1	0,35
Total		287	100,00

(amostra do Bairro A – julho de 2000)

Vemos que, do total de casais, 55,06% destes configuram relacionamentos dentro do mesmo grupo de "cor". Dados de 1980, produzidos pelo IBGE e citados em HASENBALG & SILVA (1992), apontam para o conjunto do Estado do Rio de Janeiro, neste ano, 76,7% de casais endogâmicos. Já TELLES (2003), trabalhando com dados do censo de 1991, aponta para o

---

4. Este conceito é trabalhado ao longo da obra de Pierre Bourdieu; poderíamos citar BOURDIEU (1999B: 7-8), onde esta é caracterizada como uma "[...] violência suave, invisível a suas próprias vítimas, que se exerce essencialmente pelas vias puramente simbólicas da comunicação e do conhecimento, ou, mais precisamente, do desconhecimento, do reconhecimento ou, em última instância, do sentimento".

Brasil, naquele ano, um total de 76,9% de casamentos dentro do mesmo grupo racial. Para além da impossibilidade de comparação devido à diferença de escopo e de data de produção do dado, a disparidade observada pode estar relacionada ao fato de que a proporção de indivíduos pardos e pretos encontrados neste bairro periférico da Região Metropolitana do Rio de Janeiro é muito maior do que a mesma proporção existente no conjunto do estado e no conjunto do país, seja em 1980, seja em 1991. Com isto, a possibilidade de casamentos exogâmicos acaba sendo maior. Ainda assim, não encontramos, aqui, um paraíso de mistura racial. Dos 114 cônjuges do sexo masculino brancos, 57,89% mantêm "casamentos" com mulheres brancas. Entre 134 cônjuges do sexo masculino pardos, 58,20% mantêm "casamentos" com mulheres pardas e entre os cônjuges masculinos pretos, a proporção de "casamentos" com mulheres de mesma "cor" chega a 42,42%.

3.2.2 – Escolaridade

A escolaridade dos moradores maiores de 14 anos da parcela do Bairro A que foi alvo de nossa pesquisa pode ser vista na tabela abaixo.

Tabela 5 – Escolaridade da população pesquisada maior de 14 anos de idade.

Escolaridade	Nº	%
Analfabeto	36	3,17
Fundamental Incompleto	543	47,80
Fundamental Completo	157	13,82
Médio Incompleto	71	6,25
Médio Completo	160	14,08
Superior Incompleto	6	0,53
Superior Completo	7	0,62
Sem informação	156	13,73
Total	1.136	100,00

(amostra do Bairro A – julho de 2000)

Como podemos ver, 47,80 % da população pesquisada têm somente o fundamental incompleto. Se somarmos estes aos que possuem o fundamental completo e aos analfabetos, teremos um total de 64,79% de maiores de 14 anos que nem sequer iniciaram o ensino médio[5]. Na outra ponta, os que completaram o nível superior equivalem a 0,62% da população

---

5. Na área 1, de melhor urbanização, no contexto da parte do Bairro A, a pesquisa aponta que os maiores de 14 anos nestas condições seriam 61,74%. Já na área 4, que é a mais degradada da parte pesquisada do bairro, temos nesta condição 75,81% dos maiores de 14 anos.

pesquisada. Na verdade, os que acessaram a universidade chegam a 1,15%, enquanto os analfabetos perfazem 3,17% desta amostra. Parece bastante visível a baixa escolaridade média da população pesquisada e, portanto, a pouca adequação que esta apresenta para as demandas do mercado de trabalho nestes tempos de capitalismo informacional.

É importante verificar que, no momento da coleta destes dados, do total de 221 crianças pertencentes à faixa etária entre sete e 14 anos, somente 159 estavam estudando, o que representa 71,94% de freqüência à escola, exatamente na faixa mais típica de escolarização. Esta taxa de escolarização é sobremaneira baixa se a compararmos com a que encontramos para o conjunto da Região Metropolitana do Rio de Janeiro, em 1998 (IBGE, 1999), quando, mesmo nas famílias pertencentes ao primeiro "quinto" de renda domiciliar *per capita*, as crianças entre sete e 14 anos de idade apresentavam taxa de 88,9% de escolarização (que alcançava 99,3% nas famílias do último "quinto" de renda domiciliar *per capita*).

Por outro lado, entre os 1136 moradores que se situam nas faixas etárias entre 15 anos e mais de 65 anos, temos 163 estudantes, o que perfaz 14,34% do total de moradores pesquisados destas faixas de idade. Este total de 332 estudantes acima de sete anos de idade se divide por localidade onde estudam, na forma que apresentada a seguir.

As diferenças de escolaridade de chefes e cônjuges por "cor" ou raça também são significativas, como podemos ver na tabela 6.

Tabela 6 – Escolaridade de chefes e cônjuges da população pesquisada por "cor" ou raça.

Escolaridade	Cor					
	Brancos	%	Negros	%	SI	Total
Analfabeto	9	3,61	15	4,20	0	24
Fundamental Incompleto	120	48,19	221	61,90	4	345
Fundamental Completo	60	24,10	61	17,09	0	121
Médio Incompleto	9	3,61	7	1,96	0	16
Médio Completo	35	14,06	35	9,80	0	70
Superior Incompleto	0	0,00	1	0,28	0	1
Superior Completo	0	0,00	1	0,28	0	1
Sem informação	16	6,43	16	4,48	81	113
Total	249	100,00	357	100,00	85	691

(amostra do Bairro A – julho de 2000)

Também nesta tabela o alto número de "sem informação" dificulta uma interpretação mais precisa. No entanto, alguns elementos podem ser ressaltados. Primeiramente a taxa de analfabetismo de chefes e cônjuges é menor entre brancos do que entre pardos e pretos. Além disto, chefes e cônjuges pardos e pretos são mais presentes na escolaridade relativa ao ensino fundamental incompleto do que os brancos; e menos freqüentes na escolaridade relativa ao ensino médio completo. Curiosamente, os dois únicos chefes e cônjuges da amostra que alcançaram o ensino superior são do grupo pardo.

3.2.3 – Trabalho e renda

A PEA encontrada entre as 400 famílias pesquisadas, somada com os 54 aposentados, nos dá um total de 638 indivíduos. Já a população ocupada compreende 480 trabalhadores. A classificação destes por "setor de ocupação" pode ser vista na tabela abaixo.

Tabela 7 – Setor de ocupação do conjunto da população pesquisada.

Setor	Nº	%
Primário	0	0
Secundário	86	17,92
Terciário	371	77,29
Sem informação	23	4,79
Total	480	100,00

(amostra do Bairro A – julho de 2000)

Os 480 ocupados da tabela 7 compreendem trabalhadores formais e informais, permanentes ou intermitentes, ou seja, todos aqueles que exercem uma ocupação e não se designam como "desempregados". Como vemos, não encontramos nenhum ocupado no setor primário da economia e as disparidades entre os dois outros setores, no que tange à ocupação, são enormes. Enquanto somente 17,92% da população pesquisada trabalha no setor secundário, nada menos que 77,29% desta atua no setor de serviços. Tal diferença de distribuição da ocupação, na verdade, acompanha aquela que podemos encontrar para o conjunto da Região Metropolitana do Rio de Janeiro. Neste sentido, segundo a Pesquisa Mensal de Emprego do IBGE, em julho de 2000 (mesmo mês em que fizemos a aplicação dos questionários na amostra do Bairro A), tínhamos, entre a população ocupada de 15 anos e mais, 17,07% alocados no secundário (considerando a indústria de transformação e a construção civil), 72,76% no terciário (considerando o comércio e os serviços) e 10,16% em outras atividades.

A listagem de ocupações destes 480 trabalhadores pode ser vista na tabela 8 e nos parece muito importante para o entendimento mais preciso da localização da população do Bairro A no mercado de trabalho metropolitano.

Tabela 8 – Listagem de ocupações do conjunto da população pesquisada.

Ocupação	Nº	%
Almoxarife	1	0,21
Ascensorista	4	0,83
Assessor de político	1	0,21
Auxiliar de Enfermagem	4	0,83
Auxiliar de contabilidade e afins	3	0,63
Auxiliar de produção visual	2	0,42
Bancário	2	0,42
Biscates em geral	20	4,17
Boy	4	0,83
Camelô	5	1,04
Caminhoneiro	2	0,42
Cobrador	7	1,46
Comerciante	20	4,17
Comerciário	63	13,13
Construtor	1	0,21
Corretor	4	0,83
Costureira	19	3,96
Despachante	1	0,21
Frentista	3	0,63
Funcionário Público Civil ou Militar	7	1,46
Garçom	8	1,67
Gráfico	1	0,21
Inspetor	2	0,42
Manicure	4	0,83
Mecânico de autos	8	1,76
Metalúrgico	4	0,83
Montador	1	0,21
Motorista	16	3,33
Músico	1	0,21
Operário em geral	6	1,25
Padeiro	4	0,83
Pastor	1	0,21
Porteiro	8	1,67
Professor	14	2,92
Protético	1	0,21
Segurança	11	2,29
Servente	14	2,92
Técnico de telefonia	1	0,21
Técnico em refrigeração	1	0,21
Tosador	1	0,21
Trabalhador no preparo de alimentos em geral	16	3,33
Trabalhador em cuidados pessoais e beleza	11	2,29
Trabalhador em obras e construção civil	69	14,38
Trabalhador de escritório	14	2,92
Trabalhador doméstico	67	13,96
Sem informação	23	4,79
Total	480	100,00

(amostra do Bairro A – julho de 2000)

O nível elevado de desagregação desta tabela pretende exatamente demonstrar que, se parece haver uma dispersão ocupacional, esta se faz dentro de marcos específicos de baixa especialização. As ocupações "trabalhador em obras e na construção civil" (primeira em freqüência), "trabalhador doméstico" (segunda em freqüência) e "comerciário" (terceira em freqüência) representam 41,47% do total dos ocupados. Para além disto, há mais "biscateiros" em geral (4,17%) do que professores (2,92%) na amostra. Não encontramos nenhuma ocupação de nível superior para além de poucos professores de ensino secundário (somente quatro do total de 14 professores).

Parte significativa desta população ocupada se aloca exatamente na franja do terciário menos dinâmica do ponto de vista econômico mais amplo. Assim, dentre os ocupados no setor de serviços, aproximadamente 44% estão atuando exatamente no que poderíamos denominar como "serviços pessoais" (os empregados domésticos, os serventes, os preparadores de alimentos e as manicures). Trata-se, assim, de uma mão-de-obra extremamente desqualificada, cujo devir produtivo passa ao largo das redes de ponta do capitalismo.

Há uma razoável diferença da distribuição das ocupações entre a área mais urbanizada e a área mais degradada da parte do Bairro A que investigamos. Assim, na área 1, as categorias "trabalhador em obras e na construção civil", "trabalhador doméstico" e "comerciário" somam somente 30,93% dos ocupados pesquisados; já na área 4, chegam a 41,89% destes. Se isolarmos somente a categoria "trabalhador doméstico", veremos que, enquanto estes são 13,96% da amostra do total das cinco áreas pesquisadas, são 10,31% dos ocupados da amostra da área 1 e nada menos que 20,27% dos ocupados na amostra da área 4. Esta distribuição indica também uma diferenciação por "cor" ou raça, na medida em que, como já demonstramos, a área 1 é a que compreende o menor percentual de chefes e cônjuges negros dentre as cinco pesquisadas, enquanto a área 4 é exatamente aquela onde os chefes e cônjugues negros estão mais presentes.

Os ocupados da amostra pesquisada no Bairro A fazem parte dos mais de 10 milhões de habitantes de uma megacidade; a questão é que eles não parecem estar ocupando nenhuma função nos "nós" de interseção com a economia global. Estão vivendo a desconexão em meio à conexão econômica internacional.

Por outro lado, não é difícil deduzir que a distribuição dos ocupados pelo setor de serviços se relaciona, em grande parte, com os níveis de escolaridade por eles alcançados. Assim, quando comparamos a escolaridade de chefes de família e cônjuges no setor de serviços, verificamos que nos "serviços pessoais" se concentram os analfabetos e os que possuem somente o ensino fundamental incompleto, perfazendo 64,06%. Já a menor concentração (10,52%) está nos "serviços sociais", que a rigor demandam algum tipo de especialização escolarizada, devido ao fato de compreenderem basicamente atividades do campo das políticas voltadas para o consumo coletivo da população. Se tomarmos isoladamente os chefes e cônjuges que estão atuando como "empregados domésticos", veremos que nada menos que 70,37% destes estão compreendidos nestas duas menores faixas de escolaridade.

A aparente homogeneidade da pobreza também é quebrada por uma clivagem racial pronunciada. Se dividirmos o total de chefes de família da amostra por "cor" ou raça, teremos 119 brancos, 40 pretos, 131 pardos e um sem informação. A presença de trabalhadores domésticos é muito maior entre os pretos do que entre os pardos e maior ainda em relação aos brancos. Assim, dos chefes brancos ocupados, somente 3,36% são trabalhadores domésticos; entre os pardos este percentual chega a 7,63% e entre os chefes pretos temos 22,50%.

Vejamos a situação do desemprego entre a população pesquisada no Bairro A.

Tabela 9 – Total de desempregados e ocupados intermitentes na população pesquisada.

Situação	Nº	%
Desempregado	104	78,79
Fazendo biscate	28	21,21
Total	132	100,00

(amostra do Bairro A – julho de 2000)

Neste quesito, nossa preocupação inicial não era a ocupação da população, mas sim a percepção desta acerca de sua situação no mercado de trabalho. É possível que haja um número expressivo de trabalhadores que vivem de expedientes temporários e sazonais e que, ainda assim, não tenham se classificado nem como desempregados, nem como "fazendo biscate". Do total de 132 trabalhadores nestas situações, como vemos acima, predominam os desempregados.

Podemos então, com base nos dados até aqui trabalhados, definir a PEA relativa à população estudada.

Tabela 10 – PEA e total de desempregados nesta, entre a população pesquisada.

PEA	Nº	%
Ocupados	480	82,19
Desempregados	104	17,81
Total	584	100,00

(amostra do Bairro A – julho de 2000)

Tabela 11 – PEA e total de desempregados e trabalhadores intermitentes nesta, entre a população estudada.

PEA	Nº	%
Ocupados	452	77,40
Desempregados / fazendo biscate	132	22,60
Total	584	100,00

(amostra do Bairro A – julho de 2000)

Considerando somente aqueles que se encontram em situação de desemprego e conseqüentemente os que vivem de "biscates" como ocupados, encontraríamos uma taxa de desemprego no Bairro A da ordem de 17,81%, em junho de 2000. No mesmo mês, a taxa encontrada pelo IBGE para o conjunto da Região Metropolitana do Rio de Janeiro era de 5,444%. É claro que os critérios por nós utilizados para definição do desemprego são absolutamente distintos daqueles utilizados pelo órgão federal. Como já afirmamos, nos questionários aplicados nas 400 famílias da amostra do Bairro A, deixávamos que os trabalhadores expressassem as suas percepções individuais das situações que viviam. É claro que, com isto, acabamos por quantificar muito mais uma avaliação subjetiva do que o "verdadeiro" número de desempregados, definido a partir de um grupo de variáveis. Na nossa amostra, todos os trabalhadores vinculados ao mercado formal se definiram como "empregados". Os trabalhadores do mercado informal se dividiram entre as definições "empregados" e "desempregado" e "fazendo biscate". Quando somamos os "desempregados" aos que vivem de biscates, verificamos que estes são 22,60% da PEA.

Encontramos aqui também uma relativa clivagem racial. Utilizando a mesma forma de definição do desemprego que aparece na Tabela 10, e ainda considerando os trabalhadores intermitentes como ocupados, temos os seguintes percentuais de desemprego por "cor" entre os chefes de família da amostra pesquisada.

Viver na periferia de São Gonçalo no limiar do século XXI: os números

Tabela 12 – PEA e desemprego entre os chefes de família por "cor" ou raça, na população pesquisada.

Situação	Cor							
	Branco	% desemprego	Preto	% desemprego	Pardo	% desemprego	Total	% desemprego
PEA	126		47		150		323	
Desempregados	17	13,49%	9	19,14%	25	16,67%	51	15,78%

(amostra do Bairro A – julho de 2000)

Não mapeamos a soma de "desempregados" e "fazendo biscates" por "cor". Assim, considerando somente os que se denominaram "desempregados", vemos uma taxa maior entre os pretos, seguida dos pardos. Os chefes e cônjuges brancos apresentam o menor percentual de desemprego, localizando-se abaixo da média geral.

Passemos agora à questão das relações de trabalho.

Tabela 13 – Relação de trabalho por setor de ocupação da população pesquisada.

Relação de Trabalho	Secundário	%	Terciário	%	SI	%	Total	%
Formal	34	36,56	159	43,09	4	22,22	197	41,04
Informal	59	63,44	210	56,91	14	77,78	283	58,96
Total	93	100,00	369	100,00	18	100,00	480	100,00

(amostra do Bairro A – julho de 2000)

O peso das relações informais é visível na tabela 13. Um total de 58,96% dos ocupados estão submetidos a relações de trabalho precárias e somente 41,04% destes possuem um trabalho formal. A proporção de informalidade é ainda maior no secundário, devido ao grande número de "trabalhadores em obras e na construção civil" que aparecem em nossa amostra (grupo que é, em maioria, formado por pedreiros, seus auxiliares e afins).

É importante também verificar o percentual de trabalhadores informais que contribuem para a previdência, já que os "benefícios" desta constituem a forma mais sistemática de proteção social com a qual estes podem contar. Assim, ao verificarmos quantos são os contribuintes para a previdência no total dos ocupados na amostra, encontramos um percentual de população não coberta muito elevado.

Tabela 14 - Contribuição previdenciária dos ocupados, por setor, entre a população pesquisada.

Relação com a previdência	Secundário	%	Terciário	%	SI	%	Total	%
Contribuintes	46	49,46	211	57,18	15	83,33	272	56,67
Não-contribuintes	47	50,54	158	42,82	3	16,67	208	43,33
Total	93	100,00	369	100,00	18	100,00	480	100,00

(amostra do Bairro A – julho de 2000)

A PNAD do IBGE aponta para o ano de 1999, na Região Metropolitana do Rio de Janeiro, um total de contribuintes na população ocupada da ordem de 62,34%. A tendência que encontramos na amostra do Bairro A, em junho de 2000, não alcança este patamar. Dos 480 ocupados, somente 56,67% contribuíam para a previdência.

Estes números, diante do caráter marcadamente contributivo da proteção social no país, mostram-nos um grande potencial de trabalhadores absolutamente desprotegidos, que podem, de uma hora para outra, ser obrigados a procurar cobertura nas políticas de assistência, cujo escopo de atuação tem atingido graus sucessivamente mais baixos, a partir dos anos 1990[6].

No que tange à renda familiar *per capita*, encontramos na amostra a configuração apresentada na tabela 15.

Tabela 15 – Distribuição das famílias pesquisadas por renda familiar *per capita*.

Renda (em SM)	Nº	%
Até 1/4 SM	53	13,25
1/4 a 1/2 SM	70	17,50
1/2 a 1 SM	104	26,00
1 a 2 SM	80	20,00
2 a 3 SM	26	6,50
3 a 5 SM	7	1,75
5 a 10 SM	2	0,50
Sem informação	58	14,50
Total	400	100,00

(amostra do Bairro A – julho de 2000)

Apesar do número muito alto de "sem informação", na tabela 15 é possível verificar que as famílias se concentram em patamares de renda

---

6. Ver, por exemplo, LESBAUPIN (1998).

Viver na periferia de São Gonçalo no limiar do século XXI: os números

familiar *per capita* bastante baixos. Se compararmos os índices encontrados na amostra com aqueles que o IBGE apontava para o conjunto da Região Metropolitana e mesmo para o conjunto do município de São Gonçalo em 2000, observaremos graus de pauperização muito acentuados. Somente como exemplo, enquanto o número de famílias com renda familiar *per capita* de até 1/4 de salário mínimo equivalia a 13,25% do total em nossa amostra, em 2000 este número equivalia a 2,41% das famílias da Região Metropolitana e a 2,57% daquelas de São Gonçalo. Na outra ponta, enquanto não encontramos na amostra do Bairro A qualquer família com renda *per capita* maior que 10 salários mínimos mensais, estas, em 2000, eram 7,42% no conjunto da metrópole e 1,23%, em São Gonçalo.

Vale ressaltar que a escolaridade do chefe condiciona em muito a renda familiar *per capita*. Em 57,69% das famílias pesquisadas nas quais o chefe é analfabeto, encontramos até um salário mínimo de renda *per capita*. Já naquelas em que o chefe completou o ensino fundamental, esta proporção é de 45,33%. Paralelamente, nas famílias em que o chefe completou ensino médio esta faixa de remuneração atinge somente 36,5% do total. Se considerarmos as famílias da amostra que atingem mais de três salários mínimos *per capita*, não encontraremos nenhuma chefiada por um analfabeto.

Entre as famílias chefiadas por mulheres, que correspondem a 23,75% (número que não destoa daquele encontrado pela Pesquisa de Orçamentos Familiares do IBGE para a Região Metropolitana do Rio de Janeiro, em 1996, que equivalia a 24,09%) do total de 400 que compuseram nossa amostra de parte do Bairro A, a renda familiar *per capita* tende a ser ainda mais baixa que a encontrada no conjunto.

Tabela 16 – Distribuição das famílias pesquisadas chefiadas por mulheres, por renda familiar *per capita*.

Renda (em SM)	Nº	%
Até 1/4 SM	16	16,84
1/4 a 1/2 SM	21	22,11
1/2 a 1 SM	26	27,37
1 a 2 SM	17	17,89
2 a 3 SM	0	0,00
3 a 5 SM	3	3,16
5 a 10 SM	2	2,11
Sem informação	10	10,53
Total	95	100,00

(amostra do Bairro A – julho de 2000)

Se compararmos as Tabelas 15 e 16, veremos que as famílias com até 1/2 salário mínimo de renda *per capita* correspondiam a 30,75% do total de famílias e 38,95% do total de famílias chefiadas por mulheres.

A clivagem racial por renda também é bastante visível em nossa amostra. Se excluirmos os chefes de família que se identificaram como desempregados, temos a seguinte configuração em relação à renda individual:

Tabela 17 – Renda individual dos chefes de família ocupados, por "cor" ou raça, entre a população pesquisada.

Renda em Salários Mínimos	Brancos	Brancos %	Negros	Negros %	Total	Total %
Até 2 SM	73	48,34	109	55,05	182	52,15
+ de 2 SM	65	43,05	72	36,36	137	39,26
Sem informação	13	8,61	17	8,59	30	8,60
Total	151	100,00	198	100,00	349	100,00

(amostra do Bairro A – julho de 2000)

Como vemos, os chefes de família negros se encontram relativamente mais presentes que os brancos na faixa de até dois salários mínimos de renda mensal, suplantando a média geral, e, conseqüentemente, menos presentes na faixa seguinte, na qual ficam aquém da média.

3.2.4 – *Os domicílios*

No que tange aos aspectos ligados ao saneamento, se tomarmos o conjunto da amostra, a fossa é de longe a alternativa principal de esgotamento doméstico encontrada. Em segundo lugar, temos as valas que acompanham as laterais das ruas e que se misturam às chuvas, espalhando dejetos. Em uma área onde a água é, em grande parte, coletada através de poços artesianos, o efeito da contaminação do solo e do lençol freático pelas fossas é sobremaneira danoso. Por outro lado, a presença permanente de valas abertas, movimentando a cada hora litros de água contaminada com dejetos humanos, impõe um odor desagradável e a sensação de uma degradação que não se pode esconder. Por último, a opção pela colocação de "manilhas" para despejar o esgoto em outro local – que podemos denominar como uma forma de saneamento predatório – também não significa mais do que manter algumas ruas sem valas e aumentar o fluxo de dejetos nas valas de outras ruas.

Na área 4, aquela que reúne as piores condições físicas, porém, esta configuração é ainda mais agravada, pois aí encontraremos somente 1,67% de "saneamento predatório" e, além disto, as valas são mais presentes como alternativa de esgoto (53,33% dos domicílios) do que as fossas (45,00% dos domicílios). A população desta área investiu muito menos que o conjunto do bairro na produção de formas improvisadas de saneamento e utiliza em maior quantidade o recurso mais simples, que consiste em lançar o esgoto doméstico diretamente na vala que passa na frente da casa. Trata-se de expediente que exige baixo investimento, sendo muito menos custoso que as iniciativas coletivas de saneamento predatório e até mesmo do que a construção de fossas (por mais rústicas que estas possam ser).

Ao contrário disto, na área 1, aquela mais urbanizada da parte do Bairro A que pesquisamos, encontramos uma situação aparentemente muito melhor. Nada menos que 69,41% dos domicílios pesquisados estavam ligados às tais redes de saneamento predatório (e, portanto, impactando as outras áreas do bairro). As fossas são usadas em 22,35% dos domicílios e somente 3,53% destes utilizam valas para esgotar os dejetos domésticos (os demais 4,71% correspondem aos "sem informação").

Tabela 18 – Formas de esgotamento doméstico no total da amostra.

Alternativas de esgoto	Nº	%
Rede*	88	22,00
Fossa	174	43,50
Vala	128	32,00
Sem informação	10	2,50
Total	400	100,00

(amostra do Bairro A – julho de 2000)
* Trata-se, aqui, não de uma rede pública de coleta, mas sim de pequenas redes improvisadas pelos moradores e construídas em mutirão, que coletam subterraneamente os dejetos de algumas casas e os despejam em outro ponto do bairro.

No que tange à iluminação pública, verificamos um padrão semelhante. No conjunto dos 400 domicílios pesquisados, 74,00% estão em ruas com iluminação, conforme podemos ver na tabela 19.

Tabela 19 – Domicílios por presença de iluminação pública na rua onde está situado, no total da amostra.

Iluminação na rua	N°	%
Sim	296	74,00
Não	91	22,75
Sem informação	13	3,25
Total	400	100,00

(amostra do Bairro A – julho de 2000)

Se mais uma vez desagregarmos os resultados da tabela 19, veremos que, na área 1, os domicílios pesquisados situados em ruas com iluminação chegam a 85,88% do total, enquanto na área 4 não ultrapassam os 68,33%.

3.3 – Considerações gerais

Na aplicação dos questionários nos 400 domicílios e famílias da amostra, buscamos identificar quais eram, na percepção dos moradores, os principais problemas do bairro. Uma vez agrupadas as repostas, encontramos a configuração apresentada a seguir.

Tabela 20 – Listagem dos principais problemas do Bairro A segundo a população pesquisada.

Problema	N°	%	Posição
Ausência de saneamento básico	229	22,54	1°
Ausência de fornecimento de água	206	20,28	2°
Violência	152	14,96	3°
Ausência de pavimentação	98	9,65	4°
Saúde	96	9,45	5°
Ausência de iluminação pública	77	7,58	6°
Transporte / preço da passagem elevado	40	3,94	7°
Educação	23	2,26	8°
Ausência de coleta de lixo/limpeza	20	1,97	9°
Outros	13	1,27	10°
Ausência de área de lazer	8	0,79	
Enchentes	7	0,69	
Ausência de creche comunitária	6	0,59	
Abandono do poder público	6	0,59	
Mosquitos	5	0,49	
Poucos telefones públicos	4	0,39	
Sem problemas	4	0,39	
Barulho	3	0,30	

Viver na periferia de São Gonçalo no limiar do século XXI: os números

Problema	Nº	%	Posição
Imposto caro	2	0,20	
"Falta de tudo"	2	0,20	
Lotes abandonados	1	0,10	
Correios	1	0,10	
Ausência de cursos profissionalizantes	1	0,10	
Ausência de palestras sobre drogas	1	0,10	
Ruas sem saída	1	0,10	
Ausência de praças	1	0,10	
Sem informação	9	0,89	
Total	1016	100,00	

(amostra do Bairro A – julho de 2000)

Como vemos, são nomeados 24 principais problemas. Apesar de uma dispersão aparente, a freqüência destes é relativamente concentrada. Os cinco problemas mais citados concentram 76,88% do total de 1016 citações; já os 10 mais citados chegam a concentrar 93,90% destas.

O principal problema para o conjunto da amostra é o saneamento ou a ausência deste. Como mostramos, nem mesmo a área recém-urbanizada possui uma estrutura de coleta de esgoto. As alternativas, como vimos, são a fossa e a vala. A primeira podendo contaminar subterraneamente o lençol freático, a segunda podendo contaminar os transeuntes e lembrando, a cada minuto, a degradação do bairro. O saneamento predatório que, como vimos, atinge 22,00% dos domicílios por nós pesquisados (mas que chega a atingir 69,41% da amostra da área 1) somente espalha os dejetos para mais adiante e promove a distribuição perversa dos potenciais de contaminação e agravo à saúde da população em geral do bairro. Aqueles que podem colocar manilhas e canalizar seu esgoto se livram deste ao despejá-lo nas valas ou valões, que inundarão as ruas dos outros.

O segundo problema mais citado é a ausência de fornecimento de água, problema também não resolvido inteiramente, nem mesmo na pequena parte já urbanizada do bairro. Na verdade, a criatividade de uma população pauperizada, pressionada pela urgência material, possibilitou que muitas famílias utilizassem, individualmente ou em conjunto, um interessante expediente, que consistiu em conectar tubulações às redes da companhia pública de água que passam pelo bairro para abastecer outras localidades. A companhia vinha, há alguns anos, instalando hidrômetros e cobrando taxas de água quando descobria tais desvios. Com as obras de urbanização dos últimos anos, algumas destas ligações inicialmente "clandestinas" foram otimizadas e estendidas para um número maior de casas; no entanto, não houve uma extensão universal do fornecimento de água para todas as ruas já urbanizadas. Assim, para parte da população que já tem o asfalto à sua porta e para a quase totalidade do restante da população, que ainda pisa na rua de terra quando sai de seu lote, o poço artesiano (com todos os riscos de contaminação pelas fossas que abundam no bairro) é a alternativa possível.

É interessante observar que a ordem de gravidade dos problemas do bairro, encontrados no conjunto da amostra, se apresenta diferentemente na área 1 (mais urbanizada) e na área 4 (menos urbanizada). Na primeira, os expedientes coletivos de saneamento predatório possibilitam que este item, embora apareça entre os cinco principais problemas para os pesquisados, esteja exatamente na quinta posição. Já a falta de segurança, aparece em primeiro lugar. Na área 4, a mais impactada do ponto de vista ambiental, o saneamento – que lá não existe significativamente sequer sob a forma predatória – aparece como principal problema e a segurança vai para o quarto lugar.

Os dados coletados na parte por nós selecionada do Bairro A parecem nos indicar uma concentração bastante visível de uma população pobre, desligada, dentro do próprio tecido metropolitano, das conexões econômicas capazes de promover uma inclusão (ainda que subordinada) de parcelas trabalhadoras às redes mundiais de produção e consumo.

Ao tomarmos especificamente as parcelas tendencialmente mais pauperizadas e mais desprotegidas da força de trabalho – que na classificação proposta por RIBEIRO (2000) seriam os chamados de "subproletários"[7] – vemos que estas correspondem, na amostra, a 19,17% da força de trabalho ocupada. Se olharmos "por dentro" o que significam estes 19,17% de "subproletários" encontrados, veremos que a maior parte destes são empregados domésticos, que chegam a representar 72,83% da classe. Os demais componentes do subproletariado, a saber os "ambulantes" e os "biscateiros", representam, respectivamente, 5,43% e 21,74% destes.

Há também aqui uma forte diferença por "cor" ou raça. Se observarmos os chefes brancos, aqueles ocupados nesta classe de subproletários correspondem a 9,24% do total; entre os chefes pardos da amostra, estão no subproletariado 12,21%. Já entre os chefes pretos, exatamente 30,00% são subproletários.

Para finalizar, precisamos ainda ressaltar dois pontos. O primeiro é a evidente clivagem racial nesta parte do Bairro A por nós pesquisada. Vimos que a área mais degradada, do ponto de vista da infra-estrutura urba-

---

7. Vale ressaltar que BOURDIEU (1979), em estudo realizado na Argélia, nos anos 1960, já utiliza esta categoria para nomear um conjunto de trabalhadores que não consegue se alocar no mercado de trabalho, nas ocupações mais típicas e sistemáticas de uma economia industrial.

na (a área 4), concentra um percentual muito maior de chefes e cônjuges negros do que o conjunto das cinco áreas que compuseram a amostra. Já a área mais bem urbanizada (a área 1) é a que concentra o menor percentual destes. No mesmo movimento, encontramos, na área 4, as piores condições no que tange à questão do esgoto, da coleta de lixo e da iluminação pública. Ainda na área 4, onde os chefes e cônjuges negros são 68,81%, temos as menores taxas de escolaridade dos maiores de 14 anos e a maior proporção relativa de ocupados naquelas atividades mais desqualificadas do mercado de trabalho metropolitano.

Como já afirmamos, mesmo as mais severas condições de pobreza dificilmente promovem uma completa homogeneização entre brancos e negros e isto nos mostra a impossibilidade de reduzir a questão racial no país a uma questão de classe social[8]. Os diferenciais de renda individual dos chefes de família brancos e negros ocupados, que habitam o Bairro A, somente corroboram esta hipótese.

O segundo ponto se refere ao fato de que a realidade da desconexão desta população pesquisada, em relação aos circuitos econômicos mais dinâmicos da metrópole, parece saltar das séries de dados apresentados e discutidos aqui.

Desemprego elevado, trabalho precário, baixa vinculação previdenciária, desproteção social, índices ínfimos de escolaridade, crianças em idade escolar longe da escola, degradação do meio físico de assentamento, concentração de trabalhadores em ocupações desqualificadas – aquelas que não se inserem nas redes produtivas do capitalismo informacional e, portanto, não permitem que este mesmo trabalhador chegue às redes de consumo mais dinâmicas – pobreza, muita pobreza. Desconexão.

Mas o que há do outro lado destes números que apontam para uma cisão profunda entre a realidade desta população periférica e as tendências do capitalismo informacional de base global? Como a população do Bairro A, assentada na periferia de uma megacidade com mais de 10 milhões de habitantes, pensa seu cotidiano de pobreza? Como esta população que ocupa as franjas mais afastadas do núcleo da "conectada" economia metropolitana produz suas práticas e encaminha suas perspectivas de reprodução em meio a esta urgência material? O que podemos ouvir em suas vozes?

---

8. Como têm demonstrado os trabalhos de HASENBALG (1979), HASENBALG & SILVA (1988), HASENBALG & SILVA (1992) e mais recentemente HENRIQUES (2001) e TELLES (2003).

Capítulo 4
Viver na periferia de São Gonçalo no limiar do século XXI: as vozes

Neste capítulo exporemos os resultados das entrevistas realizadas com autodeclarados pretos ou pardos no, Bairro A, em São Gonçalo, no Estado do Rio de Janeiro. A caracterização da população local e a compreensão da forma de relacionamento objetivo e subjetivo desta com as transformações econômicas, nos anos 1990, foi produzida, aqui, através de expedientes metodológicos qualitativos.

4.1 – Vozes

4.1.1 – "O visual melhorou... agora a miséria, continua, né?"

Vera tem 43 anos de idade, é solteira e nunca teve filhos. Classifica-se como morena quando responde à pergunta aberta acerca de sua "cor" ou raça e "parda", quando confrontada com a classificação quíntupla utilizada pelo IBGE. Nasceu na Paraíba, em um município do entorno de João Pessoa. Alternou trabalhos como empregada doméstica e atividades na economia agrícola familiar, junto a seus pais e irmãos, até os 19 anos. Lá estudou até a antiga quarta série do primário.

Veio para o Rio de Janeiro em 1976. Segundo afirmou, "felizmente ou infelizmente", não veio por necessidade, mas "pra fazer um passeio" e fugir de um noivado do qual havia desistido.

Entre a casa de parentes que se dividiam em Jacarépagua, Rocinha e Madureira, Vera acabou optando por morar no emprego. Trabalhava como auxiliar da governanta da casa (que era sua prima), pagava contas, ia ao banco, fazia compras, ajudava na arrumação, tomava conta de crianças e idosos. Ficou 20 anos nesta casa. Neste período, voltou a estudar em escolas públicas, agora na Zona Sul do Rio de Janeiro. Mesmo já tendo a antiga quarta série primária concluída, a falta de documentos comprobatórios e a inadequação de conteúdos demonstrada por um teste que foi obrigada a realizar fizeram com que retornasse para a 1ª série do ensino fundamental, em uma turma de supletivo. Mas, apesar da "dificuldade imensa de aprendizagem" que diz ter, conseguiu terminar o ensino médio.

Quando saiu do emprego em que morou por 20 anos, Vera já tinha sua própria casa há dois anos, comprada no Bairro A. Um cunhado recebeu a proposta de compra na portaria do edifício onde trabalhava e comunicou à Vera. Com o dinheiro que vinha guardando há tantos anos pôde pagar à vista o preço do terreno com uma casa construída. Vive nesta casa até hoje.

Suas economias vinham não somente do salário fixo que recebia, mas também do dinheiro que conseguia costurando para a dona da casa e parentes e amigas desta. A compra da casa própria à vista é para Vera o fruto de um esforço tão natural quanto necessário:

> É! Consegui... é como eu falei, trabalhava em casa de família e ainda por cima costurava..., vendia roupa..., uma vida dura, né? Mas pra conseguir a independência tem que trabalhar pesado mesmo....

Entre 1984, ano em que comprou a casa no Bairro A e 1986, ano em que mudou-se para lá definitivamente, Vera trabalhou basicamente como acompanhante do pai de sua patroa e somente vinha ver sua casa em alguns finais de semana por mês. O trabalho de 20 anos para esta família somente se interrompe quando este senhor falece.

Sua manutenção econômica agora vai depender de duas atividades que começou a desenvolver enquanto trabalhava na Zona Sul: a produção de roupas sob encomenda e o acompanhamento de pessoas doentes.

Vera se define profissionalmente como "estilista", desenha roupas e as confecciona em casa, mas espera ter dinheiro um dia para abrir um ateliê. Sua clientela é ainda constituída pelas relações que estabeleceu nos tempos em que trabalhava na Zona Sul, como afirma:

> ... a clientela é basicamente do Rio, aqui a clientela é muito ruim, num tem dinheiro, as pessoa preferem comprar no Alcântara que é muito mais barato, na rua da feira....

Sabe que não pode concorrer com o comércio ambulante de roupas que se realiza em São Gonçalo. Perdeu muitas freguesas quando se mudou. Enquanto não tinha telefone (que somente foi adquirido no início dos anos 1990), era contactada por telegrama.

Viver deste "negócio" exige uma contabilidade doméstica complexa, como Vera diz:

> Roupa não se compra todo dia, né? Digamos assim que de seis em seis meses o mesmo cliente me procura... dá pra viver desde que você saiba administrar o seu recurso...

A outra atividade a que nos referimos se faz hoje principalmente através do acompanhamento de idosos ou crianças, quando estes são internados. Vera não tem formação de auxiliar de enfermagem (embora diga que precisa fazê-lo), mas somente um curso de primeiros socorros ministrado por uma ONG e concluído quando ainda morava na Zona Sul; porém tem o *know-how* acumulado no acompanhamento do pai de sua ex-patroa. Quando pergunto a Vera se desenvolve esta atividade junto à população do Bairro A, responde-me enfática, como se eu tivesse feito uma pergunta absurda:

> Com certeza que não, né! Eu acompanhei paciente no hospital da Lagoa, São Silvestre no Rio... são pessoas que eu conheço e adoecem, já sabe que eu cuidei de um senhor doente aí me chamam... são pessoas lá do Rio... as pessoas viram, né? Que eu cuidei, aí alguém adoece, me chama, né?.

Vera se agarra a este capital social que construiu na Zona Sul do município do Rio de Janeiro e que constitui, hoje, a chance de prestar serviços que dificilmente poderiam ser contratados pelos moradores do Bairro A. Como mostram BOURDIEU & WACQUANT (1992):

> O capital social é a soma dos recursos, atuais ou virtuais, que cabem a um indivíduo ou grupo pelo fato de que eles possuem uma rede durável de relações, de conhecimentos e de reconhecimentos mútuos mais ou menos institucionalizada, quer dizer a soma dos capitais e dos poderes que uma tal rede permite mobilizar (BOURDIEU & WACQUANT, 1992: 95 – tradução livre do autor).

As pessoas que conhecem Vera e reconhecem seu trabalho compõem este capital conquistado durante longos 20 anos em que não teve casa, em que viveu a vida de outra família; um capital conquistado através de seus esforços de trabalho, de lealdade, de presteza. É este capital social que Vera converte em capital econômico e que lhe garante a subsistência.

No entanto, ela também sente que nos últimos anos a demanda por seus trabalhos diminuiu muito. Não sabe, porém, estabelecer ao certo por que isto se deu. Oscila entre a afirmação de que "tá todo mundo sem dinheiro" e o reconhecimento de que a distância fez com que perdesse contato com algumas freguesas.

A diminuição desta demanda externa coloca problemas difíceis para Vera, pois tem clareza de que, no Bairro A, não está cercada por possíveis novos fregueses.

> ... se você tá num ambiente desfavorecido a clientela que você arranja não vai favorecer seu trabalho, muitas vezes eu trabalho e nem cobro, porque num tem condições de cobrar... aí nesse sentido dificulta, porque como eu vou cobrar um trabalho de uma pessoa que nem pão tem? Num dá...

Na fala de Vera, há uma percepção muito clara e lúcida da posição dos moradores do Bairro A no espaço social. Diz-se "constrangida" quando ouve algum morador dizer que existem famílias de "classe média alta" no Bairro A. Sabe que o bairro comporta localidades mais carentes do que outras e cita estas, mas conclui que o "Bairro A inteiro é carente!":

> A maioria deles são pedreiros, fazem bico, estão desempregados, empregada doméstica, mas não empregada doméstica de classe A não,... empregada doméstica que ganha um salário mínimo, outros nem chegam a ganhar um salário e eu vejo a condição de miséria muito alta... muitos não estudaram, a maioria só fez o primário.

O que estamos chamando aqui de espaço social corresponde à distribuição dos agentes sociais em um plano imaginário, formado a partir da posição destes em relação à posse das duas principais espécies de capital (econômico e cultural). O afastamento entre os agentes sociais, no que concerne à posse do capital global (a soma dos dois acima), corresponde à sua distância social ou à sua distância no espaço social (BOURDIEU, 2000a: 40).

A definição de Vera dá conta exatamente da percepção que tem acerca da homogeneidade de posse de capital global entre os que habitam aquele espaço. Pouco capital econômico, que pode se deduzir das ocupações que Vera lista, e pouco capital cultural, devido à baixa escolaridade. Os moradores do Bairro A estariam, assim, muito próximos no espaço social e exatamente porque as estruturas do espaço social _tendem_ a condicionar as estruturas do espaço físico é que eles dividem o mesmo bairro degradado.

Como vários outros agentes que entrevistamos, Vera também se refere ao preço elevado da passagem de ônibus como elemento que impõe dificuldades para a obtenção de empregos e, portanto, como um fator que sobredetermina a pobreza da população local. Mas agrega a esta explicação outro elemento que mostra uma leitura bastante contextualizada da situação socioeconômica atual:

> Mas acho que o desemprego no Bairro A também é a falta de qualificação de mão-de-obra né? O analfabetismo é grande, a mão-de-obra não é de qualidade e com a globalização só tem acesso ao trabalho quem tem profissão, não tendo profissão você é marginalizado e quando você arranja um subemprego aí é onde entra a discriminação, que não tem vale-transporte. E você vai trabalhar só pra pagar sua passagem? Tem que arranjar no máximo em Niterói e eu vejo que aqui em São Gonçalo não tem emprego... todo mundo que mora aqui trabalha no Rio ou em Niterói... precisava no caso gerar mais trabalho ainda...

Miséria da Periferia

Sua experiência objetiva no cotidiano e sua capacidade de observação e problematização, certamente potencializadas pelo fato de militar desde 1986 em uma das asssociações de moradores do Bairro A, possibilitam que produza interpretações que dão conta de parte dos problemas sociais que estão ao seu redor. Disto deriva a clareza com a qual descreve as características físicas do bairro. Afirma que, quando conheceu o Bairro A – e já se passaram 16 anos desde então –, o bairro era bastante "ruim"; com as obras recentes, feitas pelo governo do Estado, uma parte do bairro melhorou, mas o conjunto "continua muito ruim ainda".

A lama continua, a localidade onde mora é pródiga em brejos e valões. Os transportes melhoraram "um pouco", mas porque agora há mais pessoas morando no bairro e não por uma atitude das empresas de ônibus em benefício da população. As construções estão melhores, as telhas de amianto foram substituídas, em muitas casas, por lajes. Em suma: "O visual melhorou... agora a miséria, continua, né?".

A afirmação da pobreza da população e da deficiência de infra-estrutura não é seguida por uma avaliação do bairro como espaço violento. Neste ponto, Vera é enfática: "... eu moro aqui há 14 anos e nunca vi nada que eu não visse na Vieira Souto...". Nem São Gonçalo, nem o Bairro A seriam mais violentos que o resto do Brasil. Vera diz que já viu pessoas mortas aqui, como também já as viu na Avenida Delfim Moreira, na Zona Sul do Rio de Janeiro. O bairro é "carente", mas não violento. Em todo o tempo de residência fixa no Bairro A nunca foi vítima de qualquer tipo de violência física[1].

Mas parece que Vera sabe que deve relativizar suas afirmações neste campo:

> O Bairro A, por ser um bairro grande mesmo, quando eu falo que não vejo violência assim, [...] sempre acontece algum fato de violência e quando a imprensa notifica aquilo ali já há uma discriminação, eu não tenho dúvida...

A recusa da idéia de que o bairro é violento aparece para Vera como uma forma de dizer que a culpa dos problemas que ocorrem – e que Vera conhece muito bem – não é da "classe carente". Como afirma:

---

1. É claro que os parâmetros para definição do caráter mais ou menos violento de uma determinada área são variáveis. Durante os meses em que desenvolvemos nosso trabalho de campo no Bairro A, observamos que sempre nos fins de semana ocorriam uma ou duas mortes no bairro, pelos mais variados – quando conhecidos – motivos. Na verdade, não mapeamos estas ocorrências formalmente, elas nos chegavam pela própria convivência com os moradores, em especial com aqueles que se tornaram nossos "informantes privilegiados". Somente uma vez enfrentamos uma situação de maior tensão, exatamente quando ocorreu uma troca no comando do tráfico local; e também somente uma vez encontramos um grupo de rapazes armados andando pelas ruas do bairro.

> Tem que criar trabalho mesmo, recursos, que você tendo lazer, emprego, você não vai recorrer às drogas, à violência, ao crime, não adianta a gente criticar a classe carente que o responsável por tudo isso é a administração...

A imprensa, assim, discriminaria São Gonçalo e o Bairro A, no que tange à questão da violência e, com isto, divulgaria uma imagem ruim de ambos. No entanto, Vera afirma nunca ter sido individualmente discriminada em suas relações com o exterior de seu bairro. Ou seja, em um movimento contraditório, Vera não percebe, em seu cotidiano individual, elementos que, por sua capacidade crítica (possivelmente talhada na participação em uma associação de moradores), identifica no coletivo. Como nos mostra BOURDIEU (1998: 162), os agentes sociais incorporam, sem saber, as "estruturas da ordem social", através da repetição sucessiva e prolongada, a cada dia, da experiência com uma distância espacial, que se afirma como distância social. A posição reflexiva que Vera assume no contexto do bairro produz a ultrapassagem – no âmbito de uma análise da questão no plano coletivo – das categorias de percepção, oriundas deste efeito de imposição da "ordem das coisas" (BOURDIEU, 1998: 85) do mundo social, que advém da relação estratificada com um espaço que é, por sua vez, também estratificado física e socialmente. Mas tal posição reflexiva não é capaz de proporcionar as bases para a mesma ultrapassagem na perspectiva individual.

Se Vera sabe que mora em um espaço coletivo discriminado, por que afirma que nunca sofreu discriminação por isto? Porque, embora não consiga deixar de perceber a miséria coletiva (como diz, o bairro está com um visual melhor, mas "a miséria continua"), ainda utiliza os recursos que possui, sua experiência de vida, seu capital social acumulado, para "dizer", de forma não declarada, que guarda uma diferença em relação ao coletivo. Por isso Vera se refere a espaços físicos de "distinção", que ela sabe não serem conhecidos pela maioria dos que ali residem – ou pelo menos não terem feito parte da vivência destes (a "Viera Souto", a "Delfim Moreira"). Vale ressaltar que utilizamos aqui o termo "distinção" em sentido próximo ao que é aplicado por BOURDIEU (1999, por exemplo) e que se refere às diferenças de posse de capital (econômico, cultural ou social), quando inscritas no espaço social e reconhecidas segundo a lógica perceptiva e classificatória que compreende este espaço. Assim, quando Vera se refere a locais situados na Zona Sul do Rio de Janeiro, expressa uma familiaridade com estes espaços físicos que a distingue dos demais moradores do Bairro A.

Esta estratégia de "distinção" individual aqui mobilizada parece nos colocar diante do que BOURDIEU (1998: 163) chama de violência simbólica ("a mais sutil" das formas de afirmação do poder), que constitui uma espécie de violência que se faz sem que a vítima a perceba, porque, de certa forma, a vítima permite a sua aplicação.

> Para dizer mais rigorosamente, os agentes sociais são agentes conhecedores que, mesmo quando são submetidos a determinismos, contribuem para produzir a eficácia do que lhes determina na medida em que eles estruturam o que lhes determina. E é quase sempre dentro dos ajustamentos entre os determinantes e as categorias de percepção que lhes constituem como tal que o efeito de dominação surge (BOURDIEU & WACQUANT, 1992: 142 – tradução livre do autor).

No que tange a seu fenótipo, Vera afirma não ter jamais sofrido qualquer tipo de discriminação, embora concorde que há muita discriminação no Brasil. Acredita que nunca foi discriminada racialmente por dois motivos: primeiro porque seria "mais morena mesmo" e, segundo porque é muito "positiva" e se dá bem com todo mundo. Vera afirma, porém, que, quando chegou ao Rio de Janeiro, foi discriminada algumas vezes, no comércio da Zona Sul, pelo fato de ser nordestina e ter, naquele momento, um sotaque muito pronunciado.

Mas voltemos ao outro lado, ou seja, à capacidade de reflexão acerca do coletivo. Vera tem uma experiência de associativismo anterior à sua chegada ao Bairro A. Ainda nos anos 1980 participou da montagem de um posto de saúde comunitário, junto com uma ONG, em um "morro" no município do Rio de Janeiro.

Logo que chegou, em 1986, Vera se engajou no movimento associativo do Bairro A, motivada, segundo ela, por duas razões: "Uma necessidade imensa de participar, de viver em coletivo [...]" e a necessidade de resolver problemas de lama e enchentes, na localidade em que reside até hoje. Ela afirma ter levado a população de sua área de residência a conhecer e a reconhecer a associação de moradores:

> [...] eu acho que através desse trabalho que eu fiz diretamente com a comunidade através de abaixo-assinado botando a cara na rua, eu acredito, talvez esteja enganada entendeu? Mas acredito que isso ajudou a divulgar a associação, inconscientemente que a minha idéia era justamente melhorias e [...] assim conseguir draga pra limpar ruas, canalização [...] pavimentação [...] com isso eu percebo que conseguimos divulgar a entidade [...] qualquer movimento que seja comunitário que seja pro benefício do Bairro A a gente tá lá sempre marcando presença nesses movimento e isso ajuda a divulgar a entidade [...]

Para Vera, a associação já conseguiu fazer muita coisa e deve continuar a "buscar melhorias", cobrá-las dos governantes e conscientizar a população para que esta se junte à luta.

> A associação precisa conscientizar as pessoas que cobrem mais do poder público, por exemplo: cobrar creche, cobrar saneamento, que eu tenho uma visão, parece que é minha

obstinação [...] é só saneamento, porque eu acho que através do saneamento vai vir tudo! Se você tiver saneamento também vai ter saúde, eu vejo por aí... Não dá para ficar assim, quando chove tem que botar saco plástico no sapato, tem que conviver com detrito de tudo, né? Pode até se contaminar inclusive [...] por isso que minha obstinação é o saneamento [...] talvez seja só eu que pense assim, os outros camaradas pode ser que pensem diferente.

A baixa escolaridade da população local, no entanto, consiste em um grande impedimento para o trabalho da associação.

> Dificulta [...] que quando você vai conscientizar uma pessoa ela diz: - Tá tudo bem, tá ótimo! Não precisa mudar nada, tão bom [...] se você for fazer uma pesquisa e ver o grau de instrução é essa a resposta que você ouve [...] e num dá pra fazer uma lavagem no cérebro dessa pessoa!

Por isso Vera critica tanto a falta de estímulo dos pais para que os filhos continuem a estudar. Esta seria a causa de grande parte das crianças abandonar a escola ao fim das quatro primeiras séries do ensino fundamental. Assim, a culpa seria dos pais e, aqui, Vera não consegue refletir criticamente sobre a qualidade desta escola que está reservada para a população local, ou sobre as necessidades de complementação da renda familiar, que acaba por produzir o trabalho infantil. O fato de o indivíduo continuar os estudos parece ser um valor positivo *a priori* tanto no que tange às possibilidades futuras no mercado de trabalho quanto à capacidade de entendimento e mobilização política.

Se, na política associativa local, a luta pelo saneamento é para Vera uma "obstinação", seu sonho para o futuro do bairro, ela também alimenta um sonho individual.

Este sonho é, hoje, quase que uma decantação de sonhos passados. De sonhos não realizados por conta das dificuldades e diferenças sociais, hierarquias inscritas na ordem do mundo social, e que Vera acaba por submeter ao que BOURDIEU (1998:160) chama de "efeito de naturalização". Aquilo que dissimula as próprias hierarquias e transforma diferenças produzidas pela historicidade do mundo social em diferenças produzidas pela própria natureza intrínseca das coisas e mesmo do próprio agente.

> Eu tenho muitos planos, executar é que são elas [...] por exemplo, quando terminei o segundo grau, meu plano era pra fazer faculdade de Medicina, que eu tenho necessidade maior [...] dentro de mim, eu gosto de lidar com o ser humano, ou veterinária que eu tenho tendência maior de cuidar de animais, ou me especializar na área de pediatria, tentei, mas não deu, outra vez tentei Direito, o problema tá comigo, que eu não consigo passar[...]

Mais uma vez, Vera não consegue problematizar elementos de sua própria vida; no caso, sua trajetória escolar, tão marcada por descontinuidades, e atribui a si mesma a culpa por não conseguir realizar seu sonho de ingressar no ensino superior.

Sobra para Vera um sonho talvez de mais fácil realização, muito mais próximo da "ordem das coisas": "Agora a curto prazo estou sonhando de fazer um curso de fabricação de bolsa, de cinto pra meio de vida, né?".

Vera, aqui, demonstra que, após os embates com um mundo social difícil, no qual teve de trabalhar muito para conseguir algo que – e isto ela reconhece – é ainda muito aquém do que deveria ser (devido à lama, à falta de saneamento, à falta de clientes etc.), desenvolveu (e certamente já há muito tempo) um "senso prático", um "sentido do jogo", tudo que pode ser resumido no conceito de *habitus*, um dos pilares teóricos da abordagem de Bourdieu: sistemas construídos socialmente, que se configuram como disposições estruturadas na objetividade do mundo social e que têm a característica de predispor os agentes para a ação (por isso seriam "estruturas estruturantes", como afirma BOURDIEU, 1983a: 61). Mas o *habitus* também atua na produção de formatos determinados de classificação, de princípios de "visão" e "divisão" do mundo social, com os quais os sujeitos interpretam o mundo social e a si próprios. O *habitus* é gerado pelas experiências iniciais dos indivíduos em sua vida social, o que compreende as primeiras relações com as condições materiais de existência; a partir daí, torna-se princípio da "percepção e da apreensão de toda experiência ulterior" (BOURDIEU, 1983a: 64). Assim, condições materiais de existência específicas originam *habitus* que são o produto do meio socialmente estruturado. Mais precisamente, este conceito afirma que "estruturas mentais" de apreensão do mundo "são, em essência, produto da interiorização das estruturas do mundo social" (BOURDIEU, 1990:158).

A citação a seguir parece ter sido feita para explicar por que, depois do sonho da faculdade de Medicina, Vera pode, agora, sonhar com um curso de fabricação de bolsas e cintos:

> [...] sem organizar suas condutas de maneira a maximizar o rendimento dos meios que eles dispõem, ou, mais simplesmente, sem calcular, sem colocar explicitamente seus fins e sem combinar explicitamente os meios de que eles dispõem para os atender, enfim, sem fazer combinações, planos, projetos, os agentes sociais são razoáveis, eles não são loucos, eles não cometem loucuras [...] e isto precisamente porque eles interiorizaram, ao fim de um longo e complexo processo de condicionamento, as chances objetivas que lhes são oferecidas, porque eles sabem ler o futuro que lhes convém, que lhes cabe e para o qual eles foram feitos [...] pelas antecipações práticas, aprendem, na superfície mesma do presente, o que se impõe sem deliberação como "a fazer" ou "a dizer" (e que aparece retrospectivamente como a "única coisa" a fazer ou a dizer) (BOURDIEU & WACQUANT, 1992 : 105 –, tradução livre do autor).

Perante o escasseamento de sua clientela típica, diante da impossibilidade de concorrer com o comércio de rua de São Gonçalo, onde se pode comprar uma peça de roupa por R$ 5,00, como disse, Vera espera com um novo negócio, no qual a concorrência "externa" é pequena, garantir a sua reprodução material. Para isto, sabe que há um caminho a percorrer: fazer o curso ("[...] talvez no SENAI [...]") e conseguir um local onde comprar um "material agradável à clientela e que não seja tão caro senão ninguém quer". Sabe, também, que a possibilidade de vender para a população local é sempre complexa, pois, como diz: "A pobreza sempre existiu, agora vejo que tá pior". Por isso, Vera tem dúvidas quanto a viabilidade de seu sonho e, agora, o individual e o coletivo se juntam em sua fala:

> Mas diante da minha ótica eu fico triste que eu tenha que [...] tenho dificuldade de absorver a clientela local [...] eu tenho essa dificuldade, mas eu espero que vá melhorar com certeza! Desde que eu nasci eu acredito que meu amanhã deve ser melhor do que hoje e meu amanhã é o seu, eu confio nisso e por isso tenho a necessidade maior de estar no movimento, apesar de eu ser muito tímida tenho, dificuldade de expressar meus sentimentos, e eu sinto que poderia dar mais de mim, mas não adianta porque a minha timidez [...] eu não dou o melhor de mim, mas quem sabe mais pra frente [...].

O trabalho de Vera na associação se reveste de duas funções: a melhora da qualidade coletiva de vida, a melhora da situação dos moradores do Bairro A e, com isto, com a melhora do "amanhã" dos outros, poderá, então, ser alcançada a melhora de seu próprio "amanhã". Vera parece saber – e soube no processo de construção de sua "razão prática" – que a "miséria coletiva" duplica "as misérias de cada um [...] todas as misérias nascidas da coexistência de todos os miseráveis [...]" (BOURDIEU, 1998: 85).

4.1.2 – "Também a dificuldade de viver, porque muitas pessoas encontra a criminalidade como forma de vida"

Mário tem 21 aos e nasceu em Itaboraí; se declara preto tanto na pergunta aberta quanto ao responder à pergunta fechada. Seus pais se separaram quando ainda era criança. Ficou morando com seu pai, no município de Cachoeira de Macacu. Há alguns anos seu contato com o pai era semanal, pois este, porteiro de um edifício em Ipanema, no município do Rio de Janeiro, somente ia para casa nas suas folgas. No início de 2000, veio para o Bairro A morar com sua mãe, que é "dona de casa", e seu padrasto, que é funcionário público federal e trabalha no centro do Rio de Janeiro. Veio, segundo declara, "pela oportunidade de serviço no Rio, que aqui é mais perto".

Mário trabalha como garçom desde os 18 anos, primeiro em Cachoeira de Macacu, agora em um *buffet* cuja sede fica em Niterói. Mas adverte que, no momento, não tem um trabalho fixo; não tem carteira assinada, como gostaria, no entanto, "é sempre um dinheirinho extra que entra em casa".

Não estudou mais após terminar o ensino fundamental, em Cachoeira de Macacu, mas planeja iniciar logo o ensino médio, para que depois de concluí-lo tente entrar para os quadros da Polícia Militar. Não pretende cursar uma faculdade, embora sua mãe o incentive para isto. Diz: "Faculdade não me enche os olhos não [...] tem muita gente que fez faculdade e não conseguiu nada". Para além da verdade inequívoca desta afirmação, a "razão prática" que Mário produziu em sua relação com a objetividade do mundo material se consolidou em um *habitus* e funda escolhas que, antes de serem somente individuais, são o produto da interiorização das condições objetivas e, por isso, adequadas a uma "ordem das coisas", que Mário vê se repetir dia após dia. Parece que suas "esperanças subjetivas" se adaptam a suas "chances objetivas" (BOURDIEU & WACQUANT, 1992: 105). Na medida em que o *habitus* contribui de forma decisiva para constituir o campo das relações nas quais o agente está envolvido e a dotar de sentido e valor as coisas da ordem a partir da exposição continuada à "ordem das coisas", Mário tem o "sentido prático" necessário para saber em que jogos deve investir, quais os investimentos que deve ou não fazer, dado o lugar que ocupa no espaço social. Nem sequer estamos falando aqui de escolhas trágicas, mas sim de predisposições para a ação que carregam uma adequação à realidade objetiva do mundo. É a partir desta matriz geradora de práticas e representações, que está contida no *habitus,* que Mário avalia em que pode e deve investir seu tempo e seus parcos recursos familiares.

É claro que, aqui, não estamos falando também de estratégias conscientes de um sujeito movido unicamente pela racionalidade econômica em suas ações e que, portanto, age sempre no sentido de maximizar seus benefícios. Como nos lembra BOURDIEU (1997):

> É certo que a maior parte das condutas humanas acontece dentro de espaços de jogo, dito isso, elas não têm como princípio uma intenção estratégica tal como a postulada pela teoria dos jogos. Dito de outro modo, os agentes sociais têm "estratégias" que só muito raramente estão assentadas em uma verdadeira intenção estratégica (BOURDIEU, 1997: 145).

Mário se diz evangélico. Passou a freqüentar, alguns meses depois que chegou ao Bairro A, uma denominação pentecostal cujo templo fica em um bairro comercial do município. Suas atividades sociais e de lazer giram em torno desta igreja, como diz: "Lazer? O único lazer que eu tô acostumado a freqüentar agora é a igreja [...] igreja toda hora [...]".

Todos os seus atuais amigos moram no Bairro A e grande parte destes são membros da igreja. Não fez muitas amizades no *buffet* em que trabalha, somente com pessoas que também moram no bairro. Nas suas relações sentimentais, os mesmos limites se impõem: só se relaciona com garotas que freqüentam sua igreja e moram no seu bairro. Quando perguntado por que mantém este padrão, responde o que à primeira vista parece o óbvio:

> Não sei se é porque eu moro aqui, ou o lugar que eu freqüento, que é a igreja, a maioria dos meus amigos são da igreja... Ah! Isso é difícil de explicar... não sei se é por causa das saídas, que eu saio pouco...

Sabemos que a proximidade no espaço social engendra uma predisposição para a aproximação entre os indivíduos, porque:

> [...] as pessoas inscritas em um setor restrito do espaço social serão ao mesmo tempo mais próximas (por suas propriedades e suas disposições, seus gostos) e mais inclinadas a se aproximar; e também mais fáceis de abordar, de mobilizar (BOURDIEU, 1997: 25).

O padrão de relacionamentos sentimentais e amizades locais que Mário, aos seus 21 anos de idade, mantém têm relação, portanto, com sua escolha religiosa, mas também com sua posição no espaço social. E esta posição condiciona, por sua vez, as possibilidades de alocação no espaço físico. Neste sentido, como ter relações sentimentais ou de amizade para além do bairro e – no caso de Mário – dos moradores que compartilham de um modo de lazer tão específico quanto o é, em geral, o dos pentecostais? A resposta de Mário parece óbvia (e em certo sentido é mesmo bastante óbvia). O óbvio, porém, não é o "natural", o que se explica por si só, o que não carrega questionamentos possíveis. O parecer óbvio para Mário é, na verdade, o resultado da adequação entre as estruturas do mundo objetivo e as categorias de percepção e avaliação deste mundo. O parecer óbvio é, assim, ele mesmo, fruto de uma historicidade que não é só biográfica. Acreditamos que, aqui, se encontra uma das tarefas das ciências sociais: desnaturalizar e "desfatalizar" o mundo social (WACQUANT, 1992: 40).

Mário, porém, agrega uma outra dificuldade para estabelecer relações fora de seu local de moradia: a violência no Bairro A.

> O que atrapalha é a segurança, que eu não posso chegar em casa tarde. Ainda pode ocorrer assalto ali, perto da minha casa de vez em quando ocorre assalto... Aí eu acho que isso influencia um pouco da minha mãe ficar preocupada.

Entre a chegada ao Bairro A e o momento em que passou a freqüentar definitivamente a igreja de sua mãe, Mário também não desenvolvia muitas atividades de lazer:

> Aqui eu não tinha muita coisa pra fazer não, porque o lugar é meio perigoso, até ocorrem várias brigas. Mas eu morando lá com o meu pai tinha cachoeira, jogava bola, toda semana eu jogava bola, ia pra discoteca... sempre aparecia alguma festa pra ir... Agora aqui é muito difícil eu ir porque a maioria do pessoal é da igreja...

Mário se limita, agora, a ir para a igreja e aos eventos promovidos por esta, à casa de amigos (da igreja) e a receber estes em sua casa, só.

Perguntado sobre o que acha do Bairro A para morar, Mário responde que, apesar da violência, é um bom lugar. A fala deste rapaz de apenas 21 anos é pautada pela dificuldade de utilização do espaço público de seu local de moradia. Afirma que a violência existe no bairro, diz não ter medo, mas "certas ruas assim não dá pra passar depois de certas horas...". Com tudo isto, sua mãe o impede de sair de casa à noite e, quando o permite, controla a hora da chegada; isto por si só já seria, segundo Mário, um elemento que dificultaria o estabelecimento de amizades ou relações sentimentais fora do bairro.

Mário sabe que a violência no local está crescendo e ganhando uma face específica ante à dificuldade de emprego para a população:

> As crianças já crescem sem o incentivo dos pais, tão fora da escola, vivem nas ruas e... Também a dificuldade de viver, porque muitas pessoas encontra a criminalidade como forma de vida... porque não têm outra.

Mário diz que em São Gonçalo "não tem serviço [...] você tem que ir pra fora [...] pra poder arrumar o sustento da família...". É por esta chave que Mário percebe a situação desfavorável da população local: "Porque tem muita pessoa aí precisando de um serviço, precisando de renda familiar porque é bem precária...". Ele não sabe se a situação do mercado de trabalho tem evoluído de forma negativa; chegou aqui há um ano, já encontrou muito desemprego. Sabe, no entanto, que está tudo muito difícil.

Porém, tomando a experiência de sua família como parâmetro, acha que a situação econômica está boa, pois sua mãe, que sempre morou de aluguel, conseguiu comprar a casa onde eles agora residem. A casa fica em uma área favelizada, invadida ainda nos anos 1990. Daqueles que "invadiram" a área, restam poucos no local, os terrenos e construções em maioria já foram vendidos. A rua não é calçada, o tráfego de carros é difícil. Mário conta que a vala de esgoto que passa no meio da rua entra nas casas, quando chove muito.

A "ordem das coisas". Apesar de tudo isto, Mário acha que a situação de sua família melhorou. E de fato, perante salários baixos, o não-pagamento de um aluguel mensal significa um enorme potencial de equilíbrio orçamentário. Acha também que: "[...] É um lugar bom de se morar, existe lugares piores".

Discriminação por morar no Bairro A, diz ter sofrido somente uma vez, mas não sabe se era algo sério ou se foi somente uma "brincadeira". Ocorreu durante uma entrevista para um emprego de garçom, em um restaurante de Niterói. O entrevistador perguntou onde morava e ao ouvir a resposta teria dito que o Bairro A era uma favela. Mário ainda argumentou que morava "mais pra fora"; ainda assim, o entrevistador insistiu que todo aquele local era "ruim de se morar". Mário acabou não conseguindo o emprego. Diz não saber se o seu endereço influenciou a escolha. Na verdade, Mário acha que mora em uma área "melhor" do Bairro A. Ele estabelece uma divisão espacial do bairro em duas áreas, a sua seria melhor, com menos violência, com mais transportes coletivos e com maior proximidade de áreas comerciais.

O fato de ser "preto" não constitui, segundo Mário, fonte de discriminação para si próprio, embora também afirme que há preconceito racial no Brasil. Lembra que no Bairro A há um número muito elevado de pretos como ele. Não acredita ter sofrido discriminação por "cor" ou raça desde que chegou a São Gonçalo e nem mesmo quando procura emprego. No entanto, lembra que, em Cachoeira de Macacu, quando adolescente, enfrentou preconceito por ser "preto", quando tentou namorar uma jovem branca, filha de portugueses. Segundo ele, a família da jovem não permitiu o namoro e, por várias vezes, os irmãos desta o agrediram verbalmente e o ameaçaram.

O futuro, como vimos, está para Mário colocado entre a entrada na Polícia Militar (não por uma vocação especial para esta carreira, mas porque é um emprego estável e ocorrem concursos com freqüência) e a continuidade de sua atividade de garçom, pois está esperando a resposta de uma entrevista que fez. Procura, também, empregos em lanchonetes. O que importa é sair do *buffet*; quer uma atividade mais estável, com salário regular e com seus direitos de trabalhador. Quer o que parece estar cada vez menos disponível.

4.1.3 – "[...] pra tu ver eu moro no Bairro A, tira onda comigo não, que eu moro no Bairro A [...]"

Mauro se declara preto quando perguntamos sua "cor" ou raça e mantém sua autoclassificação quando confrontado com as cinco variáveis utilizadas pelo IBGE. Há seis anos, conseguiu parar de pagar aluguel. Este era um plano antigo. Havia economizado o suficiente para comprar, em um loteamento de Itaboraí-RJ, um terreno onde, junto com seu filho de 20 anos, construiu uma casa. Morando em um imóvel alugado no Bairro A, estava para se mudar para lá quando surgiu a oportunidade de fazer uma troca: o terreno com a casa em Itaboraí, por um terreno vazio (e menor), no Bairro A. Apesar de a troca significar o adiamento da possibilidade de "fugir do aluguel", devido à necessidade de construir uma nova casa, Mauro preferiu ficar mais próximo do Rio de Janeiro, onde trabalha, e das "facilidades" que, em São Gonçalo, são maiores. Terminada a construção, mais uma vez com ajuda do filho, a família (ele, a esposa e um casal de filhos) se mudou para a casa de onde afirma que somente sairá para o cemitério.

Mauro tem 42 anos de idade, seu pai é um operário aposentado, que trabalhou toda a vida em uma indústria de Niterói-RJ e sua mãe sempre foi dona de casa. Até os três anos de idade, viveu em outro bairro, também no município de São Gonçalo-RJ. Nesta época, era o ano de 1961, seu pai vendeu a casa e comprou um lote no Bairro A. A lembrança de Mauro é de um local vazio, onde moravam poucas pessoas e havia muitos terrenos baldios, cheios de matagais. Mas sua trajetória residencial é muito mais complexa.

Não sabe ao certo, mas acredita que com 16 ou 17 anos saiu de casa e passou a residir em função dos empregos que conseguia. Assim, morou em Nova Iguaçu-RJ e Angra dos Reis-RJ.

> Porque eu... porque eu praticamente morei sozinho entendeu, aonde eu trabalhava eu ficava pra lá mesmo, alugava um quarto e morava lá mesmo... Por causa disso [...]

Em meados dos anos 1980, quando conseguiu o emprego público que mantém até hoje, passou a morar em São Gonçalo. Teve, então, vários endereços, todos no Bairro A e em imóveis alugados. Mauro ficava, em geral, somente um ano em cada local. Uma vez vencido o contrato anual de aluguel e estando na época de negociar o aumento do mesmo, procurava outro imóvel. Lembra-se de poucos momentos de sua vida em que esta estratégia não foi necessária.

Mauro tem sete irmãos: seis mulheres e um homem. Há uma marcada diferença de escolaridade entre eles. Os dois homens somente terminaram o ensino fundamental, enquanto as irmãs chegaram ao ensino médio, nem sempre concluído, porém. Esta diferença é explicada por Mauro:

> É porque filho homem é diferente... os pais sempre dá mais cobertura pra filha mulher, filho homem é que tem que trabalhar pra poder... entendeu? O pai não corre atrás pra dar estudo a filho, filho não, ele é que tem que correr atrás de trabalhar e estudar... se ele quiser, se ele não quiser só se o pai tiver dinheiro, do contrário...

Aqui nos deparamos com o que parece configurar um dos elementos em que se funda aquilo que ZALUAR (1985: 97) afirma ser um padrão cultural, que estaria presente nas representações das camadas populares acerca da divisão sexual das obrigações familiares. Segundo ZALUAR (1985), portanto, nas representações dos trabalhadores que foram alvo de sua pesquisa:

> [...] as afirmações sobre "pai" e "mãe" são claras e explícitas, delimitando um padrão que, na literatura antropológica, é chamado de "segregado", isto é, papéis femininos e

masculinos claramente demarcados e separados. Se ao pai cabe a função de provedor principal, à mãe cabem, além do trabalho doméstico, as importantes funções de gerência da casa e de responsável pela socialização das crianças (ZALUAR, 1985: 97).

Mauro está falando de filhos, que um dia deverão ser pais e mães. O "filho", futuro provedor, é levado a ser independente ainda bem jovem, não deve ter "cobertura" do atual provedor (lembremos que Mauro se refere às relações entre pai e "filho homem" e entre pai e "filha mulher"); pelo contrário, deve ensaiar, desde cedo, para desenvolver sua função no futuro. Mauro aplica estes mesmos critérios para pensar o futuro de seu casal de filhos.

Seu "filho homem" é o mais velho dos dois, tem 20 anos, terminou o ensino fundamental e não está estudando no momento; também não está trabalhando "porque trabalho tá difícil, né...". Sua filha ainda está cursando o ensino fundamental. Quando pergunto se ele deseja que os filhos priorizem os estudos em relação ao trabalho, a resposta segue o padrão de diferenciação por sexo:

> É aquilo..., a menina é diferente, o homem tem que partir dele sozinho, quando chegar uma certa idade ele tem que dar um jeito na vida dele, ele não pode ficar agarrado na barra da saia da mãe, entendeu? Agora a menina não, ela tem que, a mãe e o pai, dá uma cobertura pra ela, até amanhã ou depois ela se casar, aí já é outro papo. Até aí, isso é a ordem natural das coisas. Agora o homem tem que dar um jeito na vida dele, ele não pode ficar direto na barra da saia da mãe nem do pai...

Do filho, Mauro espera um movimento em direção ao mercado de trabalho, estudar fica como uma possibilidade, no entanto, secundária. Para a filha, tais expectativas não se colocam. Esta deve ter a "cobertura" dos pais até que se case e, durante este período, pode estudar. E Mauro diz "[...] isso é a ordem natural das coisas." Foi assim que ocorreu entre ele e seu irmão, por um lado, e suas irmãs, por outro; assim deverá ser com seus filhos. Esta divisão – que se ancora em uma representação essencialista de homens e mulheres – somente está na "ordem natural das coisas", sendo, para Mauro, um fenômeno inevitável, porque se desenvolve de duas formas no mundo social: na própria objetividade material (por exemplo, na casa e nos lugares que uns e outros ocupam prioritariamente nesta), mas também, como lembra BOURDIEU (1999b: 17), "nos corpos e nos *habitus* dos agentes, funcionando como sistemas de esquemas de percepção, de pensamento e de ação". As divisões e os critérios de divisões entre os sexos, sempre arbitrários, são tomados como "naturais" e "evidentes".

Exatamente porque não ficou "agarrado na barra da saia da mãe", Mauro começou a buscar pequenas tarefas remuneradas, já com 10 anos de idade, quando, no mesmo Bairro A, "carregava água pra arrumar um qualquer...".

Adolescente, começou a trabalhar como lanterneiro, lembra que "naquela época, serviço era fácil, trabalhava num lugar, saía, entrava em outro...". Esta foi sua primeira "profissão". Depois outras vieram: "... Bombeiro hidráulico, eletricista, pintor... Atualmente sou mecânico de manutenção...". Mauro nomeia, inicialmente, como "profissão" as atividades de trabalho que desenvolveu durante sua vida e das quais retirou um aprendizado prático. Sabe, porém, que fez esta trajetória empurrado pela necessidade: "O que deu pra trabalhar eu trabalhei, até hoje o que der pra trabalhar eu pego...". Apesar da variedade de profissões, não deixa de se achar profissional, na medida em que domina o tipo de tarefa a ser realizada.

> Não, eu não vou dizer pra você que eu sou eletricista, mas se essa lâmpada pegar fogo tem que mexer, entendeu? Agora bombeiro hidráulico, soldador, maçariqueiro, mecânico de manutenção, tudo é profissão, eu sou profissional... Apesar de ter muitas profissões dessa aí que praticamente acabou, como soldador, isso não existe mais... Agora sou serralheiro também... Agora o soldador vira serralheiro...

Mauro associa diretamente seu "conceito" fluido de "profissão" a dois elementos: por um lado à pressão para a sobrevivência econômica e por outro à dinâmica das modificações técnicas:

> O que pintava eu fazia... Isso vai muito da necessidade, né? Pintou um serviço de pedreiro, apesar que eu não sei fazer serviço de pedreiro, então no serviço de pedreiro o cara que faz serviço de pedreiro ele vai trabalhar... Ah! Tem um serviço de carpinteiro aqui! Eu vou lá e faço o serviço de carpinteiro, entendeu? É assim, principalmente na atual situação... na atual situação você tem que saber de tudo um pouquinho, e não existe profissional hoje, não existe profissional, todo dia se muda, as coisas muda todo dia... O cara que é mecânico ele mexe numa peça aqui, a outra que já vem no modelo diferente ele tem que pensar direitinho, como é que o cara bota isso aqui entendeu? O profissional todo dia ele está aprendendo, se não ele fica parado no tempo.

O que está dizendo é que, diante da necessidade de trabalho remunerado, não é possível escolher o que fazer, não é possível ficar preso a definições profissionais, ao contrário, é preciso tentar fazer tudo, estar aberto para aprender novas tarefas. Mas isto vale também para o âmbito mais doméstico:

> [...] eu sou serralheiro, essa porta aqui eu que fiz, eu que coloquei a porta, já pensou se eu tenho que fazer a porta e pagar uma pessoa pra pintar? A pessoa tem que dar o jeito dele em todos os sentidos... Já pensou se eu não sei pintar? Aí ia ter que pagar uma pessoa, o dinheiro que eu não gastei pra fazer a porta eu ia gastar com um pintor. Era melhor ter comprado uma porta lá fora, entendeu?

É através deste mesmo princípio que Mauro diz que sua esposa "às vezes trabalha", ao fazer, em casa, bolos e salgadinhos sob encomenda, que "ajudam no dinheiro da casa". Seu trabalho complementa o dinheiro fixo, regular, que Mauro recebe todo mês, ao exercer sua "profissão".

Mauro acredita que nesta sua variada trajetória de trabalho, foi, por várias vezes, preterido na luta por empregos por causa de sua "cor". Não tem dúvidas de que deixou de ser escolhido, em muitos casos, simplesmente porque havia pessoas brancas disputando com ele. Como afirma: "Tem muita gente ainda que não gosta da cor". Admite, portanto, a existência de racismo e discriminação, mas afirma enfrentar este problema de "cabeça erguida" e sem se rebaixar.

Mauro gosta do Bairro A. É enfático quando fala nisso: "[...] Gosto demais do Bairro A, é um lugar ótimo pra se morar...". Reconhece que o bairro é violento, da mesma forma que "hoje em dia não tem lugar tranqüilo não... todo lugar hoje em dia está violento, sabia? [...]". Faz uma relação direta entre a violência – que estaria em todos os lugares – e o desemprego:

> Do jeito que tá as coisas, do jeito que tá o desemprego, não tem jeito a violência... Desemprego [...] ninguém tem emprego mais... Você roda a cidade aí, tudo quanto que é lugar, tem 200, 300 pessoas por uma, duas vagas... Aí não tem jeito, o que acontece? Acaba nisso as pessoas ficam desesperadas... Um pai de família com duas crianças em casa, criança quando chora não quer saber, quando chora querendo leite, você tem que levar o leite. Ele não quer saber se você tá desempregado, se cabô o gás, não quer saber, quando chora querendo leite pode correr e dar o leite, entendeu? O que acontece? Um pai nessas horas vê um filho chorando, entra em desespero, amigo... Aí o que acontece? Fica o dia todinho na fila, com fome, que quando você tá desempregado você vai pra fila só com o dinheiro da passagem, aliás quando vai [...] Já cansei de ir pedir carona pra chegar até o local, entendeu? Então é isso, isso é que gera violência também [...].

A macroexplicação de Mauro procura deixar claro que o bairro não merece o estigma que recebe, pois uma "olhada" em redor permite ver que a violência está disseminada na sociedade. Por outro lado, fala de uma experiência que conhece muito bem e estabelece uma explicação acerca da relação entre elementos subjetivos e a realidade objetiva, que parece retirar diretamente de sua própria vida: de quando não teve dinheiro nem mesmo para procurar emprego e tinha de "pedir carona" aos motoristas de ônibus, de quando passou fome nas filas para conseguir pleitear um trabalho, de quando viu seus filhos reclamando por comida. Aqui, Mauro fala de uma experiência que não é só sua, é o cotidiano daqueles que ocupam o mesmo lugar que ele no espaço social. Sua compreensão dos fenômenos objetivos que produzem a violência é, em larga medida, uma reflexão sobre sua história. Nas palavras que Mauro profere, é possível ler os indícios da estrutura das relações objetivas que enfrentou em sua trajetória de vida. Ele não está estabelecendo correlações "estatísticas" ou "médias" entre duas variáveis (desemprego e violência), mas sim, narrando o processo de formação de uma subjetividade violenta, a partir do "desespero" que a estrutura do mundo material impõe a homens que, como ele, estão sujeitos à também "violenta" objetividade das relações econômicas em uma sociedade tão desigual.

No mesmo movimento em que nega a proposição de que seu bairro seria mais violento que outros locais, afirma "brincar" com o estigma quando é interpelado por morar no Bairro A:

– Você mora no Bairro A ? Pô, Barro A é falado cara!

– É mais eu moro lá, pra tu ver, eu moro no Barro A, tira onda comigo não que eu moro no Barro A.

Se o bairro é "falado" como espaço violento, ele pode "brincar" com a aceitação do estigma e se mostrar jocosamente "perigoso". Mauro nos passa a idéia de que não está preocupado com o fato de o bairro ser mal-avaliado externamente. Vive ali. Ali construiu sua casa própria. Dali somente pretende sair para o cemitério. Sabe por que há tanta violência e explica as causas; sabe também que não pode apagar o estigma que o bairro carrega, então mostra que este não lhe atrapalha. Afirma que nunca sofreu discriminação de qualquer forma por morar no Bairro A e que também jamais escondeu seu local de moradia. Mauro parece ter construído uma fórmula para lidar subjetivamente com a "ordem das coisas", no que tange ao seu local de moradia.

Nesta fórmula, cabem a aceitação do fato de que somente sairá dali para o cemitério, o que o faz dizer: "[...] Gosto demais do Bairro A, é um lugar ótimo pra se morar..."; e, ao mesmo tempo, ter uma avaliação crítica de seu cotidiano, pois não pode deixar de ver a vala de esgoto que passa em frente à sua casa.

Assim, a caracterização física que faz do bairro também é enfática. Mauro liga a falência local e os problemas de infra-estrutura que nunca são resolvidos a questões não da esfera política, mas sim dos "políticos":

O Bairro A tá péssimo! Péssimo em tudo! Os políticos aqui só tá pensando neles [...] político aqui só pensa neles; lazer, saúde, educação, é [...] saneamento básico, zero [...] Bairro A tá simplesmente abandonado...

Para Mauro, os "políticos" poderiam estar atuando no bairro para viabilizar ganhos de qualidade de vida para os moradores. Especificamente, ele está, aqui, se referindo a políticos locais, vereadores e candidatos a vereador. Porque estes não estão trabalhando para o bairro é que, segundo Mauro, para qualquer melhoria a ser feita na rua, são os próprios moradores que precisam se cotizar para pagar. A ausência do Estado, em sua face executiva, é confundida com a incompetência ou pouca disposição ou mesmo descaso dos políticos locais, vinculados ao Legislativo. Diante disso, o momento da eleição é particularmente importante para conseguir algo, é o momento em que "os políticos", porque querem votos, podem ser levados a atuar, no sentido de uma ação executiva – que de resto Mauro parece não saber que não é da competência destes.

> E na época da eleição eu corri atrás de vários vereadores pra botar manilha ali, não consegui um... Falava assim: – essa semana eu mando a manilha lá, entendeu... Eu simplesmente não votei em nenhum deles, porque minha área aqui é 100% abandonada...

Mauro queria aproveitar a eleição para conseguir o que poderíamos chamar de um saneamento predatório local, muito freqüente no bairro: canalizar o esgoto, que em sua rua corre a céu aberto, e desviá-lo para uma vala qualquer, mais adiante[2]. Para isto, recorre à possibilidade das relações políticas clientelistas, mas nem mesmo por essa via obtém sucesso. É claro que "os políticos" a que Mauro se refere trabalham com recursos finitos, que devem ser distribuídos a partir de um cálculo de custo-voto preciso. Outras ruas ganharam manilhas (e, conseqüentemente, outras tiveram seus fluxos de esgoto a céu aberto aumentados); Mauro sabe disso, nós mesmos soubemos de alguns casos, na mesma época em que o entrevistávamos. Esta relação que cerca a situação relatada por Mauro já havia sido discutida por ZALUAR (1985):

> Em vista da barganha, todos esperam conseguir recompensas materiais e, devido aos limites dos recursos disponíveis, criam-se os excluídos do sistema. Construído na troca de serviços entre as partes e não tendo o reforço das relações de lealdade baseadas em outras instituições, como ocorre no coronelismo, o clientelismo urbano, que toma os pobres como alvo de sua estratégia, acaba por criar a decepção e o descontentamento entre os supostos "clientes" pobres (ZALUAR, 1985: 237).

Se o bairro é avaliado como em péssimas condições, porque se encontra em estado de abandono ("Tá tudo dominado pelo abandono, sabia?"), a população é classificada, por Mauro, como de "situação baixa" ou como "pobres". A percepção de morar em um local desvalorizado fica clara quando afirma: "Bairro A não tem rico, [...] tem umas pessoas melhorzinhas [...] que se ele fosse rico não tava morando no Bairro A [...]".

Mauro, como muitos outros que entrevistamos, sabe que o bairro em que mora é habitado, exclusivamente, por pobres, como ele; tem um

---

2. Quando há um "rio" por perto, as manilhas acabam por conduzir o esgoto para este e não para outra vala aberta.

domínio prático da divisão socioeconômica do espaço físico. Sabe que não mora no Bairro A por acaso. Parece mesmo saber que o espaço social se atualiza, ainda que de forma indireta, no espaço físico e que, portanto, há uma relação entre o que agente individual possui e as possibilidades que terá de acessar uma área do espaço urbano onde há ou não há disponibilidade de bens e serviços públicos e privados.

Mauro sabe disto há muito tempo. E enfrenta as dificuldades econômicas desde muito cedo.

> [...] tô com 42 anos acho que nunca peguei uma situação boa, desde criança que eu vejo a crise do jeito que ela tá [...] Mas cada dia que passa tá piorando mais [...] As pessoas falam que a situação tá difícil, cada dia que passa a situação tá mais difícil [...].

Mauro acha que a situação nunca foi boa, mas no "nosso dia-a-dia" tudo parece estar mais difícil: desemprego, custo de vida elevado, mas principalmente desemprego. Vários amigos e conhecidos estão desempregados, seu filho não consegue trabalho. Neste ponto, consegue ligar a situação econômica em geral com a configuração local. Avalia que a situação, que nunca foi boa, chegou a ficar "não vou dizer estável, teve razoável", mas agora "o bicho tá começando a pegar entendeu?". E, no caso do Bairro A, tudo se agrava, pois "aqui no Bairro A, a situação econômica é [...] a situação econômica aqui do lugar já é baixa, né?".

Tudo isto condiciona seus planos para o futuro. Avalia ser malremunerado em seu emprego e vislumbra uma possibilidade de conseguir rendimentos mais elevados através de uma atividade que se disseminou na Região Metropolitana do Rio de Janeiro a partir dos últimos anos do século XX. Trata-se do transporte ilegal, as "Vans" ou "Kombis". Nesta atividade, o dono do veículo estabelece um roteiro e leva passageiros, cobrando passagens que, nas regiões periféricas, são, em geral, mais baratas que as dos ônibus convencionais. Mauro pretende conseguir ser demitido de seu emprego atual e com a indenização comprar uma "Kombi" de 12 lugares.

Mauro quer, com os lucros obtidos nesta nova atividade, adquirir um terreno na Região dos Lagos. Trabalhar em São Gonçalo durante a semana e, no fim de semana, construir uma casa neste terreno.

Não tem preocupação com as coberturas trabalhistas que vai perder. Acha que pode pagar sua "autonomia" até se aposentar e prefere apostar na possibilidade de um pouco de lazer após tanto trabalho. Acha que já conseguiu muitas coisas ("Já melhorei pô, uma casa dessa aqui...") e, agora, aos 42 anos, pode tentar alcançar o sonho de uma casa de praia, um carro e os fins de semana de descanso com a família e os amigos que poderá levar na "Kombi".

4.1.4 – "[...] acho que o lugar não é um lugar de pessoas ricas"

Renato é econômico nas palavras. Ele se declara moreno, mas se torna pardo quando responde à pergunta fechada de "cor" ou raça. Com seus 19 anos, todos vividos no Bairro A, parece expressar de forma tranqüila a adaptação à "ordem das coisas".

Não conheceu seu pai, sua mãe engravidou, ainda muito jovem, de um homem que diz nunca mais ter visto. Nunca teve referências familiares masculinas, pois a mãe não contraiu qualquer relação sentimental fixa desde o nascimento do filho. Assim, sua família se resume aos dois, somente.

Renato começou a trabalhar cedo, em uma atividade que, para as crianças do local, é um misto de trabalho e diversão: a caça de rãs nos brejos do Bairro A. Sempre foi necessário ajudar sua mãe, que, desde jovem e até hoje, trabalha como empregada doméstica em casas de São Gonçalo. Com 15 anos, teve sua primeira ocupação fixa, em um mercado local. Começou como empacotador e chegou a repositor, tinha carteira assinada, como menor. Ficou um ano neste emprego.

Após ser demitido, Renato diz ter ficado cerca de um ano desempregado; neste tempo, trabalhou em uma oficina de automóveis como ajudante, ganhando R$ 40,00 por semana.

Renato estabelece uma nítida diferença entre estar empregado e estar desempregado. A diferença não se dá através do fato de estar ocupado ou desocupado, mas sim de ter ou não a carteira de trabalho assinada.

Sua próxima ocupação será um emprego pelo qual ele troca a oficina. Passa a ser balconista em uma loja de ferragens no centro de Niterói. Está lá há quase dois anos. Diz que o emprego não é bom, mas "é... melhor do que nada [...] melhor que ficar parado [...]".

Renato somente estudou até o término do ensino fundamental. Começou o fazer o ensino médio em um colégio estadual local, mas não terminou nem mesmo o primeiro ano de estudos. Afirma que a escola era uma "boca de fumo" e que havia muitas pessoas ligadas ao tráfico que estudavam lá. Teve, portanto, receio de continuar naquele ambiente, medo de algo incontrolável acontecer, de alguém do tráfico, por algum motivo, resolver molestá-lo. Aqui, Renato parece expressar a total impotência ante o cotidiano violento que o tráfico de drogas instaura. Teme o que pode acontecer, conhece histórias de pessoas que, sem motivo aparente, foram mortas ou foram perseguidas e tiveram de sair do bairro. Prefere não conviver com pessoas que têm o poder armado de coagi-lo sem qualquer motivo. Por isso saiu da escola.

Mas não procurou outro local para estudar, outro colégio, com outras características. Entre 1996 e 1999, fica sem estudar. Por quê? Renato dá respostas imprecisas. Porque, inicialmente, ficou esperando completar os 18 anos para tentar ser aceito no Exército como recruta. Porque outra escola seria mais longe de casa e não seria possível chegar do trabalho e jantar a tempo. Enfim, parece que, naqueles anos, não fazia muito sentido, para Renato, voltar a estudar. Tinha um emprego. Tinha a carteira de trabalho assinada. Ganhava pouco, mas era suficiente, pois sua mãe também trabalha.

No início de 2000, volta a estudar. Quando pergunto por que resolveu fazê-lo, responde: "Com o 1º grau hoje em dia você não arranja nada, tendo o 2º grau é mais fácil". Procura um supletivo privado que funciona no Bairro A e promete o diploma de ensino médio em tempo resumido. A mensalidade é barata, ele pode manter, principalmente, porque há dois anos não estão mais pagando aluguel. Moram em uma casa cedida pela irmã de sua mãe. A cessão é provisória. A casa foi construída por seu primo, que estava de casamento marcado. A relação termina e o primo vai morar no Rio de Janeiro, onde trabalha. A casa vazia é cedida, então, mas pode ser requisitada a qualquer momento. Renato sempre morou em casas alugadas. Está sentindo, agora, uma certa liberdade financeira, que não conhecia.

A avaliação que Renato faz do bairro é sucinta: "O bairro não é grandes coisa não, mas pelo tempo que eu moro aqui dá pra eu ter minhas amizades, que a maioria é daqui. Sair daqui eu não penso".

Renato diz que o "bairro não é grande coisa". Contenta-se com o fato de que possui amizades locais, pois mora há muito tempo neste (na verdade, desde que nasceu).

Não acha o local muito violento, embora violência haja em "todo canto". Não incorpora em sua avaliação da violência do bairro a sua própria experiência no colégio estadual que abandonou. Diz que falta calçamento em muitos lugares de São Gonçalo, e não somente ali, e que o posto de saúde "dá conta não dá não. Mas ajuda, né?".

Acha que os moradores não são todos pobres, porque existem casas boas no bairro, mas "[...] a maioria são pessoas humildes, pessoas pobres". Quando pergunto por que ele acha que há uma maioria de pobres no bairro, responde de forma rápida e demonstrando uma certa perplexidade com um questionamento que, para ele, parece tão sem sentido: "Porque o lugar não é um lugar de pessoas ricas". A insistência na pergunta gera quase irritação: "Aqui já é longe do centro, já é mais interior".

O sentido prático. Renato sente que local ocupa no espaço social, percebe que a imensa maioria de seus vizinhos e amigos ocupa espaço semelhante. Faz sua avaliação, portanto, a partir das categorias de percepção que desenvolveu no embate com as distâncias sociais.

Viver na periferia de São Gonçalo no limiar do século XXI: as vozes

> [...] a incorporação insensível das estruturas da ordem social realiza-se, sem dúvida, [...], através da experiência prolongada e indefinidamente repetida das distâncias espaciais nas quais se afirmam distâncias sociais, e também, mais concretamente, através dos deslocamentos e dos movimentos do corpo que essas estruturas sociais convertem em estruturas espaciais e assim naturalizadas organizam como ascensão ou declínio [...], entrada [...] ou saída [...], aproximação ou distanciamento em relação a um lugar central e valorizado [...] (BOURDIEU, 1998: 162).

Os deslocamentos que realiza no espaço físico lhe permitem saber que o Bairro A é afastado do centro de São Gonçalo e dos locais onde a população residente vai buscar emprego (os municípios de Niterói e Rio de Janeiro, principalmente); sabe que, portanto, se não está no centro, está no interior. Isto explica o porquê de o bairro não ser um "lugar de pessoas ricas". Renato está nos dizendo que "pessoas ricas" moram nos bairros próximos do centro e não no "interior". O raciocínio simples de Renato está afirmando, sem o saber explicitamente, que as oposições sociais se concretizam no espaço físico e tendem a se atualizar na percepção e na linguagem dos agentes sociais como diferenças que conformam princípios de visão do mundo social e de divisão deste. O centro e o interior.

Na medida em que é o portador de um *habitus* que é o produto de uma história de 19 anos de vida, passados no cotidiano de um bairro que se situa longe do centro, onde convive com amigos, que têm histórias próximas à sua, com os quais partilha a pobreza, um *habitus* desenvolvido em uma família que se restringe à mãe e que não desenvolveu estratégias para que ele se vinculasse de forma mais duradoura à escola, provavelmente porque, para esta, a urgência material demandava a alocação rápida do filho no mercado de trabalho, Renato não avalia o bairro e seus moradores como um sujeito individual, mas sim como um "corpo socializado" (BOURDIEU, 1999a: 181).

O caráter econômico e direto das respostas "óbvias" que dá aos questionamentos que lhe fazemos e que lhe soam como perguntas sem sentido, porque não precisavam ser perguntadas, porque as respostas estão evidentes, todos sabem; nada mais é do que o resultado do fato de que

> [...] o conhecimento prático é informado de duas formas pelo mundo que o informa: é coagido pela estrutura objetiva da configuração das propriedades que se apresentam; e também está estruturado por este mundo através dos esquemas, fruto da incorporação de suas estruturas, que utiliza na seleção ou na elaboração destas propriedades objetivas (BOURDIEU, 1999a: 195 – tradução livre do autor).

Todos os seus amigos moram no Bairro A ou em bairros vizinhos. Renato explica este padrão pelo fato de que só "anda" nestes lugares, só sai dali para trabalhar e volta e, portanto, conhece as pessoas que também fazem o mesmo. Entre suas namoradas, com exceção de uma, todas moravam no bairro. O motivo desta concentração é o mesmo já explicado para o caso dos amigos: Renato somente freqüenta aquela área específica, somente pode conhecer mais profundamente pessoas que ali vivem.

Para Renato, isto é absolutamente óbvio. Suas "disposições", suas expectativas em relação à sociedade e a forma como classifica e compreende esta são condicionadas pela incorporação de estruturas objetivas do mundo social. Assim, a configuração específica deste mundo, a "ordem das coisas", apreendida do ponto do espaço social onde Renato está, traz-lhe esta impressão do evidente, do dado, do natural. Por isso Renato demonstra espanto diante destas tão óbvias perguntas.

É a partir deste mesmo princípio que afirma não ter sido jamais discriminado por morar no Bairro A, embora tenha sido alvo de "brincadeiras", por parte de indivíduos que conheceu em Niterói, onde trabalha. Renato conta que algumas pessoas dizem que ele mora "na roça", mas não estariam falando sério, apressa-se em dizer, são "brincadeiras".

No que tange à discriminação por "cor" ou raça, Renato afirma, também, não ter enfrentado qualquer problema, pois é moreno e, no Brasil, todos são morenos. Não sabe se existe ou não discriminação na sociedade, mas tem certeza de que, entre os pobres estes problemas não acontecem. Não sabe o que ocorre entre os ricos, nunca se relacionou com estes.

Com o dinheiro que lhe tem sobrado, desde que deixou de pagar aluguel, Renato costuma se divertir em boates que freqüenta com seus amigos ou com a namorada. Há uma boate em Niterói cuja entrada custa R$ 5,00. O problema é a "baldiação" que precisa fazer para lá chegar, de dois a três ônibus, dependendo de onde saia. E principalmente a volta, de madrugada. Na maioria das vezes, vai a uma outra boate, que fica em São Gonçalo; a entrada geralmente fica em R$3,00, mas em certos dias, das mulheres é cobrado somente R$1,00.

Renato acha que a situação econômica melhorou um pouco, porque a "inflação caiu". Pergunto se isto influenciou sua vida, ao que responde que não. Para sua família, agora está muito bom, mas porque estão sem pagar aluguel. São três salários mínimos para duas pessoas, a única conta que pagam é a de luz, que nunca ultrapassa R$ 20,00. Seus planos para o futuro são simples e claros: terminar o ensino médio e conseguir entrar para a Aeronáutica, como soldado.

O mundo para Renato parece ser "evidente". Ele não sentiu a "distinção". Porque esta somente pode ser sentida por aqueles que possuem os instrumentos simbólicos para apreensão desta (por isso, Renato lê como brincadeira a afirmação de que mora "na roça").

Tudo isto nos mostra que o *habitus* (que é o produto da história individual do agente, embora esta última nunca seja somente individual, na medida em que se desenrola no cenário muito mais amplo da história de uma sociedade determinada) consiste em uma matriz de disposições jamais fechada e acabada; pelo contrário, trata-se de uma matriz que a todo momento pode ser levada a responder a experiências antes inexistentes. O *habitus* é "durável, mas não imutável" (BOURDIEU & WACQUANT, 1992: 109).

O *habitus* de Renato parece perfeitamente ajustado às estruturas do mundo social, tal qual ele pode apreendê-las.

> E quando o habitus entra em relação com um mundo social do qual ele é o produto, ele se torna como um peixe na água e o mundo lhe aparece como indo por si próprio (BOURDIEU & WACQUANT, 1992: 103 – tradução livre do autor).

A total adequação do *habitus* às condições objetivas é somente um caso possível (o mais freqüente, porém). Um caso muito bem expresso pela vida de Renato, suas ações, suas representações. Podemos concluir que "[...] o modelo da relação quase circular de reprodução quase perfeita [...]" que Renato demonstra é somente um "[...] caso-limite onde as condições de produção do *habitus* e as condições de seu funcionamento são idênticas ou homotéticas" (BOURDIEU & WACQUANT, 1992: 106).

4.2 – Considerações gerais

Nas entrevistas que realizamos, o "sentido do próprio lugar" que os agentes sociais expressam não é muito variado. É necessário ressaltar de início que nenhum dos entrevistados se qualificou fora do espectro da pobreza, ou seja, não foram feitas autoclassificações que remetessem a algo como "rico", ou mesmo como "classe média".

A classificação que os agentes sociais entrevistados elaboram acerca do posicionamento no espaço social ou da condição socioeconômica dos moradores do bairro é mais diversificada. No entanto, a maioria dos agentes sociais faz classificações que também ficam compreendidas no que estamos denominando como espectro da pobreza.

Assim, o "sentido do próprio lugar" e o "sentido do lugar do outro" é bastante "vivo" na fala dos entrevistados. Todos classificam o conjunto dos moradores do bairro e, nesta classificação do outro no espaço social, afirmam que todos os moradores são pobres.

A questão da imagem do desemprego também deve ser ressaltada. A presença da pressão deste fenômeno sobre o mercado de trabalho pode ser verificada na afirmação de que o desemprego é um dos elementos principais que qualificam a degradação da situação econômica da população do local nos últimos anos.

Os agentes sociais por nós entrevistados, todos afro-descendentes, oscilam entre a percepção e a não-percepção do enfrentamento de situações de racismo em suas trajetórias de vida. Vera e Renato afirmam que o seu fenótipo, que escapa relativamente da identificação com a negritude, os livrou da discriminação. Vera, além disto, aponta suas características pessoais de sociabilidade como outro elemento que a protegeu do racismo. Já Renato especifica sua "morenidade" e a dilui na "morenidade" brasileira para explicar que, pelo menos entre os pobres não existe preconceito racial.

Os dois outros entrevistados, que se encaixam diretamente no fenótipo mais tipicamente africano, ao contrário de Vera e Renato, sofreram discriminações no mercado de trabalho e no mercado de relações sentimentais e as apontam. De fato, como TELLES (2003) demonstra:

> Nas relações verticais como a contratação, e na realização de relações horizontais, como sair com amigos ou para relacionamentos duradouros, insultos contra negros somam-se a muitas outras atitudes que os precedem... Esse tratamento é intensificado à medida que o tom da cor da pele se torna mais escuro (TELLES, 2003: 310).

Mário não se percebe sofrendo discriminações no bairro ou no mercado de trabalho por ser "preto". Apesar disto, reconhece que o espaço de concentração de pobreza onde reside reúne uma maioria de população negra. Não estabelece, porém, uma relação entre este fato demográfico e o caráter das relações raciais no Brasil. Mas ao mesmo tempo não nega a existência do racismo pelo simples fato de que em outro município foi vítima deste.

Por fim, Mauro aponta o racismo como elemento sempre presente na sua trajetória ocupacional. Diz que muitos empregadores com os quais se relacionou em busca de trabalho parecem não "gostar" de pessoas com estereótipo negro (pessoas "da cor", como afirma). Apesar disto, não se deixa atingir em sua auto-estima e segue enfrentando este e outros problemas que perpassam sua vida.

Com relação à violência, é necessário que escapemos de uma imagem simplista da periferia urbana para que possamos compreender a forma complexa, múltipla e mesmo discordante, através da qual a mesma "ordem das coisas" se expressa, em posições discursivas diferenciadas.

Na medida em que a afirmação do fato de um determinado local ser violento remete, atualmente, a outras características, que associam a este local uma perspectiva de degradação e favelização, acreditamos que a recusa que alguns moradores fazem desta característica é também uma defesa do Bairro A. Trata-se de uma negação da imagem estigmatizada que este bairro tem carregado.

ROCHA (2000) nos ajuda a pensar esta questão. Em seu livro, toma por objeto o Morro Santa Marta, situado na Zona Sul, do município do Rio de Janeiro. O autor afirma que manifestações discursivas de valorização do "morar" em determinado local marcado pela pobreza refletem uma "[...] identidade cultural com o espaço [...]" (ROCHA, 2000: 123). Para este autor, tais impressões e afirmações por parte dos moradores se associam a um reconhecimento e a uma identificação em relação ao lugar que lhes "acolhe", perante uma sociedade na qual muito lhes foi e é, ainda, negado.

No Bairro A, sem esgoto, com muitas ruas sem calçamento, com partes alagadiças e permanentemente cobertas de lama, com assaltos e assassinatos freqüentes etc., observamos uma defesa da região e do "morar" naquele *locus*.

A questão, aqui, talvez seja perguntar se a adesão identitária ao bairro onde foi possível morar não seria fruto do fato de que:

> [...] as disposições duravelmente inculcadas pelas condições objetivas [...] engendram as aspirações e práticas objetivamente compatíveis com as condições objetivas e, de uma certa maneira, pré-adaptadas às suas exigências objetivas [...] (BOURDIEU, 1983a: 63).

Ou seja, em que medida aquilo que podemos ler como adesão e "identidade" a um local específico, bairro periférico ou favela, onde se assomam as manifestações da degradação urbana metropolitana, não é também a expressão de uma forma de violência simbólica? Violência simbólica esta que faz com que a necessidade seja transformada em virtude; se aqui é o local em que consegui plantar minha casa ou pagar meu aluguel, se nestas ruas enlameadas meus filhos puderam ser criados, se aqui fui acolhido, aqui, então, é um "bom lugar".

Acreditamos que o que encontramos no Bairro A e que poderíamos chamar de identidade local é a manifestação de um processo no qual a "ordem das coisas" é naturalizada, exatamente porque é "lida" através de esquemas perceptivos, oriundos desta própria ordem e, portanto, não só é aceita, como até mesmo desejada.

Capítulo 5
Viver na periferia de Itaboraí
no limiar do século XXI: os números

Este capítulo segue a mesma linha de desen-
volvimento e possui os mesmos objetivos do capítulo 3. Aqui, trabalharemos com os dados oriundos da aplicação de questionários que abarcaram o conjunto das residências do Bairro Belo, localizado em Itaboraí-RJ.

5.1 - O Bairro Belo

Situado na periferia no município de Itaboraí, o Bairro Belo é muito menor que o Bairro A. Apesar disto, comporta uma divisão territorial muito controversa entre o chamado "Bairro Belo" e o "Bairro Belo B". Para a maioria dos moradores com os quais nos relacionamos no período de desenvolvimento do trabalho de campo, a separação se dá por um acidente geográfico, mais precisamente um rio, que hoje corresponde muito mais a um "valão", que forma uma faixa de "brejos" em suas margens e que separaria, assim, as duas áreas.

No entanto, na perspectiva da associação de moradores, a definição de fronteiras é distinta. O Bairro Belo, que seria sua área de abrangência para a representação dos moradores, começaria ainda antes deste referido rio. As lideranças desta entidade afirmam estar trabalhando com uma definição administrativa, oriunda da prefeitura municipal, que se relaciona com o fato de que a área onde hoje se situa o Bairro Belo B teria sido até cerca de duas décadas atrás, considerada como parte de outro município. Na medida em que tal definição condiciona a área de abrangência que a única associação de moradores do local toma como espaço para sua atuação representativa, optamos por limitar nossa pesquisa a este espaço. Vale ressaltar que nossa impressão mais geral – não baseada em dados empíricos – nos leva a dizer que, aparentemente, não existem diferenças muito fortes entre o Bairro Belo e o Bairro Belo B, muito embora o segundo pareça ter menor densidade de casas, com maior presença de lotes vazios, além de uma área maior sujeita a alagamentos pelos brejos que acompanham o rio.

O Bairro Belo, que a associação de moradores citada toma como sua área de abrangência, é, por sua vez, subjetivamente dividido, pelos que lá residem, em duas áreas. Trata-se da "parte de cima", que fica em um plano mais alto do bairro, mais próxima à estrada, e da "parte de baixo", que fica mais afastada da estrada e mais próxima das áreas sujeitas a alagamento. Realizamos nossa pesquisa em ambas as partes e não encontramos diferenças entre estas que justificassem uma estratégia diferenciada de coleta de dados ou de tratamento destes em separado. Vale ressaltar que ao nos atermos somente ao Bairro Belo, segundo a definição da área de abrangência da associação de moradores, foi possível aplicar questionários para o levantamento socioeconômico no conjunto dos imóveis com uso residencial do local (salvo naqueles que se encontravam fechados no período e cujo número é absolutamente pouco expressivo).

Vejamos agora as características mais gerais do Bairro Belo.

Em primeiro lugar, é necessário afirmar que não existe calçamento em nenhuma das ruas que compõem este espaço, como também não há em nenhuma delas fornecimento de água ou coleta pública de esgoto. Igualmente, não encontramos aqui o que temos chamado, neste livro, de "saneamento predatório", que é relativamente freqüente no Bairro A.

Cada lote – que pode ter uma ou várias casas – geralmente possui um poço artesiano, de maior ou menor profundidade. Mas verificamos a existência de lotes que não o possuíam e compartilhavam o do vizinho. Encontramos casos em que poços de menor profundidade, de um conjunto de vizinhos, estavam fornecendo muito pouca água (devido à sobreexploração das lâminas mais superficiais do lençol freático) e estes, portanto, cotizaram-se para a perfuração de um poço mais profundo, em um de seus lotes, dividindo, também, os gastos com a energia elétrica, que é necessária para o bombeamento da água neste tipo de alternativa de captação mais profunda.

Na medida em que na maioria das ruas os dejetos domésticos correm a céu aberto, há uma tendência forte para a formação de lama, quando as chuvas periódicas ocorrem. Nestas épocas, todas as ruas do bairro apresentam muita lama e se formam muitos buracos, o que chega a paralisar o funcionamento da única linha de ônibus que entra no bairro e que trafega somente durante o dia, em intervalos regulares de duas horas de duração.

Há somente duas ruas, que terminam na parte mais próxima ao rio (e que estamos considerando, através da definição feita pela associação de moradores, como parte do Bairro Belo), que sofrem alagamentos mais sistemáticos nos períodos de chuva e se mantêm relativamente enlameadas durante quase todo o tempo. Esta é a área mais degradada do bairro, pois a proximidade com o "brejo", formado por um rio muito impactado, impõe um odor muito forte e desagradável, além de mais lama e mais insetos.

Em quase todo o bairro, há fornecimento de energia elétrica. Na verdade, esta somente não chegou a partes onde casas foram construídas há pouco tempo. Mas somente duas ruas têm, em parte de sua extensão, iluminação pública.

Ainda encontramos muitos terrenos vazios no bairro; lotes que possuem proprietários, mas se acham abandonados. Além disto, nas áreas próximas ao rio, temos alguns lotes invadidos.

5.2 - O perfil socioeconômico da população do Bairro Belo

5.2.1 – A população

No Bairro Belo residem 292 famílias. Estas configuram um total de 1110 pessoas residentes, divididas por faixa etária, na forma como vemos na tabela a seguir:

Tabela 1 – Faixa etária por sexo do conjunto dos moradores.

Idade	Sexo		Total	%
	Masculino	Feminino		
Até 1 ano	8	15	23	2,07
1 a 3 anos	39	32	71	6,40
4 a 6 anos	34	30	64	5,77
7 a 14 anos	92	80	172	15,50
15 a 20 anos	83	65	148	13,33
21 a 30 anos	85	95	180	16,22
31 a 40 anos	69	84	153	13,78
41 a 50 anos	75	74	149	13,42
51 a 65 anos	45	38	83	7,48
+ 65 anos	24	35	59	5,32
Sem informação	3	5	8	0,72
Total	557	553	1.110	100,00

(Bairro Belo – julho de 2000)

Viver na periferia de Itaboraí no limiar do século XXI: os números

Como podemos verificar, 29,74% da população têm menos de 14 anos de idade, o que configura quase 1/3 da população total ainda em idade escolar. O número de homens e mulheres é, no total, muito próximo e a faixa mais representativa é a que contém pessoas entre 21 e 30 anos de idade.

Assim como fizemos no Bairro A, nos questionários aplicados aqui no Bairro Belo, buscamos compreender a autoclassificação de "cor" ou raça dos chefes e cônjuges, utilizando duas formas de coleta deste dado: a declaração aberta e a declaração induzida através da classificação em cinco categorias utilizada pelo IBGE. O resultado encontra-se nas tabelas a seguir.

Tabela 2 – "Cor" ou raça de chefes e cônjuges segundo autodeclaração através das categorias utilizadas pelo IBGE.

"Cor" ou Raça	Nº	%
Branco	174	33,85
Pardo	279	54,28
Preto	61	11,87
Total	514	100,00

(Bairro Belo – julho de 2000)

Como vemos na tabela acima, pela classificação do IBGE, a distribuição por "cor" ou raça dos 514 chefes de família e cônjuges que habitavam o Bairro Belo, no ano 2000, é diferente daquela que o próprio IBGE apontava para o conjunto da população residente em Itaboraí, em 2000. Tínhamos, naquele ano, para Itaboraí, 41,91% de brancos, 45,70% de pardos, 11,43% de pretos, 0,06% de amarelos, 0,22% de indígenas e ainda 0,68% de não-declarantes (o que configurava uma população negra de 57,13%). Já no Bairro Belo, não encontramos, em 2000, nenhum chefe ou cônjuge amarelo, indígena ou não-declarante; enquanto isto, os brancos eram 33,85%, os pardos 54,28% e os pretos 11,87% (o que configura, entre os chefes e cônjuges, um percentual de 66,15% de negros).

Além disto, vemos também que o percentual de chefes e cônjuges brancos no Bairro Belo é ainda menor do que o encontrado no Bairro A (embora nos dois casos este percentual esteja abaixo dos 50%), a mesma relação ocorrendo com o percentual de chefes e cônjuges pretos, enquanto no grupo de chefes e cônjuges pardos, a diferença é positivamente maior para o bairro de Itaboraí. Assim, no Bairro Belo, teríamos mais negros (66,15%) entre os chefes e cônjuges que no Bairro A (57,45%). No entanto, estes seriam relativamente menos pretos.

Tabela 3 – "Cor" ou raça de chefes e cônjuges segundo autodeclaração aberta.

Cor ou Raça	Nº	%
Branco	161	31,32
Moreno	195	37,94
Escuro	19	3,70
Pardo	55	10,70
Preto	20	3,89
Mulato	10	1,95
Negro	20	3,89
Claro	11	2,14
Castanho	1	0,19
Moreno-claro	7	1,36
Pardo-escuro	1	0,19
Pretinho	1	0,19
Pálido	2	0,39
Marrom	2	0,39
Queimado de sol	1	0,19
Queimado	1	0,19
Moreno-escuro	2	0,39
Amarelo-pardo	2	0,39
Moreninho	1	0,19
Escurinho	1	0,19
Moreno-pardo	1	0,19
Total	514	100,00

(Bairro Belo – julho de 2000)

A tabela anterior mostra que a classificação racial encontrada no Bairro Belo é ainda mais variada que a encontrada no Bairro A. Parece que, aqui, o "contínuo de cor" alcança um número ainda maior de gradações entre os negros e os brancos. Verificamos, neste pequeno bairro da periferia da Região Metropolitana do Rio de Janeiro, 21 classificações de "cor", emitidas por 292 indivíduos que responderam ao questionário (aqui, também, na quase totalidade dos casos, as informações foram fornecidas pelo chefe da família ou seu cônjuge, pois os mesmos foram aplicados nos fins de semana).

É interessante perceber que, na autodeclaração livre, a maior freqüência seria dos chefes e cônjuges "morenos". Ou seja, os que não se classificam como brancos também não se classificam, de forma espontânea, como pardos, nem pretos. Quando comparamos as duas últimas tabelas, vemos que a maior parte dos "morenos" parece ter migrado para a classificação pardo, que recebeu, ainda, reforços de outras classificações. Por sua vez, as categorias "preto", "negro", "pretinho" e "escurinho" devem constituir a maioria daqueles que se tornaram os pretos da Tabela 2.

Aqui, parece que "uma gota" de sangue branco já produz um indivíduo que pode ter qualquer classificação no espectro cromático social, menos as de preto ou negro. Toda a discussão que já realizamos em capítulo anterior deste mesmo livro acerca da profusão de classificações raciais e da ambigüidade da noção de "cor", que aparecem quando da realização de um mapeamento de composição racial da população por meio da livre autodeclaração, pode ser retomada para pensar os dados que encontramos no Bairro Belo.

A lista de possibilidades de fuga da configuração racial no grupo negro é aqui mais extensa e matizada: o amarelo-pardo, o moreno-pardo, o marrom, o pardo-escuro. Temos também aqui classificações que parecem remeter mais a um estado do que a uma "cor" da pele, como "queimado de sol" e "pálido". Como lembra MUNANGA (1999), qualquer pesquisa demográfica que investigue a variável "cor" ou raça no Brasil constatará, de início, que o ideal de branqueamento da sociedade brasileira, vigente em parte do panorama intelectual brasileiro de fins do século XIX e início do século XX, não obteve resultados positivos; no entanto, os resquícios desta perspectiva ainda ecoam com força e fazem com que parte substancial do contingente negro sinta-se tanto mais passível de assimilação pelo grupo branco quanto mais longe se estabelecer do grupo negro.

Isto explica a maioria de "morenos" encontrados em nossa pesquisa no Bairro Belo e, mais do que isso, explica a quantidade de categorias de classificação racial intermediárias, que os afro-descendentes mobilizam diante da ambigüidade que podem usar para escapar, ainda que de forma muito tênue – dependendo de sua realidade cromática e socioeconômica –, do espectro da negritude. Os brancos, por sua vez, não precisam mobilizar arranjos cromáticos de classificação sequer semelhantes a estes. Neste sentido, somente duas categorias de classificação livre já quase completam o montante de brancos da classificação fechada (são estas a própria categoria "branco", com 31,32% das referências na classificação livre, e "claro", com 2,14% de presença nesta mesma classificação).

Vejamos como se configura a distribuição dos casais inter-raciais entre a população do bairro. Nas 292 famílias pesquisadas, encontramos um total de 229 casais que se distribuem por "cor" ou raça, como podemos ver na tabela a seguir.

Tabela 4 – Casais por "cor" ou raça.

Masculino	Feminino	Nº	%
Brancos	Brancos	33	14,41
Brancos	Pardos	36	15,72
Brancos	Pretos	7	3,06
Pardos	Pardos	84	36,68
Pardos	Brancos	42	18,34
Pardos	Pretos	6	2,62
Pretos	Pretos	10	4,37
Pretos	Pardos	6	2,62
Pretos	Brancos	5	2,18
Total		229	100,00

(Bairro Belo – julho de 2000)

Vemos que, do total de casais, 53,71% configuram relacionamentos endogâmicos do ponto de vista da "cor" dos cônjuges. Aqui, como no Bairro A, o maior percentual de pardos e pretos entre os chefes e cônjuges, quando comparado à distribuição cromática dos respectivos municípios e mais ainda com a Região Metropolitana, implica uma tendência maior à existência de uniões exogâmicas.

Mas também aqui estamos longe de algo parecido com um paraíso racial. Dos 76 cônjuges brancos, do sexo masculino, 43,42% mantêm "uniões" com mulheres "brancas". Entre os 84 cônjuges pardos do sexo masculino, 63,64% mantêm "uniões" com mulheres pardas e entre os cônjuges "pretos" do sexo masculino, a proporção de "uniões" com mulheres da mesma "cor" chega a 47,62%.

Para finalizar, comparando as proporções de uniões inter-raciais dos dois alvos mais diretos de nosso estudo, verificamos que o percentual maior de chefes e cônjuges brancos, no Bairro A, condiciona uma taxa maior de casamentos endogâmicos neste grupo quando comparado à taxa do mesmo grupo, no Bairro Belo. O mesmo acontece de forma invertida com os pardos do Bairro Belo – por terem maior peso percentual, apresentam maior número de uniões endogâmicas que o mesmo grupo no Bairro A. No que tange aos pretos, porém, esta lógica não se mantém. Embora no bairro periférico de Itaboraí estes tenham peso percentual menor que no bairro periférico de São Gonçalo, no primeiro, as uniões endogâmicas deste grupo são mais freqüentes – em percentuais – do que no segundo.

5.2.2 – Escolaridade

A performance de escolaridade que encontramos no Bairro Belo é muito inferior à já tão baixa encontrada no Bairro A. O número daqueles que possuem somente o ensino fundamental incompleto chega a 60,33% dos maiores de 14 anos. Quando somamos estes aos que possuem o ensino fundamental completo e aos analfabetos, teremos um total de 78,63% da população, nesta faixa etária, que não chegou ao ensino médio. Somente 0,47% da população pesquisada completou o nível superior. Somados com os que chegaram ao nível superior, mas não o completaram, temos o equivalente a 1,18% dos maiores de 14 anos – percentual este quase idêntico ao verificado no Bairro A. Este último dado parece nos indicar que há um patamar socioeconômico tendencial médio, que possibilita os arranjos familiares necessários para o acesso ao ensino superior; patamar este muito mais elevado do que o que corresponderia ao ensino médio. Assim, mesmo situações coletivas de pobreza um pouco diferentes entre os dois bairros periféricos (diferença pequena e relativa, devemos ressaltar) redundariam em uma mesma dificuldade de acesso à universidade. Enquanto isso, no que tange ao ensino médio, tais pequenas diferenças já implicam taxas distintas de escolarização, para não falar daquelas que verificamos em nível do ensino fundamental.

Tabela 5 – Escolaridade da população maior de 14 anos de idade.

Escolaridade	Nº	%
Analfabeto	84	9,92
Fundamental incompleto	511	60,33
Fundamental completo	71	8,38
Médio incompleto	66	7,79
Médio completo	84	9,92
Superior incompleto	6	0,71
Superior completo	4	0,47
Sem informação	21	2,48
Total	847	100,00

(Bairro Belo – julho de 2000)

De resto, chegamos à conclusão de que a escolaridade média da população do Bairro Belo é sobremaneira baixa – ainda mais baixa que a do Bairro A. Neste sentido, sua possibilidade de entrada no mercado de trabalho, dominado pelas demandas do capitalismo informacional, é quase nula.

Vale ainda enfatizar que a taxa de analfabetismo entre pessoas de 15 anos e mais de idade, apontada pela PNAD/Síntese dos Indicadores Sociais (IBGE, 2000), para o ano de 1999, na Região Metropolitana do Rio de Janeiro (que correspondia a 4,5%), é muito menor do que a encontrada no Bairro Belo, em 2000 (que chegava a 9,92%).

Devemos, por último apontar que, no momento da aplicação do questionário socioeconômico no Bairro Belo, do total de 172 crianças situadas na faixa etária entre sete e 14 anos – aquela de escolarização obrigatória –, somente 142 estavam estudando, o que representa 82,56% de freqüência à escola nesta faixa. Esta taxa é inferior à que podemos encontrar para o conjunto da Região Metropolitana do Rio de Janeiro em 1998 (que correspondia a 88,9% de freqüência das crianças de famílias situadas no primeiro "quinto" de renda domiciliar *per capita* e chegava a 99,3%, nas famílias situadas do último "quinto" de renda domiciliar *per capita*).

Destas 142 crianças com idades entre sete e 14 anos que estavam na escola, a maioria não estuda no próprio bairro, o que sinaliza a demanda deste por uma escola que contenha todas as séries do ensino fundamental.

Se avaliarmos as diferenças de escolaridade de chefes e cônjuges por "cor" ou raça, encontraremos, também aqui na periferia de Itaboraí, distâncias significativas entre os brancos e os negros.

Tabela 6 – Escolaridade de chefes e cônjuges por "cor" ou raça.

Escolaridade	Cor				
	Brancos	%	Negros	%	Total
Analfabeto	18	10,34	49	14,41	67
Fundamental incompleto	107	61,49	224	65,88	331
Fundamental completo	21	12,07	25	7,35	46
Médio incompleto	7	4,02	8	2,35	15
Médio completo	15	8,62	28	8,24	43
Superior incompleto	2	1,15	3	0,88	5
Superior completo	0	0,00	2	0,59	2
Sem informação	4	2,30	1	0,29	5
Total	174	100,00	340	100,00	514

(Bairro Belo – julho de 2000)

Os dados acima expressos apontam para a pior situação de escolaridade do grupo negro. De início, entre estes o percentual de analfabetos é maior que no grupo branco. Chefes e cônjuges negros são mais representativos na faixa de escolaridade relativa ao ensino fundamental incompleto do que os brancos, menos representativos na faixa de ensino fundamental completo e um pouco menos presentes na escolaridade relativa ao ensino médio completo. Somando-se os que não chegaram a acessar o ensino médio, temos 83,91% de brancos e 87,65% de negros. Curiosamente, os dois únicos agentes sociais entre os chefes e cônjuges que concluíram o nível superior são do grupo negro, embora o percentual daqueles que alcançaram o nível superior seja muito próximo nos dois grupos.

5.2.3 – Trabalho e renda

Na listagem de ocupações encontradas no bairro, o peso relativo do terciário se mostra com força, como demonstrado na tabela 7.

Tabela 7 – Setor de ocupação do conjunto da população pesquisada.

Setor	Nº	%
Primário	0	0
Secundário	103	27,17
Terciário	276	72,82
Total	379	100,00

(Bairro Belo – julho de 2000)

Os 379 ocupados que aparecem na tabela 7 agrupam trabalhadores formais e informais, bem como trabalhadores com vínculos permanentes ou temporários. Mais precisamente, entre estes se encontram aqueles que exercem uma ocupação e não se designam na qualidade de "desempregados". Como vemos, além do peso muito maior do terciário em relação ao secundário, não existe qualquer trabalhador com ocupação no setor primário da economia. O percentual de ocupados no secundário, porém, é bem maior no Bairro Belo do que o verificado na amostra do Bairro A. No primeiro, inclusive, o peso de tal setor é maior do que o medido pela Pesquisa Mensal de Emprego do IBGE, para a Região Metropolitana do Rio de Janeiro, considerando a população de 15 anos e mais, no mês de julho de 2000 (o mesmo em que fizemos a aplicação do questionário).

As ocupações destes 379 trabalhadores se distribuem conforme a listagem a seguir.

Tabela 8 – Listagem de ocupação do conjunto da população pesquisada.

Ocupação	Nº	%
Agente de saúde	1	0,26
Auxiliar de contabilidade e afins	2	0,53
Auxiliar de enfermagem e afins	1	0,26
Biscateiro em geral	14	3,69
Boy	1	0,26
Camelô	3	0,79
Cobrador	5	1,32
Comerciante	21	5,54
Comerciário	38	10,03
Costureira	8	2,11
Eletrotécnico	1	0,26
Funcionário público civil e militar	9	2,37
Garçom	1	0,26
Inspetor	1	0,26
Mecânico de autos	9	2,37
Metalúrgico	1	0,26
Motorista	15	3,96
Músico	1	0,26
Operário em geral	10	2,64
Organização de eventos	3	0,79
Padeiro	5	1,32
Pesquisador	1	0,26
Porteiro	7	1,85
Professor	5	1,32
Segurança	3	0,79
Servente	36	9,50
Técnico de refrigeração	1	0,26
Trabalhador de cuidados pessoais e beleza	9	2,37
Trabalhador de obra e construção civil	60	15,83
Trabalhador de preparo de alimentos em geral	10	2,64
Trabalhador de escritório	21	5,54
Trabalhador de *pet shop*	2	0,53
Trabalhador doméstico	74	19,53
Total	379	100,00

(Bairro Belo – julho de 2000)

Como no Bairro A, a dispersão aqui encontrada se faz dentro dos marcos de uma muito baixa especialização profissional, no conjunto dos ocupados. As três maiores freqüências de ocupação, no Bairro Belo, são as mesmas do Bairro A: "trabalhador doméstico" (primeira em freqüência) "trabalhador em obras e na construção civil" (segunda em freqüência) e "comerciário" (terceira em freqüência). As três representam 45,43% do total dos ocupados. Novamente, encontramos mais "biscateiros" em geral (3,69%), do que professores (1,32%). Há, porém, no bairro periférico de Itaboraí, uma proporção relativa maior de empregados domésticos (19,53% dos ocupados) do que no bairro periférico de São Gonçalo (13,96% dos ocupados). O mesmo ocorre, ainda que em menor proporção, com os trabalhadores da construção civil. Já no que tange aos comerciários, o peso destes no Bairro A suplanta o peso dos mesmos no Bairro Belo.

Não encontramos nenhuma ocupação de nível superior no Bairro Belo (nem mesmo professores de ensino médio), apesar de termos dois profissionais de nível superior morando lá (uma jovem graduada em jornalismo e outra jovem graduada em arquivologia). Vale ressaltar que nenhuma das duas atua em sua área de formação superior.

Quando distribuímos os ocupados do Bairro Belo nas parcelas que formam o setor de serviços, vemos que, assim como na amostra do Bairro A, a maior parte destes se emprega especificamente na franja econômica e tecnologicamente menos dinâmica deste setor. Assim, do total de ocupados nos serviços, nada menos que 41,58% atuam nos "serviços pessoais". Constituem, junto com camelôs e "biscateiros" em geral, as parcelas mais desqualificadas e tendencialmente mais próximas do trabalho precário metropolitano. Aqui, encontramos a mesma configuração que foi verificada no Bairro A; parece que as parcelas trabalhadoras ocupadas no setor de serviços – que têm chances de lutar por uma vaga no mercado de trabalho típico do capitalismo informacional, que estende suas malhas até a megacidade do Rio de Janeiro – não moram nestas periferias de Itaboraí e São Gonçalo.

Morar em uma importante megacidade de 10 milhões de habitantes, que fica dentro de um país que conduz sua política econômica no sentido da maior integração possível – seja lá a que custos sociais e mesmo ao custo da própria autonomia nacional – com as redes do capitalismo mundial, parece significar pouco para estes trabalhadores da periferia da Região Metropolitana, em relação aos ganhos que podem obter, em nível de possibilidades no mercado de trabalho, e muito no que pode representar de aprofundamento do fosso entre os que acessam as redes de produção e consumo do mercado mundial e aqueles que definitivamente parecem condenados a não acessá-las, salvo de forma muito imperfeita e em partes muito restritas destas.

Esta configuração ocupacional tão desprivilegiada tem relação, também, com a performance de escolaridade verificada na periferia da Região Metropolitana, o que constitui uma das formas básicas para a operação da desigualdade social no país.

Também no Bairro Belo, uma aparente homogeneidade da situação de pobreza e desqualificação ocupacional é cindida por uma clivagem racial. O total dos chefes de família do bairro, se separados por "cor", nos dá uma configuração com 67 brancos, 33 pretos e 106 pardos.

Neste conjunto, os trabalhadores domésticos são 15,09% dos chefes de família negros e 13,43% dos chefes de família brancos. No que tange aos "trabalhadores de obra e construção civil", temos 19,40% dos chefes brancos vinculados a tais atividades e 32,55% dos chefes de família negros.

Vamos, agora, verificar a situação do desemprego no Bairro Belo, em julho de 2000, momento em que aplicamos nosso questionário.

Tabela 9 – Total de desempregados e ocupados intermitentes.

Situação	N°	%
Desempregado	94	53,10
Fazendo biscate	83	46,90
Total	177	100,00

(Bairro Belo – julho de 2000)

A tabela acima apenas nos possibilita ter uma idéia geral do número de trabalhadores no bairro que se denominam como "desempregados" ou em situação de "biscate". Também aqui no Bairro Belo, certamente, deve ser possível encontrar muitos outros trabalhadores que, embora subsistam a partir de atividades temporárias e intermitentes, não se classifiquem como "desempregados" ou "biscateiros". Entre os 177 trabalhadores que se classificaram nestas duas situações perante o mercado de trabalho, a maioria é de desempregados.

A PEA encontrada no bairro compreende 473 trabalhadores. O peso do desemprego na PEA pode ser visto nas próximas tabelas, com duas variações.

Tabela 10 – PEA e total de desempregados.

PEA	N°	%
Ocupados	379	80,13
Desempregados	94	19,87
Total da PEA	473	100,00

(Bairro Belo – julho de 2000)

Tabela 11 – PEA e total de desempregados e trabalhadores intermitentes nesta.

PEA	Nº	%
Ocupados	296	62,58
Desempregados / fazendo biscate	177	37,42
Total da PEA	473	100,00

(Bairro Belo – julho de 2000)

Na tabela 10, estamos considerando somente aqueles que se nomearam como "desempregados" e, portanto, estamos considerando os que trabalham na qualidade de "biscateiros" como ocupados. Neste arranjo teríamos uma taxa de desemprego, no Bairro Belo, de 19,97%. No mesmo mês em que fizemos a coleta destes dados, a taxa encontrada para o total da Região Metropolitana do Rio de Janeiro pela Pesquisa Mensal de Emprego para o IBGE era de 5,444%. Os números que encontramos no bairro da periferia de Itaboraí destoam ainda mais da PME/IBGE, se somarmos os "desempregados" e os que subsistem com "biscates"; teríamos, então, uma taxa de desemprego de 37,42%, como vemos na Tabela 11.

Não é preciso dizer mais uma vez que, apesar de nossa forma para demarcação do desemprego ser muito distinta daquela usada pelo IBGE, acreditamos que os critérios utilizados por este último jogam uma densa nuvem de fumaça, que encobre, do ponto de vista estatístico, a realidade do mercado de trabalho.

Nos 292 questionários aplicados, buscamos apreender a percepção individual que o trabalhador tinha de sua situação no mercado de trabalho. Da mesma forma que no Bairro A, aqui no Bairro Belo, todos os trabalhadores empregados no mercado formal se classificaram como "empregado", sem qualquer relativização. Já entre os vinculados ao mercado informal, a maioria se classificou como "empregado". No entanto, outros se classificaram como "desempregado" ou "fazendo biscate", quando estavam realizando uma atividade muito intermitente, esporádica e sem qualquer continuidade.

Como vemos, tanto o desemprego quanto o trabalho precário e intermitente alcançam, neste bairro da periferia de Itaboraí, índices muito elevados. Como disse um morador deste bairro por nós entrevistado, "o lugar quanto mais pobre, mais pobre fica". Ou seja, o volume de desemprego e precariedade vistos até aqui tem um impacto sobre o empobrecimento desta população que, talvez, a objetividade dos números não seja suficiente para nos mostrar.

Miséria da Periferia

Encontramos, aqui também, diferenças raciais no que tange à distribuição do desemprego entre os chefes de família. Se utilizarmos a mesma forma de definição do trabalhador desempregado que aparece na Tabela 11 deste capítulo e, portanto, tomarmos os ocupados de forma intermitente e precária, que se classificam como "fazendo biscates", como "desempregados", chegaremos aos percentuais de desemprego por "cor" ou raça, que estão expressos na tabela 12.

Tabela 12 – PEA e desemprego entre os chefes de família por "cor" ou raça.

Situação	Cor							
	Branco	% desemprego	Preto	% desemprego	Pardo	% desemprego	Total	% desemprego
PEA	75		32		109		216	
Desempregados/ fazendo biscates	19	25,33%	10	31,25%	41	37,61%	70	32,40%
Total da PEA	94		42		150		286	

(Bairro Belo – julho de 2000)

Vemos, portanto, uma taxa maior entre os pardos e os pretos em relação aos brancos. Se agregarmos pretos e pardos, teremos 36,17% de chefes de famílias negros nesta situação, o que significa uma taxa de desemprego maior em 10 pontos que a dos chefes e cônjuges brancos.

Vejamos agora como se configura a situação deste bairro da periferia de Itaboraí, no que tange à questão das relações que empreende sua população ocupada ao entrar no mercado metropolitano de mão-de-obra.

Tabela 13 – Relação de trabalho por setor de ocupação.

Relação de Trabalho	Secundário	%	Terciário	%	Total	%
Formal	29	28,16	107	38,77	136	35,88
Informal	74	71,84	169	61,23	243	64,12
Total	103	100,00	276	100,00	379	100,00

(Bairro Belo – julho de 2000)

O peso da informalidade é ainda maior no Bairro Belo em relação ao que encontramos no Bairro A. Nada menos que 64,12% dos ocupados estão submetidos a relações de trabalho precárias e somente 35,88% têm o vínculo formal de trabalho. Também aqui o percentual de informalidade é ainda maior no secundário, devido ao igualmente elevado número de "trabalhadores em obras e na construção civil".

Vejamos agora qual o percentual destes trabalhadores informais que contribuem para a previdência social.

Tabela 14 – Contribuição previdenciária dos trabalhadores informais, por setor de ocupação.

Relação com a previdência	Secundário	%	Terciário	%	Total	%
Com contribuição previdenciária	19	25,68	45	26,63	64	26,34
Sem contribuição previdenciária	55	74,32	124	73,37	179	73,66
Total	74	100,00	169	100,00	243	100,00

(Bairro Belo – julho de 2000)

A verificação da contribuição previdenciária entre os trabalhadores informais se faz importante, exatamente porque os benefícios previdenciários constituem o formato de proteção social mais sistemático oferecido à população trabalhadora no Brasil. Podemos observar que, em ambos os setores de ocupação, o percentual dos trabalhadores informais que fazem a contribuição previdenciária como autônomos é muito pequeno diante dos não-contribuintes, o que redunda no percentual de somente 26,34% de contribuição entre os informais. Vejamos, agora, o peso dos contribuintes para a previdência, no total dos ocupados do Bairro Belo.

Tabela 15 – Total de contribuição previdenciária dos ocupados, por setor.

Relação com a previdência	Secundário	%	Terciário	%	Total	%
Contribuintes	48	46,60	152	55,07	200	52,77
Não-contribuintes	55	53,40	124	44,93	179	47,23
Total	103	100,00	276	100,00	379	100,00

(Bairro Belo – julho de 2000)

Como já afirmamos, a PNAD do IBGE aponta para o ano de 1999 na Região Metropolitana do Rio de Janeiro um total de contribuintes na população ocupada da ordem de 62,34%. Se a contribuição, na amostra do Bairro A, em junho de 2000, não alcança este patamar, no Bairro Belo o total dos contribuintes previdenciários fica ainda mais distante dos números metropolitanos. Dos 379 ocupados, 52,77% contribuíam para a previdência, enquanto 47,23% passavam ao largo desta.

Não é preciso repetir o quanto estes números são significativos diante da potencialidade de desproteção social que representam e, fundamentalmente, diante da pouca eficácia e dos baixos investimentos da política federal de assistência no Brasil dos anos 1990[1].

A renda familiar *per capita*, encontrada no Bairro Belo, é também alarmante, como podemos ver na tabela a seguir.

Tabela 16 – Distribuição das famílias pesquisadas por renda familiar *per capita*.

Renda (em SM)	Nº	%
Até 1/4 SM	31	10,62
1/4 a 1/2 SM	75	25,68
1/2 a 1 SM	101	34,59
1 a 2 SM	49	16,78
2 a 3 SM	17	5,82
3 a 5 SM	5	1,71
5 a 10 SM	4	1,37
Sem informação	10	3,42
Total	292	100,00

(Bairro Belo – julho de 2000)

A grande maioria das 292 famílias do bairro se concentra nas faixas de renda familiar *per capita* mais baixas. Se tomarmos os índices de distribuição de famílias por renda *per capita* encontrados pelo IBGE no Censo Demográfico de 2000, para a Região Metropolitana e mesmo para Itaboraí, veremos graus de pobreza muito maiores no Bairro Belo.

Assim, se somarmos as famílias que chegam somente a atingir um salário mínimo mensal *per capita*, estas eram 29,29% na Região Metropolitana em 2000 e 46,78%, em Itaboraí no mesmo ano. No Bairro Belo, porém, encontramos 70,89% das famílias neste patamar de renda *per capita*.

Mais uma vez, a escolaridade do chefe condiciona em grande medida a renda familiar. Tomando as famílias em que o chefe é analfabeto, 83,33% se localizam nas faixas até um salário mínimo de renda *per capita* e 38,59%, nas faixas até 1/2 salário mínimo. Já nas famílias em que o chefe completou o ensino fundamental, esta proporção é de 62,50%, se tomarmos aquelas até um salário mínimo de renda *per capita* e 31,26%, se tomarmos as que chegam somente a 1/2 salário mínimo. Na outra ponta disto, se observarmos as famílias nas quais o chefe completou o ensino médio, a faixa de renda *per capita* até um salário mínimo compreende 45,83% das famílias e a faixa até 1/2 salário mínimo atinge 20,84% destas. Assim como na amostra

---

1. Novamente indicamos LESBAUPIN (1998).

do Bairro A, no Bairro Belo também não encontraremos nenhuma família chefiada por um analfabeto nas faixas de renda *per capita* superiores a três salários mínimos.

Esta situação de baixa renda familiar *per capita* é ainda mais agravada no caso das famílias chefiadas por mulheres, que correspondem a 19,86% do total. Assim, a distribuição destas, no Bairro Belo por renda *per capita*, aponta para uma tendência ainda mais acentuada de empobrecimento do que a encontrada no conjunto.

Tabela 17 – Distribuição das famílias pesquisadas chefiadas por mulheres, segundo a renda familiar *per capita*.

Faixa de Renda (em SM)	Nº	%
Até 1/4 SM	6	10,34
1/4 a 1/2 SM	18	31,03
1/2 a 1 SM	25	43,10
1 a 2 SM	7	12,07
Sem informação	2	3,45
Total	58	100,00

(Bairro Belo – julho de 2000)

A comparação das duas tabelas anteriores mostra o que afirmávamos antes. As famílias com até 1/2 salário mínimo de renda *per capita* correspondiam a 36,30% no total de famílias e 41,37% nas famílias chefiadas por mulheres. Além disto, enquanto no total das famílias do bairro 12,33% possuem renda *per capita* acima de dois salários mínimos, naquelas cujo chefe é do sexo feminino o máximo de renda *per capita* encontrada ficou exatamente na faixa até dois salários mínimos.

Tabela 18 – Renda individual dos chefes de família ocupados, por "cor" ou raça.

Renda em Salários Mínimos	Brancos	%	Negros	%	Total	%
Até 2 SM	52	58,43	132	70,21	183	66,06
+ de 2 SM	33	37,08	46	24,47	80	28,88
Sem informação	4	4,49	10	5,32	14	5,05
Total	89	100,00	188	100,00	277	100,00

(amostra do Bairro Belo – julho de 2000)

Assim como no Bairro A, os chefes de família negros residentes no Bairro Belo apresentam renda individual relativamente mais concentrada na faixa até dois salários mínimos e menos concentrada na faixa seguinte. Assim, em geral, os chefes de família brancos são mais bem-remunerados que os correspondentes negros.

5.2.4 – Os domicílios

Vejamos agora as características físicas do bairro no que tange à questão do esgoto doméstico.

Tabela 19 – Formas de esgotamento doméstico.

Alternativas de esgoto	Nº	%
Fossa	179	61,30
Vala	113	38,70
Total	292	100,00

(Bairro Belo – julho de 2000)

Não encontramos neste bairro da periferia de Itaboraí o sistema de "saneamento predatório", que é utilizado por 22% dos domicílios que compuseram a amostra pesquisada no Bairro A. A pobreza maior da população do Bairro Belo deve explicar este fato, na medida em que a colocação de manilhas para a produção deste esgotamento improvisado tem um custo financeiro relativo à própria compra das tubulações (quando estas não são doadas por políticos locais, como ocorre em alguns pontos do Bairro A) e ao pagamento da mão-de-obra para instalação destas, quando o trabalho não é feito em mutirão. Assim, a fossa é o meio mais utilizado no bairro para o esgotamento doméstico. Na medida em que todas as casas são abastecidas por água captada no subsolo por meio de poços artesianos (que são mais ou menos profundos, dependendo da disponibilidade financeira do morador ou de sua possibilidade de articular a construção de um poço em conjunto), vemos que há um potencial muito grande de contaminação do lençol freático a partir das 179 fossas semeadas pelo bairro.

As valas aparecem como alternativa de esgotamento doméstico de 38,70% das casas e, através dos dejetos que lançam diretamente nas laterais das ruas, são responsáveis por um odor desagradável. Nas épocas de chuvas mais freqüentes, os dejetos diluídos acabam se espalhando. Nas ruas em que há maior alternância entre casas que usam valas e casas que usam fossas, o volume de água que corre pelas laterais é menor e em algumas delas intermitente; conseqüentemente, o odor exalado é também menor. Já nas ruas onde se concentram muitas casas que utilizam esta alternativa, o volume de água é maior e o fluxo é quase permanente, o que aumenta também o odor desagradável.

A iluminação pública nas ruas é rara no bairro. Dos 292 domicílios, somente 5,82% estão em ruas que recebem iluminação. Na verdade, somente duas ruas do Bairro Belo têm iluminação pública, conseguida por intermédio da "pressão" da associação de moradores local sobre a prefeitura. A promessa de iluminação total do bairro não foi cumprida e o trabalho parou logo em seu início. A relação entre domicílios situados em ruas iluminadas e situados em ruas sem iluminação, neste bairro, é quase inversa à encontrada na amostra do Bairro A, onde a maioria dos domicílios pesquisados se situa em ruas iluminadas.

Tabela 20 – Domicílios por presença de iluminação pública na rua onde estão situados.

Iluminação na rua	Nº	%
Sim	57	19,52
Não	235	80,48
Total	292	100,00

(Bairro Belo – julho de 2000)

5.3 – Considerações gerais

Também no Bairro Belo buscamos, na aplicação dos 292 questionários, mapear quais eram, segundo a percepção dos moradores, os principais problemas que se abatem sobre o local. Depois de agruparmos as repostas por temas, encontramos a configuração que pode ser vista na tabela a seguir.

Tabela 21 – Listagem dos principais problemas do Bairro Belo, segundo a população.

Problema	Nº	%	Posição
Ausência de saneamento básico	186	21,04	1º
Ausência de iluminação pública	183	20,70	2º
Transporte / preço da passagem elevado	98	11,09	3º
Ausência de pavimentação	97	10,97	4º
Ausência de fornecimento de água	74	8,37	5º
Pouco comércio	55	6,22	6º
Saúde	53	6,00	7º
Ausência de coleta de lixo/limpeza	43	4,86	8º
Telefone público	26	2,94	9º
Violência	20	2,26	10º

Problema	Nº	%	Posição
Ausência de área de lazer	12	1,36	
Educação	9	1,02	
Odor produzido pela fábrica de éter	9	1,01	
Preço elevado da energia elétrica	7	0,79	
Associação de moradores ineficiente	3	0,34	
Ausência de Assistência Social	2	0,23	
Correio	2	0,23	
Ausência de creche	2	0,23	
Passarela sobre a estrada	1	0,11	
Ausência de rede telefônica	1	0,11	
Uma ponte no rio que corta o bairro	1	0,11	
Total	884	100,00	

Aparecem 23 principais problemas após o agrupamento temático realizado. Assim como no Bairro A, a freqüência destes é concentrada em 10 itens. Os 5 problemas com maior número de citações concentram 72,17% do total de 884 citações realizadas; os 10 mais citados alcançam 94,45% destas.

Os 10 problemas mais citados são quase os mesmos, se compararmos o Bairro Belo e a amostra pesquisada no Bairro A; a ordem de freqüência de suas citações, no entanto, é diferente. Mas, em ambas as regiões, o principal problema citado, com 21,04% das referências no bairro periférico de Itaboraí e 22,54% no bairro periférico de São Gonçalo, foi a ausência de saneamento básico.

Como já afirmávamos antes, a não-existência da rede de esgoto gera as alternativas perversas para a saúde coletiva que são a fossa – e a possibilidade de contaminação do lençol freático, que é a fonte da água usada nos domicílios – e a vala aberta, que para além dos potenciais de contaminação daqueles que percorrem diariamente as ruas, trazem uma imagem e um odor forte de degradação.

O segundo problema mais citado é ausência de iluminação pública. Devemos lembrar que a locomoção dos moradores do local se faz, principalmente, por meio das linhas de ônibus que cruzam a estrada próxima à entrada do bairro, pois a única linha que percorre o seu interior passa somente a cada duas horas e durante o período diurno. A referida estrada se encontra distante da "parte de baixo" do bairro e a maioria das ruas do bairro não possui iluminação pública. Assim, o morador que chega ou sai de casa à noite e mora na referida "parte de baixo" anda por vários minutos, completamente no escuro.

Voltando às características de inserção da população do Bairro Belo no mercado metropolitano de trabalho, devemos lembrar que os trabalhadores que atuam nas ocupações tendencialmente mais desqualificadas e mais desprotegidas da força de trabalho (os chamados "subproletários – RIBEIRO, 2000) constituíam nada menos que 24,01% do total de ocupados.

Se desagregarmos estes 24,01% de subproletários nas três categorias "sócio-ocupacionais" que, na classificação de RIBEIRO (2000), compõem este grupo, veremos que predominam amplamente os "trabalhadores domésticos". Estes são nada menos que 81,31% dos 91 ocupados que cabem na classificação de "subproletários". O restante deste grupo é composto por 3,30% de "ambulantes" e 15,38% de "biscateiros".

Há também aqui, no peso relativo da classe dos "subproletários", uma clivagem por raça, embora de menor profundidade que a encontrada na amostra do Bairro A. Se tomarmos os chefes de família, veremos que, dos brancos, 19,40% estão nesta categoria sócio-ocupacional. Já entre os chefes negros, os "subproletários" seriam 20,59% dos ocupados.

Por fim, é necessário apontar dois elementos que já havíamos encontrado no Bairro A. Em primeiro lugar, vemos no bairro periférico de Itaboraí uma clivagem racial expressa em vários elementos discutidos ao longo deste capítulo. Somente para lembrar alguns: em relação aos brancos, os negros apresentam maior percentual de chefes de família e cônjuges atuando no emprego doméstico, analfabetos, nas faixas inferiores de escolaridade, além de maior percentual de chefes de família nas ocupações que compõem a classe do "subproletariado", nas faixas menores de renda; bem como em situação de desemprego. Trata-se, portanto, de um conjunto de diferenças de performance que se estende do mercado de trabalho à formação escolar, que nos dizem que neste pobre bairro periférico, onde os brancos são a parte menor da população (33,85% dos chefes de família e cônjuges), os negros ainda carregam a tendência de serem, na média, mais pobres que os pobres brancos.

Mais uma vez, é necessário frisar que, como mostram os dados coletados neste bairro periférico de dimensões tão reduzidas, a situação de pobreza não homogeneiza totalmente as condições socioeconômicas destes dois grupos raciais. Neste sentido, como vários trabalhos produzidos nas últimas décadas têm sinalizado[2], não é possível – sob pena de lançar uma densa cortina de fumaça sobre a configuração das relações étnico-raciais no país – reduzir a questão racial entre nós a uma questão de classe.

Além disto, os dados que coletamos neste bairro periférico indicam não somente a existência, aí, de uma população significativamente paupe-

---

2. Mais uma vez, remetemos aos trabalhos de HASENBALG (1979), HASENBALG & SILVA (1988), HASENBALG (1992), HENRIQUES (2001) e TELLES (2003).

rizada e marcada pelo desemprego e pela precariedade nas relações de trabalho, mas também de uma população que não consegue acessar as áreas mais dinâmicas do mercado de trabalho da metrópole, aquelas áreas que poderiam estar conectadas com os "nós" da economia mundial que passam pela megacidade do Rio de Janeiro.

Como vimos durante este capítulo, esta população do Bairro Belo é ainda mais pobre que aquela que mapeamos na amostra pesquisada do Bairro A, em São Gonçalo. Nesta perspectiva, as conclusões aqui não podem ser diferentes daquelas que anunciamos antes. Trata-se de uma população que acumula desvantagens econômicas e sociais, que se realimentam e se sobredeterminam; populações que parecem ter pequenas possibilidades de inserção nas redes produtivas que estão hoje na ponta da dinâmica econômica; uma população que parece ter herdado além do desemprego crescente e cada vez mais sistemático, a possibilidade de lutar pelo engajamento no mercado de mão-de-obra sob as condições mais exploradas, precárias e destituídas de proteções.

Na outra ponta dos números aqui discutidos, estão as vozes que falam da periferia de Itaboraí. É sobre estas que nos debruçamos no próximo capítulo, para tentar compreender a "qualidade" desta "despossessão" que se abate sobre aqueles que vivem a pobreza e a desconexão na metrópole do Rio de Janeiro.

Capítulo 6
Viver na periferia de Itaboraí
no limiar do século XXI: as vozes

Este capítulo segue a mesma direção e possui os mesmos objetivos do capítulo 4 deste livro. Aqui, porém, trabalhamos com os resultados de entrevistas realizadas com moradores autodeclarados pretos ou pardos, do Bairro Belo, em Itaboraí, no Estado do Rio de Janeiro.

6.1 – Vozes

6.1.1 – "Somos esquecidos por esse governo que só lembra de nós na hora das eleição [...]"

Severino tem 51 anos e freqüenta com assiduidade a capela da Igreja Católica que existe no bairro. Declara-se preto, seja ao responder à pergunta aberta ou à pergunta fechada sobre sua "cor" ou raça. Nasceu no Ceará, filho de agricultores arrendatários. Todos os seus cinco irmãos trabalhavam na agricultura, com os pais, desde criança e igualmente completaram as primeiras quatro séries do ensino fundamental. A partir daí, não era possível continuar a estudar, pois não existiam colégios por perto.

Com 21 anos, já casado com uma moradora de um "sítio" próximo, que estudara um ano a menos que ele, Severino resolve acompanhar outros familiares e vem para o Rio de Janeiro em busca de melhores possibilidades de vida. Era o ano de 1972 e ele veio diretamente para o Bairro Belo. Ficou com sua esposa provisoriamente na casa de um tio que já estava aqui há alguns anos. Após se empregar, passou a alugar casas no bairro, "de rua em rua" como diz, até poder comprar um lote, em 1982. Construiu rapidamente uma casa pequena e, no mesmo ano, se mudou. Criou seus três filhos no bairro, nenhum deles completou o ensino médio.

Começou trabalhando como servente de obras. Severino participou da construção de muitos prédios no Rio de Janeiro. Neste período, nem sempre voltava para Itaboraí todos os dias. Muitas vezes, passava a semana na obra e ia para casa na sexta-feira à noite. Recorda que a opção por dormir na obra durante a semana se relacionava com a distância desta e não com o preço da passagem, que, segundo lembra, somente ficou cara "[...] agora com o real [...]". Assim, quando estava trabalhando perto do centro do Rio de Janeiro, sempre voltava para casa. Porém, quando a obra era na Barra da Tijuca ou na Baixada Fluminense, preferia dormir por lá.

Não passou muitos anos nesta atividade. Em 1980, começa a trabalhar como ajudante em uma oficina de conserto de aparelhos de rádio e televisão, aprende muito nesta função e já há 15 anos trabalha com reparo e manutenção destes aparelhos, sempre na mesma oficina, situada em Niterói.

Discriminação por sua cor Severino diz nunca ter sofrido, mas acha que no Brasil existe preconceito em relação à população negra. Relata somente ter enfrentado as "piadinhas" e "brincadeiras" que sempre são feitas em relação aos "de cor". Afirma que nunca gostou destas e que sempre deixou isto explícito. Mas não acredita que manifestações de racismo tenham atrapalhado sua trajetória dentro ou fora do bairro, no mercado de trabalho ou na associação, pois se diz muito "correto e sério para lidar com as pessoas". Como vemos, ele lança mão de características pessoais positivas para se afirmar como imune à discriminação. Indiretamente, porém, está afirmando que pessoas "de cor" são tomadas, em geral, como não corretas ou sérias. Ele, como carrega estas características, escapou do preconceito e da discriminação em suas relações profissionais e políticas, confrontando-se somente com a parte mais branda desta, as "piadas" e "brincadeiras".

Severino participa do movimento associativo de seu bairro desde a fundação da associação de moradores em 1983. Há cinco anos ocupa um cargo de destaque na mesma. Severino é muito crítico em relação à atuação da prefeitura e dos políticos locais, mas também em relação à população do bairro.

A associação está instalada em uma área que equivale a três lotes de tamanho médio, ainda disputada na justiça. Em 1992, o terreno foi doado pela prefeitura, porém não ocorreu a legalização do processo. No mandato seguinte da associação, o prefeito resolveu desfazer a doação – o que pôde ser feito, exatamente porque, legalmente, esta não havia sido realizada –, pois o presidente eleito era ligado a políticos que faziam oposição ao executivo municipal. Severino também não conseguiu o título definitivo e recorreu à figura jurídica da "usocapião" para garantir a área. A questão se encontra ainda na justiça. Apesar disto, já existe uma sede construída com doações feitas pela comunidade e com trabalho voluntário.

Exatamente porque já foi "levantada" a sede, Severino afirmava que seria obrigado a fazer uma chapa para concorrer à seguinte eleição que ocorreu em 2001. Tinha medo de que um outro agrupamento se apoderasse da associação e deixasse o terreno onde a sede está localizada ser perdido. Como ali existe dinheiro – sob a forma de material de construção – e trabalho dos moradores, avalia que a perda da sede representaria um "golpe" para estes e traria muito descrédito para o movimento.

O grupo de Severino, que preparava-se para tentar o terceiro mandato, já teria conseguido, segundo ele, algumas vitórias. O posteamento e iluminação pública de duas ruas é uma delas; e a instalação de um ponto de recebimento de correspondência. Esta última, no entanto, é uma vitória e um motivo constante de conflito entre a associação e os moradores.

Há somente uma agência da Empresa Brasileira de Correios e Telégrafos (EBCT) em Itaboraí. Por falta de pessoal e porque os endereços no bairro são de difícil identificação, dificilmente os moradores recebiam correspondências. Severino e seu grupo resolveram implantar no Bairro Belo um modelo semelhante ao utilizado em outros loteamentos de Itaboraí: centralizar as correspondências na sede da associação de moradores e, através de contribuições mensais, remunerar uma pessoa, treinada pela EBCT para fazer a triagem das correspondências.

A idéia parecia ser uma alternativa interessante, porém somente seria viável se a contribuição dos moradores fosse efetiva, o que não ocorre. A associação conta com aproximadamente 50 inscritos; destes, segundo Severino, somente uns 20% contribuem com R$ 3,00 mensais. Com o valor auferido não é possível arcar com os custos de IPTU, energia elétrica e ainda o pagamento da pessoa contratada para separar as correspondências.

Por outro lado, a população reclama por ter de ir até a associação pegar sua correspondência. Severino acredita que esta, pelos R$ 3,00 que paga, quer a correspondência entregue em casa, o que não é possível ante o caixa da entidade. No entanto, as correspondências somente ficam na sede por 30 dias, sendo depois devolvidas para a agência de correios. Muitos moradores só depois deste prazo é que vão procurá-las. Não satisfeitos, tendem a deixar de pagar a contribuição, o que vai agravando o problema. Severino diz que ele e outros membros da associação, todo mês, acabam tendo de contribuir com R$ 30,00 ou R$ 20,00 para o pagamento da pessoa contratada para a separação da correspondência (e que também mantém o posto aberto durante o dia); afirma que não vão mais fazê-lo e que se não tiverem as contribuições suficientes vão fechar o posto.

Outra "briga" é pela instalação de mais telefones públicos, pois o bairro tem somente dois. Afirma que será difícil, pois os moradores depredam os mesmos. Já existiram três, mas um foi tantas vezes destruído que acabou sendo retirado.

A forma como se processa a eleição da diretoria da associação é descrita nos seguintes termos, por Severino:

> Cada mandato tem a duração de dois anos e seis meses, os morador que tem a competência de assumir a gente faz a eleição pra formar a diretoria dele e o morador vota [...]

Parece que a pouca participação associativa da população local permite ao grupo dirigente da associação o comando do processo de formação da diretoria. Por outro lado, este controle do processo talvez realimente a baixa participação, da qual Severino tanto reclama. Na eleição, somente os maiores de 18 anos que sejam também proprietários e residam no Bairro Belo podem votar. A exclusão dos menores de 18 anos e dos não-proprietários é assim justificada por Severino:

> No meu entender político, os de menor não pode votar em eleição de qualquer espécie, porque ele não enxerga nem o assento pra sentar direito quanto mais pra opinar no relacionamento político [...] e então pra votar tem que ser maior de idade, de 18 anos e morador próprio, porque o de aluguel ele tá hoje e amanhã não [...] o que tem casa própria, ele é que sabe o peso das conseqüências do bairro.

O critério de eleição da diretoria da associação é pouco convencional. De início, podem votar também os não associados, e não somente aqueles 50 inscritos regularmente. Por outro lado, foi inserida uma espécie de voto censitário, na qual a propriedade do lote (e não somente o fato de ser morador daquele espaço) dá o direito ao voto. É como se houvesse moradores ativos, que possuem interesses concretos no bairro, e por isso devem decidir os rumos da associação, e moradores passivos, que não contam politicamente por serem, possivelmente, passageiros. O interesse na melhoria do bairro seria, assim, exclusividade dos proprietários.

Se fizermos uma aproximação muito tênue, podemos dizer que a associação tem uma concepção lockeana dos processos políticos representativos, na qual somente os proprietários teriam interesse efetivo em formas de regulação e na composição de uma entidade capaz de realizar sua representação[1]. Nada há aqui de uma identidade dos excluídos, ou dos trabalhadores pobres. Um dos mais primários princípios de estruturação da sociedade capitalista – a propriedade privada – é sacado por uma associação de moradores para designar aqueles que, morando no mesmo bairro, lado a lado, pisando nas mesmas ruas onde correm dejetos a céu aberto, seriam distintos; uns proprietários, outros somente locatários. Os primeiros podem se organizar para lutar pelo bairro, os segundos são passivos, não têm direito de opinar. Vemos aqui como é difícil a produção de uma identidade de classe.

A propriedade é aqui um claro princípio de "distinção". Dois vizinhos no Bairro Belo podem estar absolutamente próximos no espaço físico, podem ter *habitus* muito semelhantes, mas podem estar, ainda que por uma filigrana, distanciados no espaço social. Se lembrarmos que, na perspectiva em que nos situamos neste trabalho, o espaço social se estrutura a partir de três elementos – a quantidade de capital global (econômico e cultural) que o agente social possui, a composição deste capital global (ou seja, o peso que o capital econômico e o capital cultural possuem neste) e a evolução no tempo desta quantidade e desta composição –, podemos entender que para estes trabalhadores pobres, moradores de uma periferia absolutamente desprovida de serviços de infra-estrutura urbana, que passaram suas vidas trabalhando penosamente para conseguir um lote e construir uma casa em uma propriedade individual, há uma enorme diferença entre ser ou não ser proprietário. Como afirma BOURDIEU (1999a):

> [...] o espaço social se define pela exclusão mútua, ou a distinção, das posições que o constituem, quer dizer, como estrutura de justaposição de posições sociais [...] (BOURDIEU, 1999a: 178 – tradução livre do autor).

Qualquer homogeneidade identitária que poderíamos forjar "no papel" (ou seja, de forma teórica), a partir da simples e óbvia avaliação de que ali se encontram, dividindo o mesmo espaço físico, representantes das parcelas mais pauperizadas das camadas trabalhadoras desta Região Metropolitana, é riscada na subjetividade das classificações e na objetividade

---

1. Locke estava se referindo aos processos relativos à formação do Estado-Nação e dos governos nacionais, estabelecendo uma polêmica entre a idéia de um Estado constitucional e a idéia de um Estado monárquico regido através da vontade do soberano (ver por exemplo CHÂTELET, 1985), o que, obviamente, é muito diferente da composição de um movimento associativo de base local. Falamos em uma "concepção lockeana", somente para enfatizar a existência de um ponto de aproximação, condensado na valorização do proprietário como portador de racionalidade política, na medida em que estaria mais interessado nesta esfera do que os não-proprietários.

das microrrelações políticas instauradas pelos próprios agentes que, na teoria, comporiam um agrupamento unitário.

Poderíamos ter a associação dos moradores proprietários do Bairro Belo e a associação dos moradores não-proprietários do Bairro Belo. Destas, poderiam ser associados, respectivamente, dois hipotéticos agentes sociais, que acordam na mesma hora, caminham a poucos passos de distância um do outro pela mesma rua, sentindo o mesmo odor que emana da vala aberta que está ao seu lado, cumprimentam-se ao chegar no ponto de ônibus, passam a viagem até Niterói conversando sobre o campeonato brasileiro de futebol e trabalham em portarias de dois prédios distintos de um bairro de classe média deste município. Tudo isto, porém, não os faria participar do mesmo movimento associativo.

Severino acha que a associação está limitada por dois lados: pelo prefeito, que somente atende às reivindicações das localidades onde foi bem votado e nas quais o movimento associativo é a ele vinculado, e pelos próprios moradores do bairro, que participam muito pouco. Ele explica:

> A gente fazia reunião de três em três meses, mas quando a gente convocava vinha só a diretoria, e quando a gente chamava alguém da prefeitura ou um político de fora, comparecia só a diretoria, e então fica chato uma reunião só entre a gente, a reunião que eu conheço tem que ter morador [...] mas eles não opinam, ficam sempre criticando, agora eu pretendo quando terminar a sede lá, terminar o salão, convocar lá e bater firme e pesado em cima deles, mas não adianta não, como a gente é muito democrático um com o outro eles leva na brincadeira e não comparece.

O problema que Severino tem que enfrentar lhe parece de difícil resolução. Estão acabando a sede da associação, com recursos do comércio local e alguma contribuição dos poucos moradores que ainda pagam a quantia mensal estabelecida. Uma vez a sede terminada, com laje e emboço, pretende lutar pela instalação de um posto médico municipal no local, o que há muito não existe. Em 1999 o posto de saúde do bairro foi fechado. As únicas iniciativas de saúde gratuita (e não pública) que apareceram no bairro foram consultórios esporádicos, mantidos por políticos, e hoje não resta mais nenhum. Mas Severino teme que não consiga, pois a associação não consegue demonstrar representatividade ao executivo municipal e aos vereadores.

> Se nós tivesse a cobertura dos morador, nós poderia fazer muita coisa, trazer umas escola lá pra dentro, trazer uma creche lá pra dentro, trazer um posto médico pra dentro da associação, mas eles num ajudam [...] fica difícil.

Severino avalia a população como pobre, muito pobre, "muito necessitada" e "de baixa renda". Aqueles que estão um pouco melhor se diferenciam pouco dos mais pobres; como afirma: "[...] tudo aqui é trabalhador". A situação econômica, em sua avaliação, mantém-se a mesma desde o retorno dos governos civis; acha que, durante os governos militares, estava melhor. Esta é a única separação que estabelece, sua posição política de defesa da ditadura militar o leva a não afirmar diferenças significativas entre os governos pós-1985.

> É como eu já citei, quando nós estávamos no governo militar, todo mundo tinha sua carteira de poupança, vivia com suas economias tudo no dia-a-dia [...] depois que entrou o governo civil acabou... agora somos obrigados a trocar elas por elas, ganha hoje e joga pra fora [...] então nosso país tá cada vez mais entrando no buraco [...] sem solução de saída, em todo setor [...] trabalhista, educação, que nossos políticos de hoje, eles não cumprem com a obrigação deles [...] o país está se enterrando no buraco.

Severino acredita que o bairro está crescendo demograficamente e que os problemas tendem a aumentar, só há uma escola, que não atende toda a demanda do bairro, não há posto de saúde, nenhuma perspectiva de saneamento. Além disto, o Bairro Belo seria um dormitório, pois Itaboraí não oferece empregos nem na indústria, nem na construção civil, somente em poucos comércios.

Severino não acha o bairro violento. Rechaça com vigor a minha pergunta. Diz que quando há confusão é porque existe desunião entre os moradores, brigas, disputas entre vizinhos; mas os assaltos são feitos por pessoas de fora do bairro e os cadáveres que aparecem são somente "desova". A "ordem das coisas". A leitura da realidade do bairro que Severino faz é o produto sistematizado de "esquemas de classificação", as chamadas "estruturas estrurantes", que: "[...] são, em especial, produto da incorporação das estruturas das distribuições fundamentais que organizam a ordem social (estruturas estruturadas)" (BOURDIEU, 1999a: 131 – tradução livre do autor).

Para ele, todos os problemas parecem se resumir na pouca disposição participativa dos proprietários que moram no bairro. Acredita na associação como meio para resolvê-los. Mas sabe que nada pode fazer só. Dos 50 moradores proprietários e parentes de moradores proprietários inscritos na associação, somente seis fazem parte da diretoria; destes, somente três atuam de fato. Por isso, afirma não ter "[...] esperança pro futuro". Tem somente um sonho, que é diretamente ligado à sua atividade na associação de moradores: queria que "um dia" os políticos de Itaboraí "olhassem" para o bairro.

6.1.2 – "[...] eu gosto muito daqui, apesar da dificuldade, gosto muito daqui."

Fátima tem 42 anos, é católica e freqüenta a capela do bairro. Declara-se escura na pergunta aberta e preta na pergunta fechada acerca de sua "cor" ou raça. Nasceu no interior da Bahia, filha de agricultores que trabalhavam com terras arrendadas e tiveram um total de 10 filhos. Estudou somente até a 4ª série do ensino fundamental. Não sabe precisar, mas acha que, com exceção de um dos irmãos, todos os outros não terminaram este nível de ensino. A exceção é exatamente o mais novo de todos, que chegou a concluir o ensino médio.

Fátima saiu de casa aos 12 anos, para trabalhar como empregada doméstica na sede do município onde morava. Incentivada por amigas e parentes, vem para o Rio de Janeiro em 1986, já com 27 anos de idade. Vai morar no bairro do Grajaú, em uma pequena casa, que é alugada por uma conhecida de sua cidade natal, e consegue trabalho como empregada doméstica no bairro da Tijuca.

Logo que se estabiliza minimamente, aluga um "quartinho" próximo do trabalho. Em 1987, começa a atuar em uma empresa, ainda no município do Rio de Janeiro, como auxiliar de serviços gerais. No mesmo ano, casa-se com um balconista, que também trabalhava na Tijuca, e vai morar com o marido na Baixada Fluminense, em uma casa alugada. Seu primeiro filho nasce em 1989.

O nascimento da criança leva Fátima a se demitir do emprego. Fica difícil para o marido manter o aluguel que pagava. Ele começa a procurar algo mais barato. A cunhada de Fátima, que já morava no Bairro Belo, consegue uma casa para eles alugarem, com um custo bastante baixo. Fátima não gosta do bairro, que já conhecia através de visitas, mas não tem opção. Era o ano de 1990.

Em 1992, nasce seu segundo filho. Ambos no momento estão estudando, o mais novo no colégio do bairro, o mais velho no bairro vizinho. Fátima fica até 1996 na mesma casa e, a partir daí, começa a mudar em busca de melhores relações entre o custo do aluguel e as condições do imóvel. A família, porém, não sai do bairro. Os aluguéis continuam mais acessíveis do que em outros lugares. Há alguns outros loteamentos com preços próximos, mas que não apresentam vantagens em relação ao Bairro Belo; assim, é melhor ficar onde já conhecem as pessoas e onde têm parentes como vizinhos.

O marido de Fátima está desempregado desde 1991. Faz todo tipo de "biscate" e pequenos trabalhos por conta própria, mas a renda da família é muito irregular. Fátima diz que "tudo que aparece ele pega", trabalha como ajudante de pedreiro, faz pinturas em casas ou muros, capina terrenos, ajuda em mudanças, vende biscoitos na estrada quando há engarrafamento. Ela começou a procurar trabalho em 1998 e até agora não conseguiu nada. Até 1998 os "biscates" ainda viabilizavam, com vários problemas, porém, a manutenção da família; de lá para cá, tudo foi ficando pior.

Sobre racismo e discriminação racial Fátima diz, inicialmente, que estes não são importantes para explicar suas dificuldades próprias e as de seu marido, que também é "preto". Acredita que ambos, assim como seus filhos, não são vítimas de discriminação e são bem tratados em todos os lugares. No entanto lembra que as famílias "escuras" do bairro são as que passam por mais dificuldades financeiras. Não sabe explicar por quê. Apenas faz a constatação.

De fato, Fátima parece tão convencida de que no Brasil as relações raciais são horizontais e desprovidas de hierarquizações que, embora constate diferenças entre brancos e pobres no seu próprio bairro, não se aventura na direção de refletir sobre aquilo que parece ter aprendido no senso comum.

Afirma que o grande obstáculo que o marido e ela mesma encontram para conseguir um emprego é o preço da passagem. Este seria um problema de todo o bairro. Na sua avaliação, as pessoas que moram ali são todas pobres, ou de "baixa renda"; há famílias passando fome por causa do desemprego. Nos últimos anos tudo piorou para os moradores, tudo está caro e aumentando de preço, enquanto conseguir dinheiro é sempre mais difícil.

Fátima é muito crítica em relação ao bairro, acha um absurdo não haver um posto de saúde; a escola não comporta o conjunto das crianças que lá residem e não serve a merenda escolar, que seria tão importante para sua família. O Bairro à noite se torna perigoso. Com sua família, porém, nunca aconteceu nada; todos estão sempre em casa, pois não há dinheiro para sair.

Fátima diz que parte da culpa pela situação do bairro é dos próprios moradores, que não reclamam, que são acomodados, que não se unem; e de uma associação que não faz nada. Ela, porém, nunca participou do movimento associativo local.

Apesar de tudo isto, diz: "[...] eu gosto muito daqui, apesar da dificuldade, gosto muito daqui". A necessidade feita virtude. Podemos ver, nesta afirmação que parece tão decontextualizada do conjunto da narrativa de Fátima, aquilo que BOURDIEU (1999) chama de:

> [...] escolha do destino, porém uma escolha forçada produzida por condições de existência que, ao excluir como puro sonho qualquer outra possível, não deixa outra opção que o gosto do necessário (BOURDIEU, 1999: 177 – tradução livre do autor).

Fátima conhece como ninguém a urgência material que sua família vive, sabe que atualmente não possui qualquer condição de sair do bairro, somente o faria se conseguisse aluguel mais barato em outro loteamento próximo. É exatamente neste sentido que a necessidade se faz virtude;

que gostar do que se pode alcançar aparece como uma forma lógica de viver e enfrentar o cotidiano. Uma forma orientada diretamente por uma "razão prática" e por princípios e disposições adequados a esta urgência material que pesa sobre ela.

Seus planos para o futuro são simples. Quer somente que os filhos terminem pelo menos o ensino médio e que seu marido volte a trabalhar com um emprego de carteira assinada e que ela mesma também consiga se empregar:

> Só isso que eu queria, pra que a gente no final do mês tivesse pelo menos o básico pra dar pras crianças, para pagar o aluguel direitinho [...] pensar no futuro tá difícil [...] a gente tem que pedir a Deus pra ajudar com o dia seguinte.

Esperanças subjetivas adequadas à "ordem das coisas", à violência das estruturas objetivas. Esperanças subjetivas tão pequenas e limitadas ("Só isso que eu queria [...]") e, ao mesmo tempo, tão difíceis de alcançar, tão situadas na contramão da explosão do trabalho flexível, precário e informal, tão na contramão do desemprego, que assola os moradores do bairro.

6.1.3 – "[...]a gente sempre viveu num bairro que não tem nada, tem muitas dificuldades [...] então você cresce naquele meio sim, aquilo vai exercer influência sobre você [...]"

Ana tem 23 anos, declara-se morena na pergunta aberta de "cor" ou raça e parda quando responde à pergunta fechada. Nasceu no Bairro Belo e lembra-se da infância em uma moradia pequena, "apertada", onde residia com sua família e sempre havia outras pessoas que passavam por lá: parentes de seu pai e de sua mãe, primos, tios, todos recém-chegados do Nordeste. Sua fala é marcada, do início ao fim, pela afirmação clara do lugar desprivilegiado que ela e a família ocupam no espaço social.

Completou o ensino fundamental em Itaboraí. Da 1ª à 4ª série no próprio bairro, da 5ª à 8ª em um bairro vizinho. Aqui começam os problemas da família para pagar as passagens. Como ainda não existia "passe-livre" para estudantes da rede pública de ensino, a manutenção de Ana e sua irmã (ambas estudavam na mesma série naquele momento) representava um impacto significativo no orçamento da família.

Apesar disto, o ensino médio foi feito em um colégio estadual em Niterói. A família esperava um ensino melhor do que poderia ser conseguido em Itaboraí e mesmo em São Gonçalo. Ana acordava ainda de madrugada para estar na aula às 7. O ônibus demorava a passar e a viagem chegava a uma hora de duração. Voltavam para casa sempre com muita fome porque não havia disponibilidade de dinheiro para o lanche.

[...] a nossa vida era só pagar passagem, minha e da minha irmã pra ir pra esse colégio. Então nós só estudamos porque meu pai e minha mãe trabalharam junto, junto pra poder pagar. Que muitas outras pessoas não puderam pagar. Meu pai e minha mãe trabalhando juntos, aí conseguiram que nós ficássemos no colégio. Nós não fazíamos nada, só dava pra pagar a passagem, a gente não podia comprar nada. Se você observar têm algumas coisas que nós fizemos aqui na nossa casa, mas foi depois de 95, que se pôde fazer uma reforma até aqui em casa, meu pai conseguiu fazer depois, comprar essas coisas [...] móveis. Comprou até uma televisão a cores, esse tipo de coisa, TV a cores, videocassete, a gente só conseguiu comprar foi de 95 pra cá [...] porque até então só tinha televisão preto e branco, a casa estava caindo, quase caindo, precisava de uma reforma, o chão rachado era uma rachadura enorme, piso essas coisas, só foi colocado de 95 pra cá, meu pai não tinha condições, tudo era em função da passagem, só dava pra comer mesmo e pra pagar passagem, não dava pra fazer nada, passear nunca [...] Se a gente morasse de aluguel nós não teríamos estudado.

Vemos aqui uma estratégia de reprodução familiar mantida com grande sacrifício. Toda a abdicação de consumos específicos, toda a vida familiar voltada para um único investimento. Há uma concordância entre os membros daquela família de que os esforços devem ser todos voltados para a possibilidade de uma boa educação escolar para as duas filhas. Sem capital cultural e sem capital econômico, os pais de Ana tinham somente o próprio sacrifício para empenhar.

O sucesso escolar de ambas, porém, não é pensado pela família como uma estratégia calculada de investimento em uma renda familiar maior no futuro. É claro que a atitude da família de Ana pode ser lida – erradamente – como um conjunto de ações econômicas coordenadas, visando a um ganho futuro para a reprodução material do grupo. Mas faltaria nesta leitura a questão que, como aponta BOURDIEU (1999: 99), falta em geral às análises puramente econômicas, a saber: quais são as condições econômicas da produção das próprias disposições econômicas? Ou seja, disposições econômicas não são, *a priori*, dedutíveis de um cálculo custo-benefício feito pelo sujeitos das ações. Há um conjunto de elementos materiais e também simbólicos que perpassam e condicionam o cotidiano dos agentes sociais e que atuam na produção das disposições em geral (inclusive as econômicas), porque se aglutinam em estruturas estruturadas que atuam como estruturas estruturantes (matriz, portanto, das disposições). Assim, as ações são baseadas no "sentido prático", no sentido do jogo, aprendido no contato duradouro com condições objetivas e subjetivas de existência e não no cálculo racional.

Os pais de Ana investem na educação das filhas porque sabem que sem o capital cultural – que eles não têm – a sobrevivência material é muito mais difícil; mas investem também por conta de disposições em nenhuma medida econômicas: o orgulho de ter as filhas "formadas" e a "distinção" que um tal fato representa em meio ao espaço de pobreza material em que vivem; e ainda o sentimento do dever de dar aos filhos algo que seus pais não puderam lhes dar. Os interesses e as estratégias da família não são, portanto, redutíveis à esfera econômica. São produtos de disposições reunidas em uma matriz, que foi forjada objetiva e subjetivamente, que congrega um saber prático ao mesmo tempo material e simbólico.

Terminado o ensino médio, Ana quer continuar sua trajetória na faculdade. Sabe que é uma boa aluna; nos três anos estudando em Niterói nenhuma vez ficou em "recuperação", tanto ela como a irmã sempre chegaram ao fim do ano letivo com boas notas, suficientes para uma indiscutível aprovação. Apesar desta caminhada perfeita, a única perspectiva que se coloca é a universidade pública. Mas não há dinheiro para pagar o pré-vestibular. Resta estudar em casa, sozinha. Mas também é necessário trabalhar.

O longo e individual processo de preparação para cada ano de vestibular era marcado pela tentativa de superar as falhas do ensino médio público que cursou, no qual faltavam professores e cuja qualidade era bastante sofrível – ainda que, segundo ela, melhor que a de Itaboraí. Lia e relia seus livros, fazia redações e as corrigia. Quando não estava fora de casa, em alguma ocupação remunerada, estava trancada, estudando.

Ana passou por vários estágios e empregos temporários a partir de 1995. A universidade era um sonho que não podia ser confundido com a realidade latente da urgência material. Enquanto estudava para os quatro sucessivos vestibulares que prestou, Ana trabalhava e fazia cursos técnicos de curta duração (datilografia, auxiliar de escritório, práticas contábeis, escriturário, bancário, técnico de administração e técnico de secretariado) em um órgão público estadual situado em Niterói.

> Lá tem 1º e 2º grau e esses cursos técnicos. Aí eu fiz lá, porque eu tava precisando conseguir trabalho, não tava conseguindo porque eu não tinha nenhum curso técnico. Aí quando eu descobri esse curso lá comecei a fazer [...] aí eu ia uma vez por semana, ou de 15 em 15 dias, quando o dinheiro dava, porque não tinha dinheiro pra gente sair, às vezes eu fazia seis provas num dia, porque eu precisava fazer o curso pra ver se eu chegava na média pra poder me inscrever num estágio e também não podia ir sempre, quase todo dia, por causa do dinheiro da passagem.

Conseguiu estágios com maior ou menor duração em Niterói e em Itaboraí. Nas Lojas Americanas, em uma pequena indústria extrativa de granitos e um ano completo na Caixa Econômica Federal. Lembra que perdeu alguns bons estágios em Niterói em função do valor da passagem. Não conseguiu, porém, qualquer trabalho fixo ou com carteira assinada.

Sua última atividade antes de começar a faculdade foi em uma fábrica de cerâmicas próxima do Bairro Belo. Ganhava dois salários mínimos para

Miséria da Periferia

trabalhar durante todo o dia no escritório. Quando iniciaram as aulas pediu para trabalhar somente meio expediente e teve seu salário reduzido pela metade. As pressões do patrão, porém, acabaram levando-a a se demitir. Considera-se, hoje, desempregada. Espera uma bolsa na universidade para equilibrar novamente os gastos familiares.

Ana não acredita que já tenha sido discriminada por seu fenótipo. Sabe que existe racismo na sociedade brasileira, mas aponta que pessoas como ela, que são "morenas" ou "pardas", "que não são bem pretas mesmo", não costumam sofrer discriminação. Ana diz que já foi e continua sendo discriminada somente por sua pobreza.

A avaliação que Ana faz do bairro é bastante crítica. Em tom jocoso, diz que desde quando era criança até agora a única mudança ocorrida refere-se ao número de bares e "barraquinhas" de cachaça.

Lembra-se de momentos em que a água era escassa, até que a família pôde construir um poço mais profundo, o que significou a necessidade de mais economias e sacrifícios.

Refere-se a uma política de saúde absolutamente inexistente no bairro e totalmente deficiente no conjunto do município. A família não tem qualquer condição de pagar um plano privado de assistência médica e, portanto, tem de recorrer ao hospital situado no centro de Itaboraí. É necessário ir para lá de madrugada; além disto, há pessoas que dormem na fila para venderem seus lugares pela manhã (a "invenção do trabalho" no Brasil globalizado parece não ter limites criativos). Os exames são marcados sempre para no mínimo um mês após a solicitação.

A falta de um bom comércio local também é apontada. Ana se refere principalmente a uma farmácia. Comprar um remédio significa ter de se deslocar e pagar passagem de ônibus, R$ 0,85 na ida, R$ 0,85 na volta (na época da pesquisa).

As possibilidades de lazer são absolutamente inexistentes na perspectiva de Ana.

> Nós só conseguimos viver bem a nossa infância, agora nossa adolescência, nada. Quando a gente era criança, ia às vezes pra cachoeira aqui em Itaboraí mesmo. A praia eu só fui uma vez na minha vida, acredita? Uma vez na minha vida eu fui à praia. O que eu fiz até agora? Nada, eu não fiz nada, porque não tem condições financeiras [...] por exemplo, tenho vontade às vezes de passear, aí em relação à segurança, a gente não pode andar sozinha, porque é perigoso, meu pai não tem carro, porque no caso se tivesse um carro já ajudaria, eu poderia ir em algum lugar, marcaria para ele buscar tal hora, como todo mundo faz fora daqui.

A vida se resume a ir para a faculdade e voltar para a casa. Nos fins de semana, Ana freqüenta a capela católica do bairro junto com seus pais e é só.

Ana afirma também que o bairro é muito violento:

> Você vê esses bailes aí, todo mundo dançando e tal, aí você olha [...], imagina sair daqui tarde da noite [...] a vida noturna que os jovens têm, a gente não tem isso nunca. A gente nunca sai [...] a gente vegeta.

Ana chega diariamente da faculdade entre 22h30 e 23h; quando não vem com o pai, que a espera no terminal de ônibus, em Niterói, este vai buscá-la no ponto de descida. Gastam-se em média 15 ou 20 minutos para percorrer a pé o trecho que separa a casa de Ana, na "parte de baixo", e o ponto onde salta, na estrada. Ana teme violências sexuais e assaltos, que são freqüentes em sua avaliação.

> Porque em todo lugar existem pessoas ruins, e você sabe que aqui no bairro existe uma turminha assim, então eu acho que um dia se a pessoa me pegar, vai me pegar, fazer o que quiser e vai me matar também, eu tenho medo. [...] Num bairro que você vive assim, você não acha que é perigoso não? Você vive assustado.

Ao contrário de outros moradores por nós entrevistados, Ana não acredita que os atos de violência que ocorrem no bairro sejam praticados por pessoas "de fora". Conhece vizinhos que foram assaltados, mulheres que foram violentadas, sabe que cadáveres são encontrados e não acha nada disto evidente, como parece ser para outros entrevistados. Ana tem seus movimentos limitados por uma ameaça que é muito concreta e que já se materializou na vida de pessoas com as quais se relaciona. Constrói sua percepção da violência local do ponto de vista de alguém que possui disposições mais amplas, necessidades subjetivas, em muito relacionadas com a freqüência ao ensino superior. Diferentemente de moradores que criticam aqueles que ficam depois de 22h na rua e se expõem ao perigo, Ana tem que andar 15 ou 20 minutos pelo bairro depois deste horário e gostaria de poder andar mais, sair mais, não ter limites impostos, se fosse possível ter segurança e se fosse possível ter o dinheiro para gastar, com têm atividades de lazer. Gostaria de ter algum tipo de vida noturna, como têm as pessoas de sua idade que estudam em sua mesma turma e com as quais se relaciona todos os dias úteis da semana.

Ana já se sentiu discriminada por morar no Bairro Belo. Afirma que mesmo as pessoas que moram em Itaboraí não conhecem o bairro. Estas reclamam que é longe, que deveria haver mais ônibus circulando por dentro do bairro e não somente uma linha que passa a cada duas horas.

O período em que estudou em Niterói foi particularmente marcante. Ela e a irmã eram as únicas alunas na turma que vinham de Itaboraí. Os colegas as humilhavam por conta dos sapatos sujos de lama durante os períodos de chuva. Diziam que elas moravam na roça (outras pessoas que entrevistamos no Bairro Belo e no Bairro A se referiram a este termo que era usado – jocosamente ou não – para os desqualificar). Como já vimos antes, trata-se de uma classificação que serve para separar aqueles que estão em outro ponto do espaço social, ao reduzir esta distância às distâncias físicas. Morar na "roça" é morar fora do centro, fora do urbano, fora do moderno. A convivência de Ana e sua irmã, diariamente, na mesma sala de aula, com alunos que moram em Niterói não significou uma aproximação interacional; Ana lembra que as duas estavam sempre juntas e afastadas dos demais. Como lembra BOURDIEU (1998), é necessário duvidar da afirmação de que a aproximação espacial de agentes sociais distanciados no espaço social

> [...] pode por si mesma ter um efeito de aproximação social: de fato, nada é mais intolerável que a proximidade física [...] de pessoas socialmente distantes (BOURDIEU, 1998: 165).

Hoje, na faculdade, Ana ainda sente um certo tipo de discriminação, menor do que a existente durante o ensino médio, uma discriminação que ela chama de "sutil". Ana constituiu um grupo mais próximo de relacionamento, formado por pessoas mais pobres e, junto com estes, fica afastada dos outros – daqueles alunos que demonstram todo o tempo ter acesso a oportunidades de consumo de bens e serviços que seu grupo não tem.

> Eu fico vendo que olham muito o nosso jeito de se vestir, você vê quando a pessoa te olha de cima embaixo, vê o jeito que você se veste, ou o jeito que você fala.

Diz que lhe irrita, em particular, o jeito como estas pessoas falam, principalmente as do sexo feminino:

> É [...] mimadinha. Parece que tem sempre uma vida boa, nunca soube o que realmente é a vida, dificuldade. Mas não é o que fala, é como fala. A maneira que fala [...] Você vê na hora uma pessoa humilde, o jeito que a pessoa se coloca [...]

Uma colega em especial lhe incomoda:

> Tem uma menina da turma, a Michele, ela tem uma pena de mim, acho que ela me vê como se eu fosse um bichinho:
> – Não sei o que [...], não sei o que [...] Ana, você tá boazinha? Você se cuidou direitinho?
> Aquela voz:
> – Você tá bem?
> Aí como eu tenho esse meu jeito calmo [...] eu vou escutando e não falo nada, não respondo.

Ana está nos dizendo que a "verdade" da interação comunicacional nunca se encontra encerrada nela própria, está nos dizendo que: "Mesmo a troca lingüística mais simples põe em jogo uma rede complexa e ramificada de relações de força [...]" (BOURDIEU & WACQUANT, 1992:

118). Nesta perspectiva, uma avaliação microssociológica (do tipo proposto pela etnometodologia) do contato de Ana com sua colega de turma Michele não poderia captar o que se encontra em jogo nesta relação, pois efetivamente o que está em jogo reside em estruturas que transcendem aquele encontro comunicacional específico.

Aquilo que podemos denominar "coordenadas posicionais" como sexo, origem social, residência, nível de educação etc.

> [...] intervêm a cada momento na determinação da estrutura objetiva da "ação comunicativa" e a forma que toma a interação lingüística dependerá substancialmente desta estrutura, que fica inconsciente e funciona quase sempre "por dentro" dos locutores (BOURDIEU & WACQUANT, 1992: 119 – tradução livre do autor).

A identificação que Ana faz de uma forma específica de falar (que não é a forma como ela fala, mas é a forma que reconhece em suas colegas de turma que não pertencem ao grupo de pessoas "que não têm nada" do qual ela se aproximou), esta forma "mimadinha", que parece querer dizer que nenhuma dificuldade foi enfrentada na vida, que as urgências materiais estiveram sempre bem longe, nos mostra que aquilo "que fala nunca é a palavra, o discurso, mas toda a pessoa social [...]" (BOURDIEU, 1983c: 167). O que Ana identifica como uma forma diferente de falar é o resultado de signos que "[...] afetam o valor social do produto lingüístico [...]" e que também possibilitam a "[...] definição do valor social [...]" daquele que está emitindo o discurso. E mais:

> [...] propriedades tais como "posição" (setting) da voz (nasalização, faringalização) e pronúncia (sotaque) oferecem melhores índices do que a sintaxe para a localização da classe social dos locutores [...] (BOURDIEU, 1983c: 167).

Ana nos dá uma verdadeira aula acerca daquilo que corresponde ao conceito de *habitus* no conjunto da obra de Bourdieu, para explicar por que ela é diferente, mesmo na forma de falar, de suas colegas que não são originárias de famílias pobres como a sua. Aqui é impossível não citá-la:

> Acho que o meu jeito de falar [...] As pessoas que têm família assim [...], que moram também em lugares assim afastados, têm um jeito diferente sim. As pessoas que vêm lá do Nordeste, têm seus filhos aqui, casaram, sei lá, aí tiveram filhos nasceram aqui, mas os filhos [...] eles vão dar toda essa cultura para os filhos desde que você nasce, até você ficar na sua vida adulta, você tem forte influência da família, e daquele meio que você tá vivendo, no caso aqui o meio, aqui o bairro, a gente sempre viveu num bairro que não tem nada, tem muitas dificuldades [...] então você cresce naquele meio sim, aquilo vai exercer influência sobre você, podem ser boas ou podem ser ruins, mas exerce influência sim.

Ana nunca namorou nenhum rapaz do bairro. Não sabe dizer o porquê. Oscila entre o fato de que conhece todos desde criança, como amigos de infância, e a afirmação de que são "muito moleques". De fato, Ana somente estabeleceu relações pouco duradouras e não aprofundadas, jamais um namorado foi à sua casa. Não sabe por que, apesar de seus 23 anos, ainda não estabeleceu um namoro "sério"; mas Ana admite carregar consigo uma grande tristeza. Afirma que, na verdade, toda a sua vida foi um enfrentamento constante com dificuldades, nunca passou fome, sempre teve com o que se vestir, mas também nunca pôde "viver uma vida legal", o que seria simplesmente fazer aquilo que parece tão simples para as pessoas que não moram ali, que não têm as mesmas dificuldades:

> [...] você poder sair com seu pai? Você não pode porque que seu pai tá sempre trabalhando. Porque se sair, você não vai ter o que comer [...] a gente sempre viveu assim um mundo de muita dificuldade [...] viveu muita dificuldade e ouviu sempre isso [...] sempre ouviu esse tipo de coisa. Sempre vendo só dificuldade em nosso meio. Tudo é ilusão pra gente. A gente nunca vivenciou isso, essas coisas da novela, a gente sempre viveu aqui uma vida difícil.

Ana frisa, com ênfase, que "viver bem" na sua concepção não é ser rica, mas simplesmente poder "dar conforto" para os pais, poder levá-los a bons médicos, não vê-los andando tanto todos os dias. Em suma, diz que quer somente um pouco de "dignidade" para sua família. Queria somente ter o necessário.

Além disto, a única referência que Ana possui deste "viver bem" advém do que pôde ver pelas telenovelas, nunca freqüentou casas de famílias que vivam assim, seus parentes não vivem assim, os amigos que pôde ter até hoje também não. Trata-se de um universo social que ela sabe que existe, mas que de fato nunca viu, tal o seu isolamento. É claro que vários dos agentes sociais que entrevistamos tanto no Bairro Belo quanto no Bairro A estão na mesma situação que Ana, porém não conseguem estabelecer uma tal formulação da tragédia em que consiste uma exclusão que não é somente econômica, mas também relativa às formas possíveis de sociabilidade com o conjunto da sociedade. E não conseguem exatamente porque não possuem os instrumentos perceptivos e reflexivos críticos, necessários para uma tal análise. Ana, por sua vez, parece ter adquirido estes instrumentos através de uma sensibilidade social ímpar, alicerçada sobre os conhecimentos que adquiriu na universidade pública, onde realiza seus estudos em um curso da área das ciências humanas.

Apesar de ter somente 23 anos, as mudanças econômicas dos anos 1990 são sentidas por Ana sob a forma de uma piora progressiva na situação de sua família. Hoje não são mais duas pessoas estudando e gastando dinheiro de passagens (mas somente ela mesma); hoje há uma pessoa a menos em casa (pois sua irmã casou-se e mora em outro bairro de Itaboraí); mesmo assim, o dinheiro continua "apertado", não há possibilidades de qualquer gasto extra. Não faltam comida e roupas, mas tudo deve ser muito controlado, tudo comprado com muita economia, sempre as mercadorias mais baratas. Passa os dias sob a necessidade de viver todo o tempo fazendo economia, de ter de ser uma pessoa econômica, que deve pensar antes de cada gasto realizado. De não poder sair "para lugar nenhum". Ana se mostra indignada e, ao mesmo tempo, cansada de viver sobre tal pressão material. Frisa o ter de "pensar em cada dinheiro que vai gastar [...] uma simples passagem [...]":

> Porque às vezes a gente sente até vontade de sair, mas a gente desanima [...] por causa da distância [...] também já tá acostumado a viver essa vida, já nos acostumamos, e também em relação a essa dificuldade financeira [...] olha se vai ao cinema, vai gastar R$ 5,00 de passagem o cinema é quanto? Pera aí esse dinheiro dava pra eu comprar [...] sei lá uma roupa que eu tô precisando, não, não, não, daria pra eu comprar um remédio, que remédio hoje em dia tá muito caro, e a gente só vive doente. Aqui em casa gasta-se muito, é dinheiro com remédio, a gente só vive comprando remédio, é demais. Então, se você for se divertir o dinheiro que você vai gastar deixa de entrar pra você comprar um remédio [...] alimentação, roupa, outras coisas necessárias. Ninguém vai morrer se não for ao cinema.

Ao mesmo tempo, Ana expressa um sentimento de decepção em relação a uma realidade material que vai progressivamente aumentando, o que ela chama de "diferença entre o rico e o pobre". Uma realidade material que se parece com um horizonte que nunca pode ser alcançado, por mais que pensemos nos aproximar dele. Somente após 1995 podem ter uma televisão "a cores" e logo depois um videocassete; mas uma vez alcançados estes patamares de consumo, outro patamar aparece, tão inalcançável quanto um dia fora o anterior.

> Você pega compra uma televisão, R$ 500,00, paga em mil prestações, qualquer um pode fazer isso. Agora você pode pagar um computador, que custa R$ 2.000,00, conseguir uma Internet pra botar dentro de casa, que aqui não tem nem telefone? Claro que não.

Ana faz também uma avaliação coletiva que retorna ao tema da relação entre desemprego e preço da passagem de ônibus, que aparece na maioria das entrevistas que realizamos no Bairro Belo:

> Tá muito difícil sim. Eu acho que cada dia tá ficando [...] em relação [...] financeiramente tá ficando mais difícil sim, pra todas as pessoas, principalmente as pessoas que vivem aqui em bairros afastados [...] da dificuldade de conseguir trabalho devido ao preço da passagem.

Apesar de todas as dificuldades que enfrenta, ela tem um plano para o futuro. O fundamental é acabar a faculdade e conseguir um emprego com a carteira assinada. Acha muito ruim ter 23 anos de idade e uma carteira de trabalho ainda em branco. Não tem muitas expectativas para depois de formada. Sabe que tudo está muito difícil, é realista com relação ao mercado de trabalho, mas sabe que sua única alternativa é seguir tentando, como sempre fez.

Ana parece expressar a dor que lhe causa a violência contida na "ordem das coisas"; violência somente sentida enquanto tal por aqueles agentes que, devido a variações em suas trajetórias, não tomam a "ordem" como sendo "das coisas", como sendo "natural"; em uma palavra: "evidente". Agentes que, como ela, sofreram e sofrem as imposições da "distinção", porque em suas vidas tiveram de se expor a esta. Pessoas que enfrentaram dificuldades diárias, que acompanharam o sofrimento diário dos que lhes são mais queridos, que forjaram sua visão de mundo em meio ao desgosto e à impossibilidade, em meio às decepções, em meio à estigmatização pelo local degradado onde moram, pelas roupas que vestem. Pessoas que se relacionam com o outro lado disto, com aqueles que consomem e falam do que consomem, pessoas que observam suas roupas, que falam diferente, com outra entonação, que estão longe de saber o que é um cotidiano marcado pela urgência material.

6.1.4 – *"Aqui tem gente que é mais ou menos e gente que é pobre mesmo [...]"*

Mara tem 31 anos e chegou ao Rio de Janeiro em 1992. Diz-se escura ao responder à pergunta aberta de "cor" ou raça e escolhe a classificação preta quando lhe mostramos as opções do IBGE. Nasceu na área rural de um município de porte médio, no interior de Pernambuco. Seus pais tinham um pequeno sítio e a família vivia da produção agrícola. Tem nove irmãos. Destes, somente uma irmã completou o ensino médio e hoje trabalha como auxiliar de enfermagem no hospital da cidade. Os demais, como ela, não chegaram a terminar o ensino fundamental. Do total de 10 filhos, quatro estão no Rio de Janeiro, os demais em Pernambuco.

Com 21 anos, Mara saiu do sítio dos pais onde desde pequena trabalhava nas atividades agrícolas, e foi para a sede do município. Trabalhou menos de um ano como empregada doméstica e resolveu vir para o Rio de Janeiro, onde um irmão e duas irmãs já se encontravam. Suas irmãs lhe diziam que aqui, fazendo a mesma coisa que lá, ganharia muito mais.

Mara viaja em 1992. Já tinha um emprego acertado por sua irmã. Seria em um apartamento no bairro do Flamengo no Rio de Janeiro. Mara moraria no próprio local de trabalho.

Ficou assim por dois anos, até que conheceu seu atual marido, que, na época, trabalhava como porteiro em um prédio no Méier. Logo engravidou. No sexto mês de gestação, achou melhor voltar para sua cidade, onde a irmã trabalhava no hospital local. O futuro marido fica no Rio de Janeiro trabalhando e Mara passa quatro meses em Pernambuco.

Quando retorna, já com o filho, eles se casam e vão morar em Santa Cruz, na Zona Oeste do Rio de Janeiro. O marido conseguira emprego como caseiro em um sítio. Ficam pouco tempo, pois o marido é logo demitido. Irá agora trabalhar em uma obra, na Zona Sul.

Eles conseguem alugar uma casa em uma favela do bairro de Bonsucesso. Mara volta a trabalhar como empregada doméstica e paga a uma vizinha para tomar conta do filho. Até 1999, o marido fica trabalhando em obras. Desde estão, porém, não conseguiu mais emprego. No início deste mesmo ano, Mara tem o segundo filho.

Com o marido desempregado e duas crianças, uma delas recém-nascida, a situação fica insustentável. Mudam-se para o bairro de Manilha, em Itaboraí, para a casa de sua cunhada. Ele desempregado e ela sem poder trabalhar por causa da criança. Como afirma: "[...] ficamos os dois parado dentro de casa". Passaram alguns meses sendo mantidos pela cunhada e o marido desta.

Como seu marido não consegue qualquer emprego, Mara resolve voltar a trabalhar. Suas duas irmãs atuam há muitos anos como empregadas domésticas em Copacabana e Ipanema e conseguem um emprego para ela. Agora Mara pode pagar a cunhada para tomar conta das crianças e o marido continua procurando emprego sem, no entanto, encontrar nada além de pequenos "biscates" locais.

Mara afirma que já sofreu discriminação ao procurar empregos, pois as "madames" nem sempre querem "domésticas escuras". Relata que perdeu muitos empregos por conta de sua filiação racial. Algumas "patroas", segundo Mara, acham que "o povo escuro" é passível de efetuar roubos e seria mais preguiçoso. Ela acha este posicionamento "errado" porque tanto entre os "escuros" quanto entre os brancos existem ladrões e preguiçosos. Por isso, acredita que as pessoas "ricas" sejam racistas, mas não as pessoas pobres. Entre estes últimos não existem estas "frescuras, porque todo mundo é igual mesmo, todo mundo passa sofrimento". Neste sentido, nas suas relações de sociabilidade mais gerais, não se lembra de já ter sido discriminada; seu marido também é "escuro" (ela sempre namorou "escuros"), possui amigos brancos e "morenos" e nunca teve problemas com estes.

Por causa do preço da passagem, a sua nova patroa só a aceitou se não retornasse para casa todos os dias. Assim, fica de segunda até sexta-feira à tarde em Copacabana, passa somente o final de semana com os filhos. O emprego possibilitou, no entanto, que eles alugassem, já em meados de 2000, uma casa pequena, pagando R$ 150,00, no Bairro Belo, onde o aluguel era mais barato que a média de Manilha, onde morava com a cunhada.

Seu marido desistiu, por aquele período de procurar emprego, passando a tomar conta das crianças. Estavam gastando muito dinheiro com passagens e pagando R$ 5,00 para uma vizinha adolescente tomar conta das crianças nos dias em que o marido saía. Este por sua vez, tendo somente estudado até a 4ª série do ensino fundamental e, como afirma Mara, sem ter uma "profissão", procurava qualquer tipo de ocupação: servente de obra, faxineiro, camêlo etc. Tentou ainda trabalhar nas construções de casas que ocorrem no bairro e em bairros vizinhos, mas os ajudantes de pedreiros são sempre escolhidos entre os que já moram no bairro, que são conhecidos do próprio pedreiro responsável pela obra. Nenhum trabalho aparecia.

Diante disto, o melhor arranjo econômico seria realmente deixar Mara trabalhando e diminuir os demais custos. O marido em casa, sem procurar emprego, não gasta passagens e não é necessário pagar a ninguém para cuidar dos filhos. O salário de Mara fica, então, para o aluguel, as despesas fixas, a comida e os remédios das crianças.

Mara continua trabalhando em Copacabana, agora em outro apartamento, onde ganha 2,5 salários mínimos mensais. Por causa da passagem, somente volta para casa no sábado, após as 12h, e retorna na segunda pela manhã. O emprego é com carteira assinada. Ela não gosta de ficar tão pouco tempo com os filhos, mas não vê outra possibilidade de a família sobreviver.

Está esperando o filho mais velho completar sete anos para o matricular na escola do bairro. Não sabe se haverá vaga, mas está despreocupada, pois há outros colégios nos bairros próximos e o marido pode levá-lo.

Mara não faz críticas ao bairro ou ao município onde mora. No caso da saúde, diz que "dá pra levar". Na verdade, quando uma das crianças adoece, uma das opções da família é levá-la à emergência do hospital que fica no centro de Itaboraí, o que eles não gostam de fazer, pois, neste caso, geralmente é administrado um remédio na hora e dada uma receita para compra do mesmo remédio ou de outro que deve ser tomado em casa.

Outra opção é levar a criança ao ambulatório do posto de saúde que fica no bairro vizinho e onde os remédios que forem necessários são dados ao responsável pela criança. Neste caso, é necessário implementar toda uma logística. O marido tem que ir de madrugada para a fila, por volta de 4 ou 5h, o que torna necessário acionar a vizinha adolescente e pagar os R$ 5,00 para que fique com as crianças. A outra opção é deixar para fazer isto na segunda-feira (o ambulatório não funciona no final de semana), caso em que Mara teria de faltar ao trabalho.

Apesar de tudo isto, a saúde "dá pra levar".

A questão do esgoto parece não preocupar Mara, diz que todo lugar de Itaboraí é assim. Lembra que em outros bairros o problema já está resolvido, pois os moradores se cotizaram e instalaram manilhas (o que significa a feitura do mesmo processo que chamamos de "saneamento predatório local", tão comum no Bairro A, em São Gonçalo). Diz ainda que se a casa onde mora fosse própria, ela iria propor esta solução aos vizinhos, mas, por enquanto, ainda está pagando aluguel.

Mara diz que sua diversão agora é "ficar mais em casa mesmo", mas, às vezes, vai para uma cachoeira de Itaboraí com as crianças e o marido aos domingos, ou para a praça no centro do município, sábado à noite.

Não acha o bairro perigoso para a população em geral, " [...] é perigoso pra quem gosta de safadeza, pra quem fuma maconha, mata [...]". Mara expressa, aqui, uma fórmula simples: basta não se imiscuir na violência para que qualquer um fique livre dos perigos. O bairro não é perigoso, as pessoas que gostam de "safadeza" é que procuram o perigo.

Mara acha que a população do Bairro Belo se divide em "gente que é mais ou menos" e "gente que é pobre mesmo". Na sua acepção, estas categorias não definem posições permanentes. Os que são "gente que é mais ou menos" teriam "emprego certo" e casa própria. Se perderem o emprego, já ficam pobres, mas não "pobre mesmo". Já aqueles que são "gente que é pobre mesmo" não teriam emprego certo, viveriam de "biscates" e ocupações irregulares e pagariam aluguel mensal.

A partir de sua própria experiência, Mara enfatiza que os que são "gente que é mais ou menos", se perderem o "emprego certo", ficam pobres, mas não "pobre mesmo", porque têm a casa para morar e não correm o risco de ficar, como sua família teve de fazer, morando de favor. Estes dificilmente vendem a casa que possuem a não ser para abrir um negócio próprio como alternativa ao desemprego; neste caso, podem ter sucesso e voltar a ser "gente que é mais ou menos" ou não ter sucesso e passar à condição de "gente que é pobre mesmo". Mas, segundo Mara, isto dificilmente ocorre, pois voltar a morar pagando aluguel é a última coisa que alguém quer fazer.

Alguém que é "pobre mesmo" pode vir a alcançar o patamar de "gente que é mais ou menos", basta conseguir um "emprego certo", economizar por um tempo e comprar uma casa.

Como vemos, Mara está operando aqui com critérios de "distinção" diretamente ancorados no valor objetivo e subjetivo da propriedade.

A "gente que é mais ou menos" se distingue pela casa que foi possível comprar, capital econômico materializado, fundamental para enfrentar os percalços do mercado de trabalho. Mas também capital simbólico, no sentido em que este corresponde a qualquer característica ou propriedade do agente, seja objetiva ou subjetiva, que seja:

> [...] percebida pelos agentes sociais dotados das categorias de percepção e de avaliação que lhes permitem percebê-la, conhecê-la, tornar-se simbolicamente eficiente [...] (BOURDIEU, 1997: 170).

A casa é um capital econômico perseguido por quase todos os que sabem o quanto esta pode representar em suas inseguras vidas, por isso a sua posse tem, também, tanto valor simbólico, tanto valor de "distinção", ao ponto de orientar as classificações de Mara sobre a população do bairro. Quem não possui uma é porque não conseguiu acumular capital econômico (muito possivelmente porque não conseguiu um "emprego certo" e não terá, em conseqüência, o capital simbólico que corresponde ao fato de ser proprietário).

Seu senso prático, formado no embate com a "ordem das coisas", já lhe possibilitou obter, em poucos anos de Rio de Janeiro, e menos ainda de vida na periferia desta região metropolitana, um "sentido do jogo" que lhe é muito útil. Este último equivale ao conhecimento prático do ponto que está ocupando no espaço social e das suas possibilidades objetivas de operar neste; ou seja, como se antecipar às regularidades do mundo material. O sentido do jogo é, assim, parte do *habitus*. Em última instância, é este que:

> Pode garantir uma adaptação mínima ao curso provável deste mundo, por meio das antecipações "razoáveis", ajustadas em largos traços (à margem de qualquer cálculo), as possibilidades objetivas, e adequadas para contribuir com o reforço circular destas regularidades [...] porque é fruto de um confronto duradouro com um mundo social que apresenta regularidades indiscutíveis (BOURDIEU, 1999a: 284-285 – tradução livre do autor).

Mara sabe que hoje ainda não é "gente que é mais ou menos", mas sabe que pode vir a sê-lo. Para tal, precisa agir de determinadas formas e o fará guiada exatamente pelo "sentido do jogo", que emana do *habitus*. Não foi um aprendizado por lições didáticas, não foi uma "dica" dada por um parente ou vizinho; foi um aprendizado prático. De fato, o "sentido do jogo", como o sentido do que fazer em uma dada situação e mesmo o sentido de antecipação em relação a esta e ainda o sentido de operar classificações acerca desta somente se constrói na relação com uma ordem material específica, ou seja, através da incorporação de:

> [...] uma cadeia de esquemas práticos de percepção e de apreciação que funcionam, seja como instrumentos de construção da realidade, seja como princípios de visão e de divisão do universo no qual eles se movem [...] (BOURDIEU, 1997: 143).

Continuando em sua classificação dos moradores do bairro no espaço social, Mara diz que lá as mulheres, quando trabalham, são geralmente empregadas domésticas em Itaboraí, São Gonçalo e no máximo Niterói. Dificilmente alguém consegue emprego no Rio de Janeiro, por causa do preço da passagem. Ela mesma só conseguiu porque aceitou ficar somente um dia e meio por semana em casa.

Já os homens trabalham principalmente em obras no local e em bairros vizinhos, nas pequenas fábricas de cerâmica que ainda existem no município, como camelô e no comércio de Itaboraí e São Gonçalo. Ela conhece poucos homens que vão para o Rio de Janeiro ou mesmo para Niterói trabalhar.

Mara acha que sua situação econômica, em particular, melhorou nos últimos anos, pois conseguiu um emprego em que ganha melhor. Apesar de o marido não trabalhar, a despesa de alimentação da casa praticamente não a inclui (pois passa quase todo o tempo fora e se alimenta no trabalho) e, assim, com o que recebe de salário consegue manter a família. No que tange aos moradores do bairro, acha que tudo continua igual, uns "mais ou menos" e outros "pobres". Mara parece não estabelecer qualquer relação entre o desemprego prolongado de seu marido e características mais gerais do mercado de trabalho. O arranjo – em nível da divisão familiar do trabalho – que construíram para viabilizar a manutenção da casa, embora a desagrade por ficar tantos dias longe dos filhos, lhe é aceitável e faz com que vivam sem enfrentar novamente problemas como a ameaça da fome ou a dependência concreta de familiares.

Mara não quer se mudar do Bairro Belo. Diz que gosta do lugar, principalmente porque "[...] é melhor pras crianças [...] que não tem tiroteio, coisa errada [...]". Aqui, temos a culminação de uma adaptação "à ordem das coisas", que percorre o conjunto da fala de Mara e faz mesmo com que ela saque uma característica do bairro, construída a partir de sua leitura subjetiva para justificar a vontade de permanecer onde ela sabe que é o local mais provável em que consiga, de fato, permanecer.

> As estruturas do espaço social (ou dos campos) moldam os corpos ao inculcar-lhes, por meio dos condicionamentos associados a uma posição neste espaço, as estruturas cognitivas que estes condicionamentos os aplicam (BOURDIEU, 1999a: 240 – tradução livre do autor).

Mas quer ficar como proprietária. Este é seu plano. Com o que ganha está economizando para comprar um terreno no bairro, assim que for possível. O marido pode construir a maior parte da casa, contratando mão-de-obra somente em algumas etapas do processo. Passar de "gente que é pobre mesmo" para "gente que é mais ou menos" é o que quer, agora que acredita ter um "emprego certo". Avalia que tem todas as possibilidades para conseguir.

6.2 – Considerações gerais

Assim como entre os entrevistados do Bairro A, os do Bairro Belo expressam um sistemático "sentido do próprio lugar" que, apesar de alguma variação, está compreendido no que temos denominado como espectro da pobreza.

Encontramos, entre os entrevistados, indivíduos que possuem – poderíamos dizer –, "à flor do discurso", seu sentido de posição no espaço social e sua classificação na lógica socioeconômica. Parece-nos que a concentração de pobreza tão evidente não possibilita aos agentes sociais relativizar sua posição no espaço social.

De fato, nos dois casos estudados, o caos infra-estrutural, a concentração de uma população quantitativamente pauperizada, a ausência de equipamentos de políticas públicas capazes de atender de forma mínima à demanda e à maior distância do bairro em relação aos centros tradicionais de procura de empregos fornecem um número significativo de elementos para que os agentes sociais, através de seu "senso prático", estabeleçam sua própria classificação e também a classificação dos outros moradores.

Estas classificações, elaboradas acerca do posicionamento no espaço social ou da condição socioeconômica dos moradores do local são em geral, remetidas às categorias que se relacionam com a idéia de pobreza. Somente Mara, em sua entrevista, estabelece uma oposição entre dois tipos de moradores, os "pobres mesmo" e os que são "mais ou menos". Porém, logo vemos que Mara somente retira do seu patamar subjetivo de pobreza aqueles que possuem um "emprego certo" e uma "casa" própria onde podem morar (estes seriam os "mais ou menos").

A concentração de desemprego no bairro aparece na subjetividade dos entrevistados como um dos elementos que marcam o aprofundamento dos problemas econômicos e das dificuldades de reprodução material nos últimos anos. Estes se referem também ao preço elevado das passagens rodoviárias dos ônibus intermunicipais que ligam o município à Niterói, o que impacta sobremaneira as possibilidades, já tão complexas, de obtenção de empregos por parte dos moradores do local. Esta realidade seria um sobredeterminante não somente da concentração de desempregados, mas também da concentração de subempregados, aqueles que acabam sendo obrigados a atuar na precária economia local. A presença deste fenômeno se imiscui na subjetividade e na objetividade da vida material dos moradores do bairro.

As entrevistas aqui discutidas foram realizadas com indivíduos que se classificavam como pretos ou pardos entre as variáveis do IBGE. Como vimos, estes apresentam percepções diferentes acerca do racismo e da discriminação em suas vidas.

Fátima nega a existência do racismo e diz que seu núcleo familiar, formado por pretos, jamais foi discriminado. Mas de forma espontânea, lembra que, no bairro, as famílias mais pobres e que vivem em situação mais difícil são, em sua maioria, pretos como ela. Assim, a constatação que realiza através de seu "senso prático" não é capaz de levá-la ao questionamento da imagem cara ao "senso comum", de uma igualdade racial.

Os outros três entrevistados reconhecem o racismo na sociedade brasileira, mas somente Mara o enfrentou nas relações do mercado de trabalho. Ela não somente identifica o racismo como também os estereótipos que são imputados aos negros e que significaram para ela a não-aceitação como empregada doméstica em várias casas. Mas acredita que somente os mais bem posicionados socialmente seriam racistas, pois em seus relacionamentos com os pobres não se sente discriminada.

Severino também se refere aos estereótipos, mas o faz de forma indireta. Esteve longe da discriminação, seja no bairro, seja fora deste, porque mantém uma postura pessoal que nega as representações que a sociedade em geral relaciona com a "cor" de sua pele. Parece acreditar que há uma saída individual para se manter livre da discriminação racial.

Ana, por sua vez, aponta seu fenótipo "pardo" como fator explicativo para o fato de não ter sido discriminada racialmente em sua trajetória. Ela lembra, portanto, que o racismo de "marca" (NOGUEIRA, 1995) existente no Brasil a deixa relativamente livre de mais este sofrimento.

Também no Bairro Belo, é necessário fugir de representações simplistas acerca da violência e procurar entender o que aparece nas avaliações subjetivas dos entrevistados. Neste sentido, os agentes sociais caracterizam o local como violento ou não violento de forma muito variável.

Vale ressaltar que tanto no Bairro A quanto no Bairro Belo os membros das respectivas associações de moradores que foram entrevistados apresentam uma recusa total às afirmações acerca do bairro que possam caracterizá-lo como *locus* violento e, portanto, passível de ser estigmatizado. Ambos apontam os problemas de infra-estrutura urbana do bairro, as dificuldades para a população sobreviver ali etc. Mas não concordam com a afirmação da existência de potenciais de violência que significariam a agregação de características muito negativas para os bairros, do tipo que os aproximaria e a sua população de uma imagem muito forte de degradação.

A maioria dos entrevistados não parece expressar o projeto de sair do bairro, apesar de identificarem seus vários problemas. Mais uma vez, estamos vendo, aqui, um processo subjetivo, mas condicionado objetivamente, no qual a "necessidade" se faz "virtude". É claro que a manifestação do desejo de sair do bairro não pode levar em conta somente aspectos subjetivos, mas também os objetivos. Mais precisamente, deve levar em conta a objetividade do mundo material apreendido pelo agente social nas suas experiências cotidianas. O planejar ou não planejar sair do bairro não se refere, portanto, a uma questão de "gosto". Aquilo que em geral chamamos de gosto, tal como gostar do Bairro Belo, parece corresponder a uma necessidade de escolha condicionada por limites materiais muito concretos, o que BOURDIEU (1999: 177 – tradução livre do autor) chama de "[...] gosto do necessário".

E mais uma vez estamos no âmbito do conceito de *habitus*. É este "[...] que faz com que se tenha o que se gosta, porque se gosta do que se tem [...]" (BOURDIEU, 1999: 174 – tradução livre do autor).

Talvez seja possível afirmar que determinados espaços físicos, concentradores de populações pauperizadas, relativamente homogêneas – se olhadas de forma menos aprofundada – e próximas no espaço social, sejam mais preenchidos por elementos identitários que outros espaços semelhantes. Em alguns casos, isto que estamos chamando de um maior preenchimento identitário se relaciona diretamente com características relativas às performances culturais desenvolvidas nestes espaços por estas populações[2] (mas poderíamos também estar falando de performances políticas).

Exatamente neste ponto reconhecemos mais uma vez a discussão proposta por ROCHA (2000), ou seja, a "identidade cultural" que este autor identifica em alguns moradores do Morro Santa Marta, no Rio de Janeiro, pode representar um diferencial marcado exatamente por estas características muito mais culturais que econômicas. Aqui poderia estar toda a distância entre aquela favela carioca e os dois bairros periféricos que estudamos.

Trata-se de uma complexa discussão travada nos liames da relação intrincada entre o objetivo e o subjetivo, o cultural e o econômico, o sofrimento e a festa.

---

2. Estamos nos referindo, por exemplo, a favelas do município do Rio de janeiro onde se desenvolvem atividades ligadas a escolas de samba, por exemplo.

Capítulo 7
Considerações finais

> Levar à consciência os mecanismos que tornam a vida dolorosa, inviável até, não é neutralizá-los; explicar as contradições não é resolvê-las. Mas, por mais cético que se possa ser sobre a eficácia social da mensagem sociológica, não se pode anular o efeito que ela pode exercer ao permitir aos que sofrem que descubram a possibilidade de atribuir seu sofrimento a causas sociais e assim se sentirem desculpados; e fazendo conhecer amplamente a origem social, coletivamente oculta, da infelicidade sob todas as suas formas, inclusive as mais íntimas e as mais secretas.
>
> Pierre Bourdieu (1998: 735)

Há um conjunto de produções acadêmicas nacionais recentes acerca das questões vinculadas ao aparecimento de uma "nova pobreza" e à noção de exclusão social. Pretendemos aqui discutir algumas destas produções em relação aos dados quantitativos e qualitativos apresentados e analisados no conjunto deste livro. Por fim, tentaremos sistematizar os resultados de nossa investigação, tendo como objetivo a problematização do que seria "novo" em nosso formato de pobreza metropolitana e como a população negra se insere nesta configuração.

7.1 – Conceitos e coisas

7.1.1 – *Excluídos necessários e desnecessários*

Em pequeno, mas muito significativo artigo, NASCIMENTO (1994) tenta definir o que seria a "exclusão social moderna no Brasil". Fazendo um retrospecto histórico, o autor aponta que três seriam os "personagens clássicos" da exclusão em nosso país, aqueles que primeiro foram as vítimas desta: os índios, os negros e os trabalhadores rurais. Sobre tais bases iniciais de exclusão de parcelas da população, o país desenvolveu sua estrutura econômica, sempre mantendo forte desigualdade social.

Mas tal desigualdade, lembra NASCIMENTO (1994), não equivale, *a priori*, à pobreza. De fato, o desenvolvimento da economia brasileira, entre 1930 e 1970, fez aumentar a desigualdade de renda ao mesmo tempo

Considerações finais

em que promovia absorção de trabalhadores que deixavam, assim, a pobreza absoluta. Este período de quatro décadas foi marcado pela troca demográfica entre campo e cidade, na medida em que a população se mudou maciçamente das áreas rurais para as áreas urbanas. Junto com esta mudança, veio também a imagem da pobreza, que perde sua face unicamente rural e ganha também uma face metropolitana. No mesmo movimento, o empobrecimento deixa de ser algo restrito ao setor informal e passa a atingir igualmente os trabalhadores do setor formal.

A estagnação econômica dos anos 1980 e 1990 coloca a questão da possibilidade de dualização da sociedade e consolidação de uma pobreza que não mais é absorvida pelo crescimento e se mantém em estado inercial, bem no seio do funcionamento da economia.

Tomando agora os anos 1990 como alvo de reflexão, NASCIMENTO (1994) faz a mesma afirmação que, em nível mais amplo de abordagem, havia sido feita por WACQUANT (2001), a saber: uma possível retomada do crescimento econômico no país não significaria a integração, no mercado de trabalho, de uma população como a dos bairros aqui estudados. E isto por vários motivos. Porque mesmo no tradicionalmente mais dinâmico setor industrial a economia de mão-de-obra preside as estratégias de incremento de produção e consegue, agora, acessar meios tecnológicos mais eficazes para a produtividade; porque as proteções trabalhistas se desmancharam durante os anos 1990 e tendem a ser ainda mais reduzidas durante a primeira década do século XXI; portanto, a tendência é que novos empregos que porventura possam ser criados o sejam no âmbito de relações precárias; porque estes mesmos novos empregos tendem a demandar escolaridade e qualificações que, salvo exceções, não são encontradas entre as populações mais pobres.

Para NASCIMENTO (1994), a "nova exclusão" tem não somente esta face econômica, mas também uma importante âncora na "representação social". Mais precisamente, o autor está afirmando que os "novos excluídos" podem não ser "reconhecidos" como parte da sociedade.

NASCIMENTO (1994) sublinha que, nos últimos, anos as "camadas sociais mais favorecidas" têm relacionado o fenômeno da pobreza com a insegurança e a violência que reinam nas metrópoles do país. Os pobres são, assim, associados aos criminosos que ameaçam aqueles cidadãos que trabalham honestamente. A violência, nesta acepção, teria se expandido porque se expandiu o número de pobres que optam pelos caminhos do não-trabalho e da delinqüência[1]. Inúteis para a economia e perigosos para a sociedade.

---

1. Uma discussão aprofundada da relação entre crime e pobreza encontra-se em MISSE (1995).

Estariam aqui imbricadas duas lógicas que resultariam daquilo que o autor chama de esgotamento do "espaço social regulado". Ou seja, por um lado, mesmo com crescimento industrial, não há crescimento de empregos. Por outro, temos o esvaziamento das políticas públicas que beneficiavam, principalmente, as camadas mais pauperizadas da população. NASCIMENTO (1994) afirma que, perante esta situação, restam aos pobres trabalhadores urbanos duas perspectivas:

> [...] a) conformar-se com a "destituição material" para si e, aparentemente, para seus descendentes, pois as possibilidades de romper a linha de pobreza reduziram-se drasticamente e parecem fugir de seu horizonte de vida; b) transgredir as leis vigentes (seja isoladamente, seja de forma organizada) (NASCIMENTO, 1994: 42).

Aglomerando-se no meio urbano, o "novo excluído" é desnecessário e perigoso e, portanto, passível de eliminação. Trata-se, segundo o autor, de um processo no qual o trabalhador mais pauperizado passa da condição de "incluído incômodo" para a condição de "excluído perigoso", que nem sequer pertence ao exército industrial de reserva, na medida em que somente consegue atuar em áreas do mercado de trabalho em declínio na absorção de mão-de-obra.

A caracterização de NASCIMENTO (1994) é precisa:

> O excluído moderno é, assim, um grupo social que se torna economicamente desnecessário, politicamente incômodo e socialmente ameaçador, podendo, portanto, ser fisicamente eliminado. É este último aspecto que funda a nova exclusão social (NASCIMENTO, 1994: 44).

Haveria na "nova exclusão" um contínuo que vai da expulsão da esfera econômica em direção à expulsão da esfera política e da própria esfera da sociabilidade, podendo resultar na própria finalização do direito à vida. NASCIMENTO (1994) lembra que está, em seu artigo, somente apontando uma tendência, que já se desenvolve embrionariamente nas chacinas e massacres promovidos pela polícia e no uso do Exército para combater o crime organizado. Esta tendência pode se consolidar ou pode ser revertida. Tudo depende do modelo econômico e da relação com a sociedade que será vigente no Brasil nas próximas décadas.

Devido ao caráter mais vinculado que a discussão de tendências que o artigo de NASCIMENTO (1994) carrega, não nos é simples verificar em que medida suas proposições têm correspondência com os dados apresentados por nós neste livro.

É facilmente verificável que os aspectos relativos a uma "expulsão" da esfera econômica, sinalizados pelo autor, são visíveis nos dois bairros periféricos em que realizamos nossa pesquisa, no que tange ao grande desemprego, à alta freqüência de precarização no trabalho e à configuração hierarquicamente inferior e substancialmente desqualificada da ocupação.

Considerações finais

É facilmente verificável, também, que este acúmulo de elementos socioeconômicos negativos deve impactar as possibilidades de reprodução material das populações pobres a ponto de, nos espaços de concentração demográfica desta, significar uma estagnação da pobreza e dificultar possibilidades de ascensão. Podemos apontar também a *tendência* de que o sentimento de ser discriminado por habitar uma área de acúmulo de pobres, que não era tão generalizado entre os entrevistados, poderá vir a ser maior, na medida em que o empobrecimento local aumentar e se realimentar, mantendo um *quantum* de pessoas que não entram nos mercados de trabalho e de consumo do núcleo da metrópole.

O tratamento que o Estado tem dispensado a tais redutos da pobreza urbana tem sido, sem dúvida, muito mais a violência que a assistência (para não falar da completa inexistência de políticas macroeconômicas de distribuição de renda). Podemos tomar as discussões realizadas em WACQUANT (2001b e 2001c) para lembrarmos que mesmo no pólo mais desenvolvido da economia mundial – onde o capitalismo informacional, definido por CASTELLS (1999c), se encontra generalizado e em pleno desenvolvimento –, a punição e o encarceramento em massa dos pobres têm sido a forma de gestão da pobreza dominante, na virada do século XX para o século XXI. Os casos de massacres ocorridos no Brasil dos anos 1990, como o do Carandiru, no Estado de São Paulo e o de Eldorado dos Carajás, no Estado do Pará, a chacina da Candelária, no centro da cidade do Rio de Janeiro e a violência letal da polícia nas metrópoles brasileiras podem realmente ser indícios de uma forma de gestão da pobreza que caracterizaria esta "nova exclusão".

Não procuramos mapear em nosso trabalho de campo esta questão específica acerca da relação entre as populações daqueles bairros periféricos e as forças de segurança pública. Somente assistimos a um momento de tensão no que tange a esta questão, quando, após o assassinato de um policial militar no Bairro Belo, apareceram "boatos" que atribuíam à polícia ameaças de morte a qualquer um que estivesse na rua após as 22h. Não foi possível identificar de onde vinham tais informações e as pretensas ameaças não foram cumpridas.

Parece-nos que NASCIMENTO (1994) está afirmando que mesmo os valores democráticos e de defesa da humanidade podem ser subvertidos ante uma situação em que os pobres perdem sentido econômico e passam para o outro lado da sociabilidade dominante.

7.1.2 – *A inclusão precária*

A discussão realizada em MARTINS (1997) afirma que as políticas econômicas postas em andamento no Brasil a partir dos anos 1990 têm provocado o fenômeno da inclusão precária e marginal, que é constantemente confundido com o fenômeno da exclusão.

MARTINS (1997) parece trabalhar no âmbito de uma perspectiva sistêmica que não concorda com a existência, no capitalismo brasileiro, daqueles que equivaleriam aos "inúteis para o mundo", definidos por CASTEL (1998) para o caso da França. O problema brasileiro seria, portanto, relacionado com uma lógica de inclusão que é precária. Mais precisamente, as transformações econômicas recentes no âmbito do capitalismo teriam produzido uma "nova desigualdade", fundada sobre o fato de que uma parcela dos trabalhadores somente pode alcançar "lugares residuais" na estrutura ocupacional. A inclusão na lógica do mercado tende a ser, neste sentido, precária, sem chegar a ser, por isso, uma exclusão.

Para MARTINS (1997), a noção de exclusão se generalizou em conjunto com o aumento do desemprego e principalmente do tempo médio de desemprego dos trabalhadores.

> O problema da exclusão começou a se tornar visível nos últimos anos porque começa a demorar muito a inclusão: o tempo que o trabalhador passa a procurar trabalho começou a se tornar excessivamente longo e freqüentemente o modo que encontra para ser incluído é um modo que implica certa degradação (MARTINS, 1997: 32).

Parte significativa da população trabalhadora estaria, assim, sujeita à luta pela constante reinclusão e, no mesmo movimento, teria poucas chances de acessar os patamares próximos dos padrões de desenvolvimento contemporâneos.

A diminuição dos postos de trabalho disponíveis e a conseqüente ampliação do tempo em que o trabalhador pode ficar vivendo na efetiva exclusão de qualquer atividade ocupacional estariam se transformando em um "modo de vida" para as parcelas trabalhadoras mais sujeitas à precariedade.

Neste período pós-exclusão e pré-reinclusão, aquilo que MARTINS (1997) chama de "um modo de vida do excluído" será marcado pela criatividade e pela luta por qualquer tipo possível de nova entrada na ordem econômica[2].

As características desta reinserção ou da inclusão precária podem significar que o trabalhador chegou à inclusão econômica, mas não chegou à inclusão social (ou seja, não conseguiu se reincluir em uma "sociabilidade 'normal'"). MARTINS (1997) está nos dizendo que a inclusão

---

2. Aqui mais uma vez nos deparamos com a idéia presente em DUPAS (1999) acerca da necessidade de "inventar trabalho" que se abate sobre as massas urbanas excluídas do mercado de mão-de-obra.

precária produz um trabalhador pobre que pode estar fora da moralidade típica da sociedade. Um trabalhador que pode possuir rendimentos suficientes para acessar o mercado de bens e serviços que o cerca, mas que pode, também, viver uma sociabilidade paralela, excluída em relação à sociabilidade dominante.

Estaríamos assistindo, portanto, à construção de uma "sociedade dupla", que contém "duas 'humanidades'" diferenciadas convivendo lado a lado. Em um destes lados teríamos a sociabilidade daqueles indivíduos e grupos integrados (mesmo que sejam pobres) e que fazem parte não somente dos circuitos de troca econômica, mas também compartilham valores e moralidades. Do outro lado, estariam aqueles que são reincluídos sob várias formas de precariedade e mesmo em atividades escusas e ilegais. A privação aqui é não somente econômica, mas também de reconhecimento e aceitação.

Esta abordagem, apesar de por demais afastada de bases mais empíricas, é passível de ser pensada em relação aos dados que discutimos neste livro. Quem seriam estes reincluídos em atividades e ocupações que incidem em outra sociabilidade? Seriam os que atuam na economia do crime? Sem dúvida.

Mas podemos pensar também naquele trabalhador que ganha seu sustento vendendo seu lugar, obtido com sofrimento e esforço físico, na fila do posto de saúde do centro de Itaboraí (como comentado no capítulo 6 deste livro). Trata-se de uma inclusão precária, na medida em que este trabalhador tem algo para vender e recebe algum dinheiro para consumir os bens necessários à sua reprodução material? Uma tal ocupação não estaria, de fato, do outro lado da sociabilidade dominante?

É claro que utilizamos, no parágrafo acima, um caso extremo. Mas poderíamos encontrar outros, menos extremos e tão presentes no cotidiano dos bairros periféricos que investigamos. Aquele que vende doses de cachaça e doces da janela de sua casa; aquele que ganha o sustento capinando quintais dos moradores menos pobres etc. Trabalhadores que, em algum momento, foram excluídos dos mercados de trabalho e consumo e que procuram sua reinserção através das fórmulas possíveis diante da diminuição dos postos de trabalho na economia desta região metropolitana.

Se é difícil afirmar, sem que tenhamos pesquisas mais aprofundadas e detalhadas, que estes incluídos tão precários pertencem a um outro patamar de valores, não é difícil perceber que não compartilham da mesma esfera de sociabilidade em que se situa, por exemplo, um garçom, que mora no subúrbio do Rio de Janeiro e que trabalha todos os dias da semana atendendo aos freqüentadores do *shopping center* situado no bairro vizinho.

7.1.3 – O sentido da exclusão

Segundo OLIVEIRA (1997), o Brasil teria já em meados dos anos 1980, entrado em patamares de modificação tecnológica, que reduziram ainda mais os empregos disponíveis em uma economia que já era restrita na absorção de mão-de-obra. Este novo patamar, que se aprofunda nos anos 1990, colocaria, com ênfase, a cisão entre incluídos e excluídos. No entanto, é preciso definir melhor estas noções.

Para OLIVEIRA (1997), no "primeiro mundo" vemos a passagem de uma percepção dos excluídos como "resíduos" do *boom* de expansão do capitalismo no pós-2ª Guerra Mundial, para outra percepção marcada pelo entendimento do caráter estrutural da exclusão. O desenvolvimento tecnológico de fins do século XX teria como produto uma necessidade progressivamente menor de uso de mão-de-obra. As novas demandas da economia dos países de capitalismo avançado, que passam a operar em escala mundial, vão promover a modificação da lógica de cálculo dos custos de produção de bens e serviços, o que redundará na precarização das relações de trabalho e na flexibilização da "relação empregatícia", inclusive com modificações nas legislações nacionais de proteção ao trabalhador.

Segundo OLIVEIRA (1997), no Brasil, os primeiros contingentes denominados como excluídos foram os sem-teto, os desempregados crônicos de favelas e periferias, enfim, aqueles que estavam em situação de miséria ou de excessiva pobreza.

Qual seria a especificidade analítica dos excluídos tal como foram definidos no Brasil? A especificidade estaria na característica de não-inserção no "mundo normal do trabalho" (OLIVEIRA, 1997: 51)? O autor lembra que no Brasil, historicamente, configurou-se uma concomitância entre a esfera do trabalho formal e amplos setores da população que subsistiam nas malhas da informalidade ocupacional, principalmente através de atividades desqualificadas. Definir, portanto, a exclusão a partir do ponto de vista relativo à separação entre os setores formal e informal do mercado de trabalho, significa dizer que sempre fomos uma sociedade que gerou exclusão social e grupos excluídos.

OLIVEIRA (1997), porém, quer agregar outros elementos à caracterização da exclusão – para além da não-inserção no mundo "normal" do trabalho –, para dar ao termo maior capacidade analítica. O primeiro diz respeito à constatação de que o contingente de excluídos cresceu muito nos anos 1990 e estes passaram a não mais ser necessários para a economia capitalista, pois não possuem as qualificações e habilidades que são demandadas pelos setores dinâmicos desta (trata-se do fenômeno que vem sendo chamado de desemprego estrutural).

Considerações finais

O segundo elemento diz respeito ao fato de que, sobre os agora excluídos, paira um estigma poderoso o suficiente para retirá-los "da própria órbita da humanidade [...]". Ou seja, haveria um sentido subjetivo na "nova" exclusão social, que transcenderia a questão do mercado de trabalho e chegaria à forma como estas populações são tomadas no imaginário dominante; conseqüentemente, está em discussão a possibilidade de estes ainda pertencerem à mesma esfera de sociabilidade dos incluídos.

A contribuição mais importante de OLIVEIRA (1997), em nossa acepção, é a sua afirmação da noção de exclusão como oposição a uma perspectiva "antidualista", que teve muita aceitação em nossas ciências sociais desde o início dos anos 1970[3]. Trabalhar com o conceito de exclusão significa afirmar que alguma dualidade existe em nossa sociedade, pois o excluído é aquele que está fora, do outro lado, dos processos econômicos. Já a perspectiva antidualista possui o pressuposto de que, na sociedade capitalista, nenhum grupo ou indivíduo pode escapar ao processo de acumulação, seja direta, seja indiretamente. O excedente de trabalhadores em relação às demandas do funcionamento da economia seria inerente à acumulação capitalista; trata-se então do exército industrial de reserva, cuja função seria manter os padrões salariais rebaixados, devido à pressão do contingente sem trabalho.

No ensaio clássico de Francisco de Oliveira (OLIVEIRA, 1988) esta formulação antidualista ganha contornos mais complexos e mais diretamente vinculados à economia brasileira. Assim, o terciário desqualificado, que cresceu nas áreas urbanas do país, em conjunto com os processos de migração em massa do campo para a cidade na segunda metade do século XX, seria diretamente adequado ao nosso padrão de acumulação capitalista. Este terciário "atrasado" cumpria várias funções, do ponto de vista macroeconômico, todas relacionadas com a formação e manutenção de patamares de reprodução da classe trabalhadora que demandavam baixos custos e que, portanto, permitiam a estabilização de uma estrutura de salários comprimida.

Os excluídos do mundo "normal" do trabalho seriam, assim, completamente funcionais à acumulação capitalista, seja por comporem o terciário desqualificado, que produz, com baixos custos, vários serviços necessários à vida cotidiana dos trabalhadores no meio urbano, seja porque atuariam também como uma reserva permanente de força de trabalho.

---

3. O autor está se referindo ao início da década de 1970, quando Francisco de Oliveira escreve o seu clássico: "A economia brasileira: crítica à razão dualista".

OLIVEIRA (1997) não pretende, em seu pequeno artigo, negar os argumentos do que está denominando como "teoria antidualista", mas somente colocar outras questões que transcendem a discussão da funcionalidade dos excluídos para a acumulação capitalista. O autor chega mesmo a afirmar que, do ponto de vista de onde se coloca, a perspectiva antidualista é irrefutável:

> [...] é que as suas análises operam sempre do "ponto de vista da acumulação global", para usar uma expressão de Francisco de Oliveira. Ora, como a acumulação é um processo permanente, nenhum fenômeno do mundo real é capaz de contradizê-lo. Inversamente, todo e qualquer acontecimento, por mais dramático e – numa escala humana – insuportável que seja, pode ser pacificamente absorvido, justamente porque o seu "ponto de vista" não comporta nenhuma preocupação deste tipo (OLIVEIRA, 1997: 55).

Este ponto é fundamental. Se mesmo catadores de papel e lixo para reciclagem estão incluídos, pois "trabalham", ainda que de forma absolutamente autônoma, em um dos braços da acumulação capitalista, não há sentido no uso da noção de exclusão social.

A preocupação que parece escapar das perspectivas antidualistas, e que tem direta relação com o "ponto de vista" que adota, é, portanto, o que geralmente escapa às análises que se concentram no nível macro da realidade social. Ou seja, as misérias cotidianas que dificilmente podem ser compreendidas senão em níveis mais microssociológicos de abordagem.

A questão, portanto, é que, mesmo que aceitemos a argumentação de que o catador de papel e lixo está incluído no circuito das trocas capitalistas e que possui mesmo uma funcionalidade específica na lógica destas, em que medida podemos dizer que este "trabalhador" está incluído na perspectiva dos valores e da sociabilidade vigentes e dominantes na sociedade?

Este nível da realidade, o nível da "vida social humana" e das interações pertinentes a esta, não pode ser apreendido pela lente macrossociológica. É neste nível que a miséria da existência cotidiana em meio à pobreza pode ser verificada tanto na configuração objetiva da realidade material quanto no sentimento de abandono, discriminação e relegação. É deste ponto de vista, que podemos compreender aquelas situações que OLIVEIRA (1997) chamaria de exclusão, como não-pertencimento a uma faixa determinada de critérios de sociabilidade e, portanto, como impossibilidade de participar não somente do mundo objetivo, mas também do mundo subjetivo dos incluídos.

Pensando agora em nosso "caso", podemos fazer algumas considerações. De início, é necessário lembrar que, da mesma forma como ocorreu nos países de capitalismo avançado, também aqui tivemos recentes modificações na "relação empregatícia", produzidas mesmo por graves alterações em nossa histórica legislação trabalhista. É claro que, comparando nosso mercado de trabalho com aquele do núcleo do capitalismo, veremos que, aqui, a precariedade (no sentido de relações informais, desprovidas de contratos por tempo indeterminado ou mesmo de qualquer contrato) sempre existiu, não é um fenômeno novo; mesmo assim, ocorreram mudanças na legislação com o sentido de ampliar ainda mais o alcance desta.

Em segundo lugar, na perspectiva antidualista, não teríamos excluídos nos dois bairros periféricos que investigamos. Toda a PEA, seja da amostra do Bairro A, seja do Bairro Belo, apresentava possibilidades de ser direta ou indiretamente explorada, ainda que o desemprego fosse elevado e o trabalho informal ultrapassasse a metade dos ocupados. Considerando a PEA e os aposentados e pensionistas, o número daqueles que se declaravam sem profissão era muito pequeno (1,57%, no bairro periférico de São Gonçalo e 4,26%, no bairro periférico de Itaboraí), a imensa maioria dos ocupados, dos desempregados e mesmo dos já inativos, possuía uma "profissão", tinha algo a oferecer ao mercado de trabalho metropolitano e os poucos que não tinham poderiam catar papéis para reciclagem, vender lugar na fila do posto de saúde, oferecer água mineral nos engarrafamentos da estrada.

Por outro lado, em algumas relações de entrevista, foi possível verificar nos agentes sociais de ambos os bairros periféricos uma clara percepção, não somente acerca de seu lugar no espaço social, mas também do quão distante este lugar se encontram daquele ocupado pelos não-pobres, pelos que não têm como herança outra coisa que o estigma e a estagnação em uma periferia da qual, mesmo os jovens, sabem ter poucas chances de sair. Seria este o sentido da exclusão?

7.2 – O que há de "novo" na "velha" pobreza urbana?

Em 1978, Carlos Nelson dos Santos, em trabalho citado no decorrer deste livro (SANTOS, 1980), afirmava:

> No atual modelo de desenvolvimento urbano brasileiro, aos pobres é cada vez mais vedado e controlado o acesso à MORADIA nos núcleos. Ficam-lhes, portanto, vedadas as vantagens do MORAR em lugares bem servidos por infra-estrutura básica, equipamentos e serviços urbanos (SANTOS, 1980: 25 - caixa alta no original).

Neste texto, SANTOS (1980) definia o padrão periférico de urbanização que constituiu loteamentos como o Bairro A e o Bairro Belo. Este padrão seria uma forma predatória de ocupação de espaços de assentamento que deixava aos municípios que foram "retalhados" em lotes, a dura herança que consiste na necessidade de resolver os problemas relacionados com a aglomeração da pobreza em meio a condições físicas de habitação absolutamente sofríveis.

Poucos anos antes, em 1973, Lúcio Kowarick, em sua tese de doutoramento (KOWARICK, 1977), afirmava que o desenvolvimento então vigente era "superexcludente" porque:

> [...] o tipo de tecnologia empregada nos países da região, principalmente após a 2ª Grande Guerra, é poupador de mão-de-obra, o que tanto num caso como em outro geraria uma quantidade de empregos industriais bastante diminuta. A supexcludência diz respeito então à fraca potencialidade do sistema em integrar a força de trabalho em relações de produção de cunho "moderno" que caracteriza, de modo particular, os setores dinâmicos da economia urbano-industrial (KOWARICK, 1977: 62).

Havia naquele momento um debate nas ciências sociais latino-americanas em geral, e brasileiras em particular, acerca de como definir e apreender a problemática da pobreza urbana crescente. Neste debate, o conceito de marginalidade era um dos pontos fundamentais.

Para KOWARICK (1977: 19), a marginalidade se referia a um "modo de inserção nas estruturas de produção", ou seja, uma decorrência de processos econômicos mais amplos, que condicionavam a forma como os trabalhadores se alocavam nas estruturas produtivas do capitalismo. Assim, para o autor, o conceito de marginalidade somente possuía valor analítico se considerado no seio do processo de acumulação capitalista.

Mas quem seriam os trabalhadores marginais? Seriam os que atuavam em atividades produtivas arcaicas no que tange ao processo de trabalho e ao conjunto das relações de trabalho (o que englobaria também os trabalhadores por conta própria)?

> Os grupos marginais não dizem respeito, como pretende boa parte da literatura, ao conjunto de indivíduos englobados na categoria de lumpem. Ao contrário, o universo é outro. Engloba parcelas da classe trabalhadora que se encontram numa situação de exploração que as diferencia dos assalariados (KOWARICK, 1977: 86).

Diretamente apoiado na "crítica à razão dualista", sintetizada por Francisco Oliveira em 1972 (OLIVEIRA, 1988), o autor lembra que tais formas marginais de inserção econômica são totalmente integrantes da acumulação capitalista e em nenhuma medida constituem um "peso morto" que puxa para baixo as perspectivas de desenvolvimento econômico nacional. Estes trabalhadores marginais originam serviços e bens que podem " [...] proporcionar uma infra-estrutura de custos altamente compensadora na medida em que levam a um barateamento do custo *da reprodução da força de trabalho*" (KOWARICK, 1977: 105 – grifos no original). Além disto,

Considerações finais

> [...] certas ocupações características da mão-de-obra marginal – serviços de reparação, conservação e confecção de roupas, construção de habitações e comercialização de alimentos que é amplamente desenvolvida por trabalhadores autônomos – criam as condições para que a classe trabalhadora, marginal ou não, se reproduza a níveis mínimos de subsistência, tornando viável uma acumulação a altas taxas de exploração do trabalho, pois o capital pode remunerar os trabalhadores a ele diretamente submetidos a preços que freqüentemente se deterioram historicamente (KOWARICK, 1977: 105).

KOWARICK (1977: 91) está nos falando daqueles que "[...] constituem um estrato da classe trabalhadora, diferenciada analiticamente dos trabalhadores estáveis por sua situação no processo produtivo". Parece, portanto, estar falando daqueles que hoje denominaríamos "trabalhadores precários". Quando estabelece uma definição mais precisa das "categorias-padrão de trabalhadores marginais", mais ainda parece que estamos lendo uma produção acadêmica dos anos 1990.

Os trabalhadores marginais seriam: os artesãos e aqueles que atuam em unidades domésticas de produção, nas quais não se pode classificar um indivíduo nem como patrão, nem como empregado; os "autônomos", que têm por característica "[...] o desempenho de tarefas na maior parte das vezes de pouca ou nula especialização, em que os produtos ou serviços transacionados são vendidos a baixos preços e as jornadas de trabalho, muitas vezes, incompletas"; os empregados domésticos; e por último, o

> [...] conjunto da força de trabalho que participa das unidades capitalistas de produção de maneira intermitente, sendo rejeitado e absorvido segundo as oscilações dos ciclos econômicos, bem como o desemprego crônico ou trabalho ocasional ou sazonal, fruto de processos econômicos estruturais ou conjunturais (KOWARICK, 1977: 86).

E, citando-o pela última vez neste trabalho:

> As massas populares presentes no mundo urbano bipartem-se em dois grandes segmentos. Um que consegue se inserir nas estruturas tipicamente capitalistas de produção. Outro, que não é por elas absorvido. Mas é bom que se repita: tal colocação não implica a adoção da imagem de uma sociedade formada por duas estruturas, uma moderna outra tradicional, que respondem a dinâmicas de acumulação distintas e opostas (KOWARICK, 1977: 144).

Diante estas definições elaboradas nos primeiros anos da década de 1970, acerca da realidade da pobreza em sua relação com o mercado de trabalho no Brasil, em que medida poderíamos falar hoje de uma "nova pobreza" no País?

Talvez não possamos. Concluindo este trabalho, após analisar o conjunto de dados estatísticos gerais que foram colhidos, após analisar os dados quantitativos e qualitativos que tiveram origem na interação com as populações destes bairros periféricos, creio poder afirmar que não temos, de fato, uma "nova" pobreza urbana. Temos, porém, um conjunto de "novos" contornos que condicionam a existência cotidiana desta "velha" pobreza.

Vejamos. De início, há o desemprego estrutural. Se KOWARICK (1977) já alertava para as formas de produção industrial que poupavam mão-de-obra, temos cerca de 20 anos depois uma economia movida por uma lógica produtiva que tende a gerar cada vez menos empregos, mesmo com produtividade e demanda em crescimento. Por outro lado, aqueles trabalhadores desqualificados que podiam comprar um lote a prazo no Bairro A ou no Bairro Belo e construir sua casa ao longo de anos de trabalho árduo (porteiros e trabalhadores da construção civil a quem corretores de imóveis iam oferecer planos de compra destes terrenos baratos, porque distantes) hoje tendem a dificilmente encontrar trabalho. Exatamente por isso, a necessidade da invenção do trabalho (que já aparece sub-reptícia nas preocupações de KOWARICK, 1977) é, na virada deste século, muito mais disseminada.

Se o desemprego é a ponta do *iceberg*, a precarização parece ser uma ameaça gigantesca. Mostramos o que o trabalho informal tem significado como parte da ocupação total na Região Metropolitana do Rio de Janeiro e nos dois bairros periféricos estudados. As perspectivas de ascensão social se encontram, por tudo isto, impactadas. As boas condições de investimento dos pais na "carreira" dos filhos se verificam com menor freqüência – mas ocorrem. Assim, sujeitas à precariedade e à insegurança no mercado de trabalho, as famílias encontram muito maiores dificuldades para a formação escolar dos filhos e preparo destes para a obtenção de um capital cultural que poderia, depois, ser transformado em capital econômico. Por outro lado, mesmo quando um nível de capital cultural acima da média é atingido por um destes agentes sociais, pode o ser sob formas que não vão garantir ascensão do ponto de vista econômico (seja pela inflação de diplomas que circulam na sociedade, seja pela falta de capital social que dê suporte à entrada no mercado de trabalho).

Outro ponto importante é a percepção da despossessão simbólica, que varia entre os moradores, em relação às suas trajetórias individuais. Verificamos, no entanto, que o sentimento da estigmatização é manifestado por vários agentes sociais e, entre estes, principalmente pelos mais jovens. São estes que, dependendo da qualidade de sua inserção na sociabilidade metropolitana, podem elaborar, de forma mais ou menos complexa, esta percepção acerca dos estigmas que carregam. Estes agentes sociais que conseguiram participar em algum momento de suas vidas das formas dominantes de sociabilidade demonstram claramente nas situações de entrevista saber na prática aquilo que BOURDIEU (1998) afirma:

Considerações finais

> O bairro chique [...] consagra simbolicamente cada um de seus habitantes [...] o bairro estigmatizado degrada simbolicamente os que o habitam, e que, em troca, o degradam simbolicamente, porquanto, estando privados de todos os trunfos necessários para participar dos diferentes jogos sociais, eles não têm em comum senão sua comum excomunhão (BOURDIEU, 1998: 166).

O sentimento de não pertencer aos padrões materiais e subjetivos dominantes e de não alcançar os níveis de sociabilidade típicos da metrópole, bem como o sofrimento que tal constatação produz, pôde ser por nós apreendido em algumas entrevistas. A discriminação sofrida por "morar mal", ou por morar em um bairro que é uma "favela", ou por morar "na roça", ou pelas roupas que usa, ou pelos lugares que não freqüenta, ou pelo jeito como fala. A discriminação, enfim, por estar do outro lado da sociabilidade dominante somente foi encontrada porque, em nosso trabalho de pesquisa, fomos ao encontro daqueles espaços degradados onde estes agentes sociais residem.

Exatamente por isso é que as estatísticas que mostram as diferenças de renda, infra-estrutura e características sociais da população não podem, sozinhas, dar conta do que significa viver em uma área com tal configuração. Não podem mostrar o quanto é impactada pela "despossessão coletiva" a subjetividade cotidiana que os habitantes destes locais produzem no desenvolvimento de suas vidas.

Assim, quando esta população ainda se dirige para o assentamento periférico, onde as características negativas das condições de sobrevivência se somam à enorme dificuldade de acesso (pela precariedade) e uso (pelo preço elevado devido às distâncias) do sistema de transporte e às taxas de desemprego muito acima da média, é preciso que perguntemos se não há um conjunto de elementos que se sobredeterminam e impedem a total mobilidade dos indivíduos pela metrópole e se, ainda neste sentido, não há um impacto nas possibilidades de sociabilidade, que pode gerar (se é que já não gerou) características de uma dualidade social.

Neste sentido, se a metrópole não está "partida" ou "dualizada", qual a possibilidade de estabelecimento de uma sociabilidade entre os moradores da periferia metropolitana e os do núcleo? De que vale não haver uma segregação espacial oficial se esta existe de fato e de fato impõe limites à sociabilidade?

As características do mercado de trabalho que mostramos no capítulo 2 deste livro, relativas ao desassalariamento, empobrecimento, crescimento da precariedade e das formas de economia de sobrevivência, na qual o trabalhador, a cada dia, vai inventando seu trabalho, aliadas à despossesão simbólica, marcada pelo estigma que enfrentam, permitem-nos afirmar a existência de uma tendência de dualização do mercado de trabalho, dos rendimentos e dos espaços de assentamento e, conseqüentemente, da sociabilidade metropolitana.

Vários estudos produzidos a partir de fins dos anos 1990 no Rio de Janeiro têm insistido na não-existência de um modelo polarizado ou dualizado de segregação na Região Metropolitana do Rio de Janeiro[4]. Para estes, que tomam espaços macrossociológicos como alvo de análise, não estaríamos chegando a uma estratificação espacial e ocupacional dualizada, como propunha o estudo de SASSEN (1991)[5], mas teríamos, ao contrário disto, um espaço fractal, no qual as camadas ocupacionais médias estariam, desde os anos 1980, ocupando espaços residenciais periféricos a partir de empreendimentos imobiliários voltados para este segmento de mercado, mesmo nos municípios pobres da periferia da Região Metropolitana do Rio de Janeiro.

Não podemos refutar ou discordar radicalmente deste conjunto de avaliações, que de resto utilizam metodologias de macroescala muito precisas para sustentar suas afirmações. No entanto, nosso mergulho em microespaços de assentamento nesta periferia metropolitana, no contexto da realização de uma pesquisa de campo, dá-nos outras indicações. Nos capítulos 3 e 5, mostramos através de dados quantitativos que, na totalidade da população de um pequeno "bairro" da periferia do município de Itaboraí, e na amostra da população de um grande "bairro" no município de São Gonçalo, a classe média ainda não se faz presente. A hierarquia ocupacional destes espaços aponta para uma configuração bastante clara de segregação. Nestes espaços, não encontramos perfis profissionais de classe média (e muito menos da elite dirigente ou da elite intelectual) para além dos poucos empregados de escritórios, auxiliares de enfermagem e funcionários dos correios; por sua vez, o pequeno empregador urbano é o dono do "botequim". Nestes espaços, os índices de desemprego são alarmantes, assim como o número de trabalhadores formais está aquém mesmo do conjunto da pobre Região Metropolitana do Rio de Janeiro.

Também muito importante neste aspecto é o cruzamento desta tendência à dualidade com as características raciais da população periférica. Como vimos neste livro, não somente a população negra apresenta condições socioeconômicas inferiores às da população branca, como também habitam

---

4. Estamos nos referindo a RIBEIRO (1996 e 2000), RIBEIRO & PRETECEILLE (1999) e RIBEIRO & LAGO (2000A).
5. Vale ressaltar que o estudo de SASSEN (1991) se refere a metrópoles de países de capitalismo avançado.

Considerações finais

em maior quantidade que os brancos as áreas mais degradadas da malha metropolitana do Rio de Janeiro como um todo. Mais do que isso, porém, ao compararmos as áreas que compunham a parte do Bairro A por nós investigada, verificamos que, naquela com melhor situação infra-estrutural, há maior número relativo de chefes e cônjuges brancos do que na média da amostra. Há também as melhores (ou menos piores) performances de escolaridade e ocupação. Por outro lado, na área com as piores características de infra-estrutura física, o peso dos chefes e cônjuges brancos é muito menor e muito piores são os índices de escolaridade e os números relativos à ocupação nas atividades mais desqualificadas do mercado de trabalho. Trata-se de um *continuum* de concentração racial. Em 2000, os brancos eram 53,07% da população da Região Metropolitana do Rio de Janeiro e também 53,07% da população de São Gonçalo. Em julho de 2000, encontramos na amostra do Bairro A 41,39% de chefes e cônjuges brancos (no Bairro Belo estes eram, também em julho de 2000, 33,85% do total de chefes e cônjuges), porém na área mais urbanizada os chefes e cônjuges brancos ultrapassavam esta média e chegavam a 46,94% da amostra, enquanto na área mais degradada eram somente 28,44% destes.

A "velha" pobreza, mesmo intensificada pelos "novos" contornos, não promove uma completa homogeneização entre brancos e negros e isto nos faz, mais uma vez, ressaltar a impossibilidade de redução da desigualdade racial no Brasil a uma questão de classe social. Assim, no paraíso brasileiro da desigualdade racial, o dito popular poderia ter uma variação: diga-me onde tu moras que direi qual – provavelmente – é tua raça.

Enfim, a degradação infra-estrutural destes bairros periféricos explicaria por que lá se concentram mais pobres, mas não explicaria, por si só, por que lá se concentram mais negros. Esta explicação transcende a questão classe/pobreza e nos coloca no campo das questões vinculadas ao binômio raça/pobreza.

Na verdade, os novos contornos da pobreza urbana tendem a sobredeterminar as desigualdades raciais, caso não se consolidem e generalizem políticas afirmativas. Em primeiro lugar, porque o trabalho manual é ainda o *locus* principal de inserção dos negros no mercado de mão-de-obra e os processos de modernização tecnológica e reestruturação produtiva impactaram e continuam impactando imensamente este nicho.

Em segundo lugar, níveis mais elevados de escolaridade são cada vez mais requisitados pelo mercado de trabalho. No entanto, os efeitos da ordem social racista atingem os negros em vários momentos de sua trajetória pessoal e, conseqüentemente, dificultam também a sua trajetória escolar, o que redunda nos diferenciais de escolaridade média amplamente conhecidos e há décadas inerciais. O estudo de HENRIQUES (2001) mostra que, se tomarmos o ano de 1999, em todos os índices ligados à escolarização, a população negra apresenta performances inferiores à população branca. Os analfabetos entre 15 e 25 anos, no Brasil, correspondem a 5% da população total; no entanto, são 7,6% da população negra e somente 2,6% da população branca. Considerando o analfabetismo de todos os maiores de 15 anos no Brasil, encontramos uma taxa de 13,3%; para os brancos a mesma taxa é de 8,3%, para os negros 19,8%. As crianças entre sete e 13 anos, que não freqüentam a escola, seriam 3,6% no Brasil, mas 2,4% entre os brancos e o dobro (4,8%) entre negros. As pessoas entre 11 e 17 anos, que ainda não completaram a 4ª série do ensino fundamental correspondem a 27,4%, na população total, mas somente a 17,1% na população branca, enquanto chega a 37,5%, na população negra. A lista de desigualdades continua: 73,2% das pessoas entre 18 e 25 anos, no Brasil, não completaram o ensino secundário, mas, entre os brancos na mesma faixa etária este número é de 63,1%; já entre os negros, alcança 84,4%. Por último, o ingresso ao ensino superior é alcançado por somente 7,1% dos brasileiros entre 18 e 25 anos, mas entre os brancos nesta faixa de idade, o acesso à universidade chega a 11,2%, enquanto, entre os negros, não passa de 2,3%.

Para além do estudo de HENRIQUES (2001), pesquisas recentes têm demonstrado que os negros não aproveitam como os brancos o financiamento público realizado nas instituições federais de ensino superior[6]. No entanto, no caso dos moradores do Bairro A e do Bairro Belo, as diferenças de performance social entre os dois grupos parecem se explicar pela própria operação cotidiana do racismo em nossa sociedade, como alguns entrevistados sinalizaram.

Diante do desemprego estrutural, que se instala na última década do século XX, devido a vários fatores já discutidos neste estudo, a massa de trabalhadores disponíveis cresce vertiginosamente e possibilita ao mercado atuar com estratégias de contratação progressivamente mais restritivas. Em um país onde a população negra é vista de forma estereotipada e suspeita *a priori*[7], não é difícil perceber que os brancos pobres tendem a levar vantagem sobre os negros pobres na obtenção de emprego[8].

Nossos dados relativos ao desemprego e à renda individual entre os chefes de família de ambos os grupos raciais, nos dois bairros, mostram

---

6. Ver BRANDÃO & POLI (2003) e QUEIRÓZ (2002).
7. Ver SILVA (2000).
8. Como lembra GOMES (2001), a ausência de negros trabalhando como vendedores em shopping centers ou como garçons em restaurantes de luxo nas metrópoles brasileiras não se deve a uma questão de escolaridade.

Considerações finais

isto sem deixar muito espaço para dúvidas. Na verdade, os diferenciais de renda individual que observamos entre chefes de família brancos e chefes de família negros são o resultado dos diferenciais de escolaridade e de patamar de ocupação, também encontrados entre os mesmos pobres habitantes de pobres bairros periféricos.

Nas entrevistas realizadas com indivíduos que se declaravam como pretos ou pardos na classificação fechada de "cor" ou raça, o mito da democracia racial se mostra ainda forte e operante, mesmo entre aqueles que vivem sistematicamente a desigualdade. De fato, a violência simbólica opera sem que os agentes sociais a percebam como tal porque na verdade estes a reconhecem como algo naturalizado. Disto deriva o fato de parte significativa dos entrevistados afirmar não ser vítima de discriminação racial, seja porque não concorda com a existência desta, seja por conta de suas características positivas pessoais ou simplesmente porque – por se declarar morena e parda – acredita não se aproximar fenotipicamente dos negros.

Entre os entrevistados que afirmam já terem sido discriminados, temos uma que se remete ao mercado de trabalho, mas lembra que o racismo é algo que somente os ricos mobilizam contra os negros; outro se refere a somente um evento ocorrido em sua vida profissional; e um terceiro percebe o racismo como algo que sempre operou em sua busca incessante por trabalho.

Neste ponto e no contexto geral das entrevistas realizadas, nos parece possível afirmar que somente a mudança da ordem inercial das coisas (BOURDIEU, 1998) pode viabilizar a alteração da própria percepção subjetiva das estruturas do mundo material.

Por último e para reforçar a discussão das perspectivas de ascensão social, é claro que, perante o caráter fortemente hierarquizado da sociedade brasileira, é difícil ver, mesmo em relação aos "mais jovens" agentes sociais com os quais nos relacionamos nestes bairros periféricos, perspectivas de ascensão social em relação às suas famílias (salvo raras exceções). Freqüentadores de escolas precárias, dependentes de uma política de saúde degradada, oriundos de famílias que nada possuem de capital econômico e cultural, filhos de pais desempregados, sujeitos à precariedade do emprego e a todo tipo de exploração econômica no mercado de trabalho. Quais as perspectivas que se colocam diante deste acúmulo de dificuldades materiais? Como participar da sociabilidade vigente no núcleo da metrópole? Como se sentir parte das novas promessas de prosperidade e avanço tecnológico?

Talvez aqui esteja também uma das faces do que é "novo" na velha "pobreza". Para muitos dos pais daqueles jovens que conhecemos no Bairro A e no Bairro Belo, a chegada ao meio urbano, a compra do lote, a construção da casa, o preenchimento desta com a televisão, a geladeira eram motivos de orgulho e, ao mesmo tempo, de ascensão; era a entrada, ainda que à custa de inomináveis sacrifícios e dispêndio de sobretrabalho, na modernidade urbana.

Sabemos que a periferia metropolitana do Rio de Janeiro começou a ser ocupada nas décadas de 1940 e 1950; nossos dois bairros periféricos foram loteados em meados dos anos 1950. Os novos moradores eram assalariados – geralmente desqualificados ou pouco qualificados – que, ainda assim, tinham condições suficientes para um endividamento necessário à compra do lote e aos processos muito sofridos de autoconstrução da sua casa própria. Todo o esforço, recompensado pela propriedade, proporcionava um solo possível para a formação de uma identificação com o local, o que vemos ainda nas falas dos moradores "menos jovens" de ambos os bairros.

Estes mesmos bairros periféricos são, hoje, espaços que concentram uma violência entrópica que, por menor que seja, devido à sua concentração, auxilia o processo de estigmatização destas populações. Tais espaços concentram, também, o desemprego, o desassalariamento, a invenção dos mais desqualificados e pouco rentáveis trabalhos, aqueles no qual o agente social luta para se manter no âmbito mínimo da sobrevivência.

Assim, aquilo que para os pais era a promessa do desenvolvimento e da segurança, para os filhos é a herança da degradação. Para estes últimos, tudo se faz mais difícil. Não há empregos para garantir o acúmulo de recursos necessários para esta "entrada" na nova modernidade. As maravilhas da tecnologia e das comunicações, o mundo do entretenimento globalizado, que qualquer jovem de classe média pode facilmente acessar, são como uma bruma da qual somente se ouve falar. O computador pessoal e a ligação à *internet* custam caro, tão caro quanto a televisão teria custado a seus pais, mas estes podiam, ainda, acessar o mercado de trabalho e manter a esperança do consumo futuro. Os filhos podem, cada vez menos, viabilizar tal acesso e, cada vez mais, este se faz no limiar da precariedade, da insegurança, da falta de qualquer garantia. As esperanças subjetivas se desfazem na barreira alta, agressiva e quase intransponível das chances objetivas.

Além disto, o mundo para os filhos não é o bairro, o lote e a casa, como era para os pais; eles sabem que o mundo é muito maior e sabem, também, que, enquanto vivem a inércia daquelas ruas de terra, este mundo corre muito veloz e fora de seu alcance.

Bibliografia

ANDRADE, Thompsom Almeida (et al). "Fluxos migratórios nas cidades médias e regiões metropolitanas brasileiras: a experiência do período 1980/96". *Texto para Discussão*, n° 747, Rio de Janeiro, IPEA, 2000.

ANDREWS, George R. *Negros e Brancos em São Paulo (1888-1988)*. Bauru, EDUSC, 1998.

AZEVEDO, Thales de. *As elites de cor: um estudo de ascensão social*. Salvador, UFBA, 1996.

BARROS, Ricardo & LAM, David. "Income inequality, inequality in education, and children's schooling attainment in Brazil". *Texto para Discussão*, n° 294, Rio de Janeiro, IPEA, 1993.

BAUMMAN, Zygmunt. *Globalização: as conseqüências humanas*. Rio de Janeiro, Zahar, 1999.

BECK, Ulrich. *O que é Globalização*. São Paulo, Paz e Terra, 1999.

BOURDIEU, Pierre. *O Desencantamento do Mundo: estruturas econômicas e estruturas temporais*. São Paulo, Perspectiva, 1979.

_____. "Esboço de uma teoria da prática". In: ORTIZ, Renato (org.). *Pierre Bourdieu – Sociologia*. São Paulo, Ática, 1983a.

_____. "Gostos de classe e estilos de vida". In: ORTIZ, Renato (org.). *Pierre Bourdieu – Sociologia*. São Paulo, Ática, 1983b.

_____. "A economia das trocas lingüísticas". In: ORTIZ, Renato (org.). *Pierre Bourdieu – Sociologia*. São Paulo, Ática, 1983c.

_____. *O Poder Simbólico*. Rio de Janeiro, Bertrand Brasil, 1989.

_____. *Coisas Ditas*. São Paulo, Brasiliense, 1990.

_____. *Razões Práticas: sobre a teoria da ação*. Campinas, Papirus, 1997.

_____. *A Miséria do Mundo*. Petrópolis, Vozes, 1998.

_____. "Os três estados do capital cultural". In: CATANI, Alfredo M (org.). *Pierre Bourdieu – Escritos de Educação*. Petrópolis, Vozes, 1998a.

_____. *La Distinción: criterio y bases sociales del gusto*. Madrid, Taurus, 1999.

_____. *Meditaciones Pascalianas*. Barcelona, Anagrama, 1999a.

_____. *A Dominação Masculina*. Rio de Janeiro, Bertrand Brasil, 1999b.

_____. *Esquisse d'une Théorie de la Pratique*. Paris, Éditions du Seuil, 2000.

_____. *O Campo Econômico*. Campinas, Papirus, 2000a.

_____ & WACQUANT, Loic. J. D. *Réponses*. Paris, Seuil, 1992.

BRANDÃO, André Augusto. "Liberalismo, neoliberalismo e políticas sociais". *Revista Serviço Social e Sociedade*, n° 47, 1991.

_____ *Executivo Estadual e Políticas Públicas no Antigo Estado do Rio de Janeiro*. Dissertação de Mestrado em Sociologia, Rio de Janeiro, IFCS-UFRJ, 1992.

_____. "Proteção social e institucionalização da assistência." *Revista Serviço Social e Sociedade*, n° 51, 1993.

_____. "Da escolaridade a ocupação: raça e desigualdades sociais em áreas urbanas pobres". Trabalho apresentado na 25ª Reunião anual da ANPED, 2002.

Bibliografia

_____. "Raça e indicadores sociais". In Oliveira, Iolanda de. *Relações raciais e educação: novos desafios*. Rio de Janeiro, DP&A, 2003.

_____ & Teixeira, Moema de Poli (orgs.). *Censo étnico racial da UFF e da UFMT*. Niterói, EDUFF, 2003.

Castel, Robert. "As armadilhas da exclusão". In: Wanderley, L. Eduardo & BELFIORE-WANDERLEY, M. *Desigualdade e a Questão Social*. São Paulo, EDUC, 1997.

_____. "As transformações da questão social". In: Wanderley, L. Eduardo & Belfiore--Wanderley, M. *Desigualdade e a Questão Social*. São Paulo, EDUC, 1997a.

_____. *As Metamorfoses da Questão Social*. Petrópolis, Vozes, 1998.

Castells, Manuel. *A Sociedade em Rede*. São Paulo, Paz e Terra, 1999a.

_____. *O Poder da Identidade*. São Paulo, Paz e Terra, 1999b.

_____. *Fim de Milênio*. São Paulo, Paz e Terra, 1999c.

Clifford, James. *A Experiência Etnográfica: antropologia e literatura no século XX*. Rio de Janeiro, Editora da UFRJ, 1998.

Dieese. *Mapa da população negra no mercado de trabalho*. São Paulo, Indispir/Dieese, 2001 (1999).

Dupas, Gilberto. *Economia Global e Exclusão Social*. São Paulo, Paz e Terra, 1999.

Escorel, Sarah. *Vidas ao Léu: trajetórias de exclusão social*. Rio de Janeiro, FIOCRUZ, 1999.

Gomes, Joaquim Barbosa. *Ação afirmativa: princípio constitucional de igualdade*. Rio de Janeiro, Renovar, 2001.

Gottdiener, Mark. *A Produção Social do Espaço Urbano*. São Paulo, EDUSP, 1997.

Guimarães, Antonio Sérgio A. *Racismo e Anti-racismo no Brasil*. São Paulo, Editora 34, 1999.

_____. *Classes, raças e democracia no Brasil*. São Paulo, Editora 34, 2002.

Harvey, David. *A Condição Pós-moderna*. São Paulo, Edições Loyola, 1992.

Hasenbalg, Carlos. *Discriminação e Desigualdades Raciais no Brasil*. Rio de Janeiro, Graal, 1979.

_____. "Notas sobre a pesquisa das desigualdades raciais e bibliografia selecionada". In: Lovell, Peggy. *Desigualdade Racial no Brasil Contemporâneo*. Belo Horizonte, UFMG/CEDEPLAR, 1991.

_____ & Silva, Nelson do Valle. *Estrutura Social, Mobilidade e Raça*. Rio de Janeiro, IUPERJ/Vértice, 1988.

_____. *Relações Raciais no Brasil Contemporâneo*. Rio de Janeiro, Rio Fundo, 1992.

Henriques, Ricardo. "Desigualdade racial no Brasil: evolução das condições de vida na década de 90". *Texto para Discussão*, n° 807, Rio de Janeiro, IPEA, 2001.

Hirst, P. & Thompson, G. *Globalização em Questão*. Petrópolis, Vozes, 1998.

IBGE. *Censo Demográfico do Estado do Rio de Janeiro – 1970*. Rio de Janeiro, IBGE, 1970.

_____. *Censo Demográfico do Estado do Rio de Janeiro – 1980*. Rio de Janeiro, IBGE, 1980.

_____. *Censo Demográfico do Estado do Rio de Janeiro – 1991*. Rio de Janeiro, IBGE, 1991.

_____. *Censo Econômico – 1970*. Rio de Janeiro, IBGE, 1991.

_____. *Censo Econômico – 1975*. Rio de Janeiro, IBGE, 1991.

_____. *Censo Econômico – 1980*. Rio de Janeiro, IBGE, 1991.

_____. *Censo Econômico – 1985*. Rio de Janeiro, IBGE, 1991.

_____. *Indicadores Sociais: uma análise da década de 80*. Rio de Janeiro, IBGE, 1995.

_____. *Pesquisa Nacional por Amostra de Domicílios*. SIDRA, sd.

_____. *Pesquisa Nacional por Amostra de Domicílios / Síntese dos Indicadores Sociais – 1999*. Rio de Janeiro, IBGE, 2000.

_____. *Censo Demográfico – resultados preliminares – 2000*. Rio de Janeiro, IBGE, 2000a.

_____. *Pesquisa Mensal de Emprego*. SIDRA, Sd.

_____. *Pesquisa de Orçamentos Familiares*. SIDRA, Sd.

KOWARICK, Lúcio. *Capitalismo e Marginalidade na América Latina*. Rio de Janeiro, Paz e Terra, 1977.

_____. *Escritos Urbanos*. São Paulo, Editora 34, 2000.

LAGO, Luciana Corrêa do. *Desigualdade e Segregação na Metrópole: o Rio de Janeiro em tempo de crise*. Rio de Janeiro, IPPUR/UFRJ-FASE e Editora Revan, 2000.

_____. "O que há de novo na clássica dualidade núcleo-periferia: a metrópole do Rio de janeiro". In: RIBEIRO, L.C de Q. *O Futuro das Metrópoles: desigualdades e governabilidade*. Rio de Janeiro, IPPUR/UFRJ-FASE e Editora Revan, 2000a.

LEEDS, Anthony & LEEDS, Elizabeth. *A Sociologia do Brasil Urbano*. Rio de Janeiro, Zahar, 1978.

LESBAUPIN, Ivo. *O Desmonte da Nação*. Petrópolis, Vozes, 1998.

LOVELL, Peggy. *Desigualdade Racial no Brasil Contemporâneo*. Belo Horizonte, UFMG/ CEDEPLAR, 1991.

_____. "Raça e gênero no Brasil". *Lua Nova – Revista de Cultura e Política*. CEDEC, nº 35, 1995.

MARTINS, José de Souza. "O falso problema da exclusão social e o problema social da inclusão marginal". In: MARTINS, José de Souza. *Exclusão Social e a Nova Desigualdade*. São Paulo, Paulus, 1997.

MARX, Anthony. "A construção da raça e o Estado-Nação". *Estudos Afro-Asiáticos*, nº 29, março de 1996.

MICELI, Sérgio. "A força do sentido". In: BOURDIEU, Pierre. *A Economia das Trocas Simbólicas*. São Paulo, Perspectiva, 1992.

MISSE, Michel. "Crime e pobreza: velhos enfoques, novos problemas". In: GONÇALVES, M.A. & VILLAS-BOAS, G. (orgs.). *O Brasil na Virada do Século*. Rio de Janeiro, Relume-Dumará, 1995.

MUNANGA, Kabengele. *Rediscutindo a Mestiçagem no Brasil*. Petrópolis, Vozes, 1999.

NASCIMENTO, Elimar. "Hipóteses sobre a nova exclusão social: dos excluídos necessários aos excluídos desnecessários". *Cadernos CRH*, nº 21, julho-dezembro de 1994.

NOGUEIRA, Oracy. *Tanto Preto Quanto Negro: estudo de relações raciais em São Paulo*. São Paulo, T. A. Queiroz, 1985.

_____. *Preconceito de marca: relações raciais em Itapetinga*. São Paulo, Edusp, 1998.

OLIVEIRA, Francisco de. *A Economia Brasileira: crítica à razão dualista*. Petrópolis, Vozes, 1988.

OLIVEIRA, Iolanda de. *Relações raciais e educação: novos desafios*. Rio de Janeiro, DP&A, 2003.

OLIVEIRA, Jane (et al). "Mudanças no perfil de trabalho e rendimento no Brasil". In: IBGE. *Indicadores Sociais – uma análise da década de 1980*. Rio de Janeiro, IBGE, 1995.

Bibliografia

OLIVEIRA, Luciano. "Os excluídos existem? Notas sobre a elaboração de um novo conceito". *Revista Brasileira de Ciências Sociais*, n° 33, 1997.

OLIVEIRA, Luiz Antônio P. de & FELIX, Cleber. "A dinâmica demográfica recente". In: IBGE. *Indicadores Sociais – uma análise da década de 1980*. Rio de Janeiro, IBGE, 1995.

PAIXÃO, Marcelo J. P. *Desenvolvimento humano e relações raciais*. Rio de Janeiro, DP&A, 2003.

PASTORE, J. & SILVA, N. do V. *Mobilidade social no Brasil*. São Paulo, Macron Book, 2000.

PAUGAN, Serge (org.). *L'exclusion: l'etat des savoirs*. Paris, La Decouverte, 1996.

PETRUCCELLI, José L. "Casamento e cor no Brasil atual: a reprodução das diferenças". Petrópolis, *XXIV Encontro Anual da ANPOCS*, 2000.

POCHMANN, Marcio. *O Emprego na Globalização*. São Paulo, Boi Tempo, 2001.

PRETECEILLE, Edmond. "Cidades Globais e segmentação social". In: RIBEIRO, Luiz C. de Q. Ribeiro (org.). *Globalização, Fragmentação e Reforma Urbana*. Rio de Janeiro, Civilização Brasileira, 1994.

QUEIROZ, Delcele Mascarenhas (org.). *O Negro na universidade*. Salvador, Editora da UFBA, 2002.

RIBEIRO, L. C. de Q. (org.). *Globalização, Fragmentação e Reforma Urbana*. Rio de Janeiro, Civilização Brasileira, 1994.

_____. "Rio de Janeiro: exemplo de cidade partida e sem rumo?". *Revista Novos Estudos CEBRAP*, n° 45, julho de 1996.

_____. "Cidade desigual ou cidade partida? Tendências da metrópole do Rio de Janeiro". In: RIBEIRO, L. C. de Q. *O Futuro das Metrópoles: desigualdades e governabilidade*. Rio de Janeiro, IPPUR/UFRJ-FASE e Editora Revan, 2000.

_____. & LAGO, Luciana C. do. "O espaço social das grandes metrópoles brasileiras: Rio de Janeiro, São Paulo e Belo Horizonte". *Cadernos Metrópole*, São Paulo, EDUC, 2000.

_____. "A divisão favela-bairro no espaço social do Rio de Janeiro". *XXIV Encontro Anual da ANPOCS*, Petrópolis, 2000a.

_____. & PRETECEILLE, E. "Tendências da segregação social em metrópoles globais e desiguais: Paris e Rio de Janeiro nos anos 80". *Revista Brasileira de Ciências Sociais*, n° 40, junho de 1999.

RIBEIRO, Rosa (et al). "Família, criança e trabalho". In: IBGE. *Indicadores Sociais – uma análise da década de 1980*. Rio de Janeiro, IBGE, 1995.

ROCHA, Adair. *Cidade Cerzida: a costura da cidadania no morro Santa Marta*. Rio de Janeiro, Relume-Dumará, 2000.

ROCHA, Sonia. "Renda e pobreza nas metrópoles brasileiras". In RIBEIRO, L. C. de Q. (org.). *Globalização, Fragmentação e Reforma Urbana*. Rio de Janeiro, Civilização Brasileira, 1994.

_____. "Opções metodológicas para a estimação de linhas de indigência e de pobreza no Brasil". *Texto para Discussão*, n° 720, Rio de Janeiro, IPEA, 2000a.

SABOIA, João. "Emprego nos Anos Oitenta – uma década perdida". *Texto para Discussão*, n° 258, Rio de Janeiro, IEI / UFRJ, 1991a.

_____. "A Região Metropolitana do Rio de Janeiro na década de oitenta – mercado de trabalho, distribuição de renda e pobreza". *Texto para Discussão*, n° 259, Rio de Janeiro, IEI / UFRJ, 1991b.

_____. "Distribuição de Renda e Pobreza Metropolitana no Brasil". *Texto para Discussão*, n° 268, Rio de Janeiro, IEI / UFRJ, 1991c.

SALAMA, Pierre. *Pobreza e Exploração do Trabalho na América Latina*. São Paulo, Boi Tempo, 1999.

SANTOS, Carlos Nelson dos. "Velhas novidades nos modos de urbanização brasileiros". In: VALLADARES, Licia do P. (org.). *Habitação em Questão*. Rio de Janeiro, Zahar, 1980.

SANTOS, Wanderley Guilherme dos. *Cidadania e Justiça*. Rio de Janeiro, Campus, 1987.

_____. *Razões da Desordem*. Rio de Janeiro, Rocco, 1994.

SASSEN, Saskia. *The global city: New York, London, Tokyo*. Princeton, Princeton University Press, 1991.

SENNET, Richard. *A Corrosão do Caráter: conseqüências pessoais do trabalho no novo capitalismo*. Rio de Janeiro, Record, 1999.

SILVA, Jorge da. *Racismo e violência*. Niterói, EDUFF, 2000.

SINGER, Paul. "As opções do Brasil diante da crise". São Paulo, *Folha de São Paulo*, 18 de setembro de 1998a.

_____. *Globalização e Desemprego: diagnósticos e alternativas*. São Paulo, Contexto, 1998b.

TELLES, Edward. *Racismo à Brasileira*. Rio de Janeiro, Relume-Dumará, 2003.

TOLEDO, José Roberto. "Brasil 'exporta' 1,2 milhão de empregos". *Folha de São Paulo*, 08 de março de 1999.

VALLADARES, Licia do P. (org.). *Habitação em Questão*. Rio de Janeiro, Zahar, 1980.

_____. & PRETECEILLE, E. "Favela, favelas: unidade e diversidade da favela carioca". In: RIBEIRO, L. C. de Q. *O Futuro das Metrópoles: desigualdades e governabilidade*. Rio de Janeiro, IPPUR/UFRJ-FASE e Editora Revan, 2000.

WACQUANT, Loic J. D. "Introduction." In: BOURDIEU, Pierre & WACQUANT, Loic. J. D. *Réponses*. Paris, Seuil, 1992.

_____. "Dé-civilisation et diabolisation: la mutation du guetto noir américain". In: CHRISTINE, F. & BISHOP, Tom. *L'Amerique des Français*. Editions François Bourin, Paris, 1992a.

_____. "La généralisation de l'insecurité salariale en Amérique". *Actes de La Recherche en Sciences Sociales*, n° 115, decembre de 1996.

_____. *Os condenados da Cidade*. Rio de Janeiro, Revan, 2001.

_____. "Gueto, banlieue, favela: ferramentas para se repensar a marginalidade urbana". *XXV Encontro da ANPOCS*, Caxambu, 2001a.

_____. *Punir os Pobres: a nova gestão da miséria nos Estados Unidos*. Rio de Janeiro, Freitas Bastos, 2001b.

_____. *As Prisões da Miséria*. Rio de Janeiro, Zahar, 2001c.

WOOD, C. "Categorias censitárias e classificações subjetivas de raça no Brasil". In: LOVELL, Peggy. *Desigualdade Racial no Brasil Contemporâneo*. Belo Horizonte, UFMG / CEDEPLAR, 1991.

_____ & CARVALHO, J. *A Demografia das Desigualdades no Brasil*. Rio de Janeiro, IPEA, 1994.

ZALUAR, Alba. *A Máquina e a Revolta – as organizações populares e o significado da pobreza*. São Paulo, Brasiliense, 1985.

Este livro foi composto na tipologia Bembo no corpo 11/13,2; títulos na tipologia Humanst 531 UBLK no corpo 14/18 e subtítulos na tipologia Humanst 531 Blk 11/13,2 e impresso em papel offset 75 g/m² nas oficinas da Edil.